权威·前沿·原创

皮书系列为
"十二五""十三五"国家重点图书出版规划项目

GREEN BOOK

智库成果出版与传播平台

健康旅游绿皮书
GREEN BOOK OF HEALTH TOURISM

中国健康旅游发展报告（2021）

ANNUAL REPORT ON THE DEVELOPMENT OF HEALTH TOURISM IN CHINA (2021)

主　编 / 刘庭芳
执行主编 / 侯胜田
副主编 / 胡　志　向月应

社会科学文献出版社
SOCIAL SCIENCES ACADEMIC PRESS (CHINA)

图书在版编目(CIP)数据

中国健康旅游发展报告.2021/刘庭芳主编.--北京：社会科学文献出版社，2021.9
（健康旅游绿皮书）
ISBN 978-7-5201-8819-7

Ⅰ.①中… Ⅱ.①刘… Ⅲ.①旅游保健-旅游业发展-研究报告-中国-2021 Ⅳ.①F592.3

中国版本图书馆 CIP 数据核字（2021）第 162844 号

健康旅游绿皮书
中国健康旅游发展报告（2021）

主　　编 / 刘庭芳
执行主编 / 侯胜田
副 主 编 / 胡　志　向月应

出 版 人 / 王利民
组稿编辑 / 张雯鑫
责任编辑 / 张　超

出　　版 / 社会科学文献出版社·皮书出版分社（010）59367127
　　　　　 地址：北京市北三环中路甲29号院华龙大厦　邮编：100029
　　　　　 网址：www.ssap.com.cn
发　　行 / 市场营销中心（010）59367081　59367083
印　　装 / 三河市东方印刷有限公司
规　　格 / 开　本：787mm×1092mm　1/16
　　　　　 印　张：20.25　字　数：305千字
版　　次 / 2021年9月第1版　2021年9月第1次印刷
书　　号 / ISBN 978-7-5201-8819-7
定　　价 / 158.00元

本书如有印装质量问题，请与读者服务中心（010-59367028）联系

▲ 版权所有 翻印必究

《中国健康旅游发展报告（2021）》
编 委 会

主　　任　黄洁夫

副 主 任　刘庭芳　胡　志　向月应　侯胜田

名誉主编　黄洁夫

主　　编　刘庭芳

执行主编　侯胜田

副 主 编　胡　志　向月应

常务编委　（以姓名拼音为序）
　　　　　陈小勇　高　星　侯胜田　胡　志　蒋　锋
　　　　　刘庭芳　路云铁　屈　伟　向月应　徐克成
　　　　　闫路恺　张　丹　张　瑾　张录法　赵立冬
　　　　　郑加生

委　　员　（以姓名拼音为序）
　　　　　白科阳　陈嘉璐　陈小勇　丁　平　高　星
　　　　　侯胜田　胡　志　蒋　锋　李　享　李艺清
　　　　　刘庭芳　路云铁　屈　伟　孙婉东　王天琦

　　　　　向月应　徐克成　颜理伦　闫路恺　殷洪艳
　　　　　余　跃　张　丹　张　瑾　张录法　赵立冬
　　　　　郑方琳　郑加生

秘 书 长　路云铁

副秘书长　蒋　锋　张　丹

主要编撰者简介

刘庭芳 清华大学医院管理研究院创始人、院长高级顾问、教授、博士后合作导师，清华大学医院管理研究院国际学术委员会副主任委员，清华大学医院管理研究院研究生培养委员会委员，清华大学医院管理研究院中外医院评审评价研究中心主任，清华大学公共健康研究中心医疗管理评价研究所所长。北京协和医学院特聘教授、博士生导师，卫生健康管理政策学院学位委员会副主席，领导力与管理学系创始系主任。国务院医改领导小组咨询专家委员会委员，中国国际健康旅游联盟主席。公开发表卫生政策与医院管理专业论文120篇（其中SCI文章14篇），主编作品7部、参编4部。

侯胜田 管理学博士，北京中医药大学管理学院教授，国家中医药发展与战略研究院健康产业研究中心主任。兼任北京市中医生态文化研究会健康旅游专业委员会会长、中国中医药信息学会医养居分会副会长、世界中医药联合会国际健康旅游专业委员会副会长。主要研究领域为健康旅游、战略与品牌、医疗领导力、互联网医疗等。发表中英文论文70余篇，其中核心期刊论文50余篇。主要著作和主编教材：《绿海战略》《医药市场营销学》《医疗服务营销》，副主编作品《中医文化蓝皮书》《中医文化传播学》。

胡　志 二级教授，博士，博士生导师，安徽医科大学原副校长，现任中华预防医学会卫生事业管理分会主任委员，《中国农村卫生事业管理》杂志社社长兼主编，安徽省高校智库安徽省健康发展战略研究中心主任，安徽医科大学卫生管理研究所所长。兼任中国国际健康旅游联盟执行主席，国家卫健委卫生经济与政策重点实验室学术委员会副主任，中国农村卫生协会常务理事，健康智库联盟常务理事。享受国务院政府特殊津贴，全国优秀科技工作者，卫生部突出贡献中青年专家，主编出版安徽省卫生与健康事业发展报告《医药卫生体制改革与发展专题》和《公共卫生服务改革与发展专题》，参编出版中国医疗卫生事业发展报告《中国医疗保险改革与发展专题》。

向月应 主任医师，博士生导师，教授，曾任解放军第181医院院长、全军健康管理专业委员会第一届主任委员、军队健康管理医学研究中心主任。曾应邀特聘广西师范大学健康管理学院创院院长，现任吴阶平医学基金会顾问、全军健康管理专业委员会学术顾问。发表论文100多篇，主编或参编10多部专著，国务院政府特殊津贴获得者，主持或参与的科研项目19项获科技进步或医疗成果奖。在国内较早探索现代医院整体医疗管理模式，在军队率先探索医院全程全方位医疗服务保障模式、军队医院区域一体化卫勤保障模式。全国优秀院长、中国医院管理突出贡献奖获得者，"科学中国人"候选人。主要研究方向为医院管理和整体医疗理论与实践、健康管理教育与创新、健康旅游产业研究、军队医院区域一体化卫勤保障。

序

新冠肺炎疫情席卷全球，给全球人民生命健康带来了一场前所未有的挑战。2021年5月21日，习近平总书记在全球健康峰会上发表了题为"携手共建人类卫生健康共同体"的重要讲话，呼吁二十国集团成员"让我们携手并肩，共同推动构建人类卫生健康共同体，共同守护人类健康美好未来！"发展健康旅游产业，打造国际健康旅游目的地，向世界传播中国健康文化、提供健康服务产品、贡献中国卫生健康智慧与方案，是构建人类卫生健康共同体的重要抓手。

健康旅游产业是新兴产业、绿色产业、朝阳产业，符合新发展理念，是我国"十四五"时期重点发展的战略产业。目前，健康旅游的快速发展已经成为不可阻挡的趋势，成为度假、观光、体验旅游之后的一种新潮流。健康旅游作为健康医疗行业和旅游业相结合的一种新产业，在促进地区经济发展的同时，也带动了旅游业、健康医疗服务业、交通运输业和会展业等相关行业的快速发展，产业融合趋势日益显著。2016年10月，党中央、国务院印发《"健康中国2030"规划纲要》，提出要积极促进健康与旅游融合，催生健康新产业、新业态、新模式，加快推进健康旅游产业发展。2017年国家卫生计生委、国家发展改革委、财政部、国家旅游局、国家中医药局等五部门联合印发了《关于促进健康旅游发展的指导意见》（国卫规划发〔2017〕30号），明确指出健康旅游是健康服务和旅游融合发展的新业态，发展健康旅游对扩内需、稳增长、促就业、惠民生、保健康，提升我国国际竞争力具有重要意义。党和国家高度重视人民健康，健康旅游作为推进人民健康的重要抓手要予以高度重视，加快推进发展。新冠肺炎疫情进一步强化了人民对于健康的关注，后疫情时代，积极发展健康旅游，提升国民健康素质与水平，已成为时代重要课题。

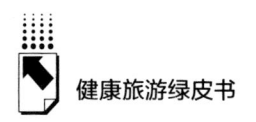

清华大学医院管理研究院刘庭芳教授长期致力于健康旅游产业研究，在国内率先提出"国际健康旅游"概念，承担了国家及地区一系列健康旅游课题科研工作，取得多项重要成果，为国家有关部门提供了政策参考与发展咨询。为了进一步推动中国健康旅游的发展，清华大学医院管理研究院、中国国际健康旅游联盟编写了《健康旅游绿皮书：中国健康旅游发展报告（2021）》。报告阐述了世界各国健康旅游发展现状，以全球视角认真分析了我国国际健康旅游发展历程、我国开展国际健康旅游的战略、国际健康旅游发展趋势，提出了国际健康旅游发展政策建议，并分别从目标市场、发展短板、产业融合、人才队伍建设、政策机制、经验做法等方面对中国健康旅游进行了全方位、立体化的论述。本书全面准确把握国内外健康旅游的趋向，客观分析中国健康旅游的发展现状，及时发现问题与瓶颈，总结经验和规律，提出了关于中国健康旅游发展的政策建议。

当此中国共产党成立100周年、"十四五"开局之年、开启全面建设社会主义现代化国家新征程的关键之年，《健康旅游绿皮书：中国健康旅游发展报告（2021）》的出版具有特殊重要意义，不仅可为政府决策、企业发展提供有益借鉴，还有利于提升我国健康旅游水平，满足国人健康旅游需求，留住出国健康旅游客群，破解中国健康旅游的"马桶盖"问题，也将助力构建以国内大循环为主体，国内国际双循环相互促进的新发展格局，加快打造国际健康旅游目的地，提速提质建设健康中国。

原卫生部副部长（正部长级）
中国器官移植发展基金会理事长
清华大学医院管理研究院院长

2021年5月26日

摘　要

迄今仍在全球肆虐的新冠肺炎疫情给我国的各行各业带来了巨大而深远的影响，同时也引发了人民群众对健康问题的密切关注，民众的健康意识和健康需求得到显著的强化。

健康旅游作为一种维护身心健康的手段，拥有悠久的历史，有关"健康旅游"的概念最早甚至可以追溯到古希腊时期。随着时代的变迁，健康旅游的内涵亦在不断丰富、演进与完善，目前认为健康旅游涉及医疗、健康管理、温泉、SPA、康养和旅游等众多的产业链条，市场前景广阔，发展迅速。然而在发展过程中，不少地方存在低水平重复建设、"跑马圈地"、同质化竞争等现象，如何防止健康旅游市场盲目过热发展或无序竞争的现象出现，实现健康旅游产业的健康成长，则是我们共同面临的一个重要挑战。

本书对"健康旅游"的概念和内涵进行了充分的阐释，对发展现状和发展趋势进行了系统性地梳理与描述，以期为行业的发展凝聚共识，指明方向。全书包括六个部分：总报告、分报告、专题篇、国际健康旅游篇、比较与借鉴篇和案例篇。

总报告重点探讨了中国健康旅游发展现状、趋势与建议。项目组通过对国际实践的系统回顾和对中国健康旅游的发展历程与现状的刻画，探讨目前健康旅游市场的发展趋势，并提出相应的政策建议，对于指导健康旅游产业下一步的科学发展具有重要意义。

分报告从学界视角出发，主要围绕"中国公民出境健康旅游""中国入境健康旅游"两个维度描述中国跨境健康旅游的市场现状与发展趋势。

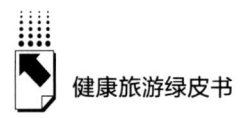

专题篇主要利用自行研发的指标体系，对首批 13 家国家健康旅游示范基地进行了系统的第三方评价，系统归纳了中国健康旅游新技术、新产品、新业态，对中医药健康旅游的发展与创新进行了探讨。

国际健康旅游篇对"十四五"期间中国国际健康旅游的产业发展进行了展望，探讨了我国打造国际健康旅游目的地的对策，并针对国际健康旅游与商业健康保险的关系展开讨论。

比较与借鉴篇全面地剖析了欧美、亚洲等国家与地区的国际健康旅游产业发展现状与发展战略，萃取其发展经验，并转化为对中国的发展启示。

案例篇系统介绍了三亚市中医药健康旅游、北戴河生命健康产业创新示范区、博鳌乐城国际医疗旅游先行区在国际健康旅游方面所做出的探索及取得的宝贵经验。

新冠肺炎疫情使健康旅游的发展步伐暂时变得顿挫，但是人类对健康旅游的需求会长期存在，并且将会越来越强烈、越来越多样化。在"双循环"的格局和背景下，政府部门需要将健康旅游产业作为绿色经济增长引擎之一来看待，加强政策扶持与宣传引导；学术界需要强化对健康旅游行业的研究，为行业的高质量发展提供学术研究支撑；健康旅游产业需要进一步强化内涵建设，研发更具特色、更有吸引力的产品。

关键词： 健康旅游　医疗旅游　康养旅游

目 录

Ⅰ 总报告

G.1 中国健康旅游发展形势与建议 …………………… 刘庭芳 / 001
  一 健康旅游的相关概念 …………………………………… / 002
  二 健康旅游的全球概览 …………………………………… / 004
  三 中国健康旅游的发展历程 ……………………………… / 011
  四 中国发展健康旅游的趋势分析 ………………………… / 014
  五 中国发展健康旅游的政策建议 ………………………… / 016

Ⅱ 分报告

G.2 中国公民出境健康旅游发展报告 ………………… 屈　伟 / 021
G.3 中国入境健康旅游发展报告 ……… 向月应　白科阳　吴功雄 / 045

Ⅲ 专题篇

G.4 首批国家健康旅游示范基地创建评价报告
  …………………… 侯胜田　李艺清　王天琦　李享　郑方琳 / 055
G.5 中国健康旅游新技术、新模式、新业态研究 ………… 郑加生 / 086

001

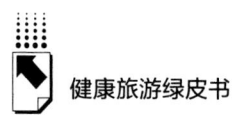

G.6 中医药健康旅游发展与创新探讨 ……………………… 赵立冬 / 095

Ⅳ 国际健康旅游篇

G.7 中国国际健康旅游产业发展展望 ……………………… 高 星 / 115
G.8 中国打造国际健康旅游目的地发展思考 ………………… 张 瑾 / 136
G.9 中国国际健康旅游与商业健康保险研究 …… 胡 志 颜理伦 / 152

Ⅴ 比较与借鉴篇

G.10 国际健康旅游产业发展经验总结及对中国启示
 ……………………………………………… 向月应 白科阳 / 169
G.11 欧美国际健康旅游产业发展现状与发展战略研究 …… 蒋 锋 / 184
G.12 亚洲国际健康旅游产业发展现状与发展战略研究 …… 张 丹 / 201

Ⅵ 案例篇

G.13 中医药健康旅游推动三亚国际旅游升级的引擎
　　——以三亚市建设国家健康旅游示范基地为例
 ……………………………………………… 陈小勇 陈嘉璐 / 253
G.14 国家健康旅游示范基地发展路径报告
　　——以北戴河生命健康产业创新示范区为例
 ……………………………………… 路云铁 殷洪艳 孙婉东 / 280
G.15 "医疗特区"的改革创新之路
　　——以博鳌乐城国际医疗旅游先行区为例
 ……………………………………… 闫路恺 丁 平 余 跃 / 290

总报告

General Report

G.1 中国健康旅游发展形势与建议

刘庭芳*

摘　要： 健康旅游的内涵丰富，历史悠久，涉及广泛的产业链，其中最重要的是健康产业和旅游产业，而健康产业和旅游产业是全球的两大支柱型产业，健康旅游产业则是这两大朝阳产业的有机结合体。目前仍在全球肆虐的新冠疫情给全人类带来了长远而深刻的影响，并将显著地降低全球经济的发展速度，影响人员的跨区域流动。投射到健康旅游产业则是国际游客的锐减，产业发展阻滞。健康旅游产业应审时度势，积极探讨业务发展的新模式，寻求打开局面的新路径，积极引导区域内的目标游客，开发面向国内游客的健康旅游产品和目的地，提升健康旅游产品的核心竞争力，促进健康旅游产

---

* 刘庭芳，清华大学医院管理研究院创始人、院长高级顾问、教授、博士后合作导师、博士生导师（北京协和医学院），IAQS（国际医疗质量与安全科学院）终身院士、MBA，研究方向为卫生健康政策与管理、国际医疗旅游、医院评审评价、医疗质量与病人安全、县乡村卫生管理一体化。

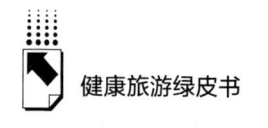

业高质量发展。

关键词： 健康旅游　国际经验　双循环

据世界卫生组织预测，到2022年，旅游产业将占世界GDP的11%，健康产业将占世界GDP的12%，分别成为世界两大支柱型产业。健康旅游则是这两大产业相融合的产物，不仅历史悠久、内涵丰富，而且发展迅猛、前景广阔。

一　健康旅游的相关概念

健康旅游（health tourism）是很宽泛的概念。一般认为，一切有益于身心健康的旅游活动，都可以认为属于健康旅游的范畴。健康旅游具有悠久的历史，有关"健康旅游"的概念最早可以追溯到古希腊时期。随着社会的变化，健康旅游的内涵与形式也发生了变化。现代意义上的健康旅游的定义，首先由Goodrich等提出，他们指出，健康旅游是指"通过健康服务和设施的销售，吸引游客到观光接待设施和目的地的活动"。[1] 健康旅游（health tourism）通常包括温泉、SPA、疗养旅游（cure tourism）、康养旅游（wellness tourism）和医疗旅游（medical tourism）等范畴。[2]

康养旅游是从古希腊和罗马帝国时期的温泉疗法开始的。古希腊医生认为，人类疾病的来源是水、火、空气和土地四个要素的失调。因此，用特定的方法从自然中摄取新的相关元素可以达到治疗疾病的目的，温泉疗法是其中之一。到了罗马帝国时代，温泉疗法盛行，当时产生了很多公共温泉被大

---

[1] J. N. Goodrich, G. E. Goodrich, "Health-care Tourism—An Exploratory Study," *Tourism Management*, 8 (3), 1987: 217-222.

[2] Menzel N., Weldig A., *The Long Tail of Tourism* (Gabler, 2011).

众所使用。罗马人认为温泉疗法不仅有保健功能，还有社交功能。到18世纪中期，温泉疗法得到了欧洲新贵的青睐，成为一种新兴的减肥方式。在之后发生的世界大战中，温泉疗法和温泉浴场受到了很大的冲击。

第二次世界大战后，欧洲大部分的温泉浴场被转用为伤员的康复和疗养地，因而作为疗养旅游的目的地发展起来。疗养旅游的发展与欧美医疗保险制度的完善密不可分，正因为有了温泉疗养康复等相关项目的保险，疗养旅游才急速发展起来。另外，由于保险公司对疗养旅游商品的标准和保险条款长期不变，所以温泉疗养产品缺乏创新。

1959年，美国人Dunn提出了"康养"（wellness）的概念，Dunn认为康养是高水平的健康状态。[1] 这个概念在那之后被欧美各国广泛接受。2001年，Mueller等基于康养的概念，提出了"康养旅游"的定义，也就是康养目的驱动的旅游。[2] 康养游客一般入住特定的酒店，享受个性化的健康服务，比如健身、运动、禅修等。

世界旅游组织在《旅游业21世纪议程》中，将"医疗旅游"定义为"以医疗护理、康复与休养为主题的旅游服务"。[3] 狭义的医疗旅游指在具有一定旅游保健、疾病防治、急救护理、康复、美容、疗养等知识的前提下，为旅游者提供亲近自然的机会和环境，提倡旅游者参加健康时尚的旅游活动，让旅游者开阔眼界、强壮身体、愉悦身心。广义的医疗旅游即指健康旅游，也就是可持续的旅游发展理念，通过旅游发展，在满足旅游者身心健康需求的同时，强调旅游胜地的自然环境、社会环境的改善和促进居民身心健康。

"国际健康旅游"是指，由于常住地医疗服务不足或过高，消费者被异

---

[1] Dunn H. L., "High-level Wellness for Man and Society," *Am J Public Health Nations Health* 49 (6), 1959: 786-792.

[2] Mueller, Hansruedi, Kaufmann, et al, "Wellness Tourism: Market Analysis of A Special Health Tourism Segment and Implications for the Hotel Industry," *Journal of Vacation Marketing* 7 (1), 2001: 5-17.

[3] 刘庭芳、焦雅辉、董四平等：《国际医疗旅游产业探悉及其对中国的启示》，《中国医院》2016年第20期。

地（特别是异国）价格低廉、有特色的医疗、保健、旅游等服务所吸引，在异地接受医疗护理、疾病治疗、保健等医疗服务和休假、娱乐等服务的过程。国际健康旅游是一种新型的旅游保健方式，休闲寓于治疗疾病过程中，将医疗、美容、健身、娱乐、休闲融于一个整体是国际健康旅游的最显著特征。国际健康旅游为患者提供了良好的外在环境，让患者心情愉快，而良好的心情有助于身体恢复。

二 健康旅游的全球概览

现在世界上100多个国家和地区正在蓬勃发展国际健康旅游这个新兴产业。各国以有特色的医疗资源优势吸引着世界各地的消费者。

2019年，据健康旅游权威机构Patients Beyond Borders等发表的研究估算，2020年世界健康旅游人数预计达到2600万人，人均健康旅游消费支出约3550美元，健康旅游消费总额预计达740亿~920亿美元。今后健康旅游市场将以超过15%的速度发展，2030年将实现约3000亿美元的市场规模。世界健康旅游市场规模预测如图1所示。

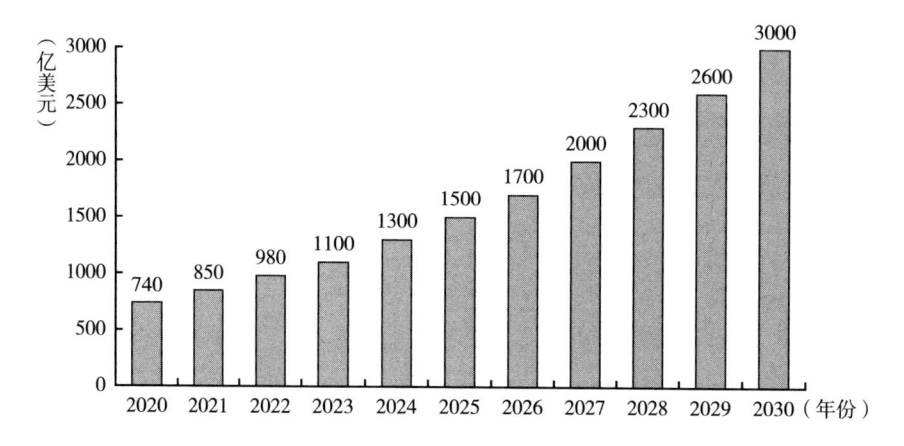

图1 全球健康旅游市场规模预测（2020~2030年）

资料来源：Patients Beyond Borders、AECOM等，2019年。

我国国际健康旅游游客中90%以上以出国为主，2017年出境健康旅游游客达到60万人。超高净值人群中60%以上有海外就医经验，其主要目的地为发达国家，人均消费为5万元人民币，是出境游人均消费水平的10倍左右。

目前全球排名前三的国际健康旅游项目主要集中在重症治疗、整形美容和生育治疗三大领域。此类国际健康旅游目的地主要集中在美国、德国、印度、泰国、韩国等医疗资源丰富的国家。亚洲一些国家因为具有价格优势和特色诊疗手段，形成了医疗美容、传统东方疗法与现代西方科技相结合的高性价比特色产品。世界卫生组织的相关数据显示，目前亚太地区国际健康旅游游客量占全球国际健康旅游总旅客比重为40%~45%。

（一）健康旅游的模式概要

一些国家政府机关和决策者为促进国家健康旅游事业的发展竭尽全力。印度、泰国、新加坡、马来西亚、波兰、匈牙利、马耳他等国政府充分挖掘本国在国际贸易市场中国际健康旅游目的地的比较优势，在海外报纸上进行广告宣传，在本国经济发展和旅游政策上给予支持。一项研究表明，新加坡、阿联酋、印度、泰国、马来西亚掀起了亚洲国际健康旅游市场的第一波。2008年以后，韩国和日本掀起了国际健康旅游市场的第二波。

1. 新加坡

新加坡医药（Singapore Medicine）是一家政府产业合作伙伴单位，由新加坡卫生部领导，经济发展局、企业发展局、旅游局给予大力支持。从2003年开始，新加坡医药将新加坡作为医疗中心，致力于为患者提供高质量的医疗服务。新加坡政府、酒店等国际健康旅游相关业务方致力于将新加坡打造成世界著名的国际健康旅游目的地之一。新加坡国际医疗网使用多种语言为潜在顾客提供指南。新加坡政府在世界15个国家设立了事务所，向当地介绍新加坡的观光和医疗资源。例如，新加坡观光局为宣传国际健康旅游，在印度尼西亚的8个城市进行路演，推广新加坡的国际健康旅游产品。

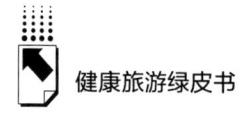

2. 印度

印度从 2002 年下半年开始致力于健康旅游产业的发展。印度产业联盟（CII）与国际管理咨询公司麦肯锡共同制作了国际健康旅游调查报告。2002 年印度成立了国家健康旅游协会，负责制定推进国际健康旅游的法规、政策、战略和计划。2003 年，印度财政部长呼吁印度成为"全球医疗胜地"，建议加快机场基础设施的完善，使国际健康旅游者的交通更加便利、舒适。为了发挥印度巨大的国际健康旅游潜力和后发优势，印度政府、医疗机构、星级酒店等国际健康旅游相关方开始合作促进印度的国际健康旅游产业发展。印度一跃成为国际健康旅游者青睐的目的地之一。此外，印度还导入了特殊签证种类的 M 签证（M visa），不仅方便国际健康旅游的消费者，服务提供者也可以免享受税。[1] 国际健康旅游服务机构还可以享受土地购买的优惠政策和救生设备的加速折旧。[2]

3. 马来西亚

马来西亚卫生部 1998 年成立国家推进保健旅游委员会，在国内外设立工作网，制定战略规划，为相关领域的基础建设、设备采购、人员培训、广告、信息技术支持提供税收鼓励。马来西亚政府近年来积极推进国际健康旅游产业发展。外国游客在游玩、购物的间隙，可以到与酒店合作的医疗机构，接受核磁共振、CT 扫描等健康检查服务，整个流程只需要 5 个小时就可以得到完整的个人检查报告。如果还需要手术和治疗的话，可以联系相关医疗机构进行安排。

4. 泰国

泰国在经历了 20 世纪 90 年代末的亚洲金融危机后，意识到国际健康旅游发展的重要性，并将其作为新产业进行重点扶持。2004 年，泰国政府制订了第一个国际健康旅游发展的五年计划，致力于把泰国建设成"亚洲健康旅游中心"。到 2005 年底，泰国已有 400 多家医院通过 ISO 9001 标准，

---

[1] Chinai R., Goswami R., "Medical Visas Mark Growth of Indian Medical Tourism," *Bull World Health Organ* 85 (3), 2007: 164 – 165.

[2] Chen L. H., Wilson M. E., "Medical tourism," *J Travel Med* 22 (3), 2015: 218.

成为接受各国患者的"国际指定医院"。

5. 日本

近年来,日本也开始重视国际健康旅游产业,2010年日本政府发布了"新成长战略——充满活力的日本恢复计划"。该计划将国际健康旅游作为国家的支柱产业之一,通过发挥日本在癌症、心血管等疾病中的预防和治疗优势,希望在2020年之前成为亚洲地区高端医疗和体检服务的胜地。2012年,日本大阪府发布了关西机场对岸泉佐野市的产业用地"临空城"的整备计划。这个地区是为外国患者提供最先进的诊疗和癌症治疗的医疗中心。这一举措主要是通过设立医疗中心,吸引更多国际健康旅游游客。

6. 韩国

韩国政府与日本政府一样,对国际健康旅游也抱有同样的期待。不同的是,韩国政府采取直接和其他亚洲国家竞争的策略,为发达国家提供高质低价的医疗服务。2008年8月,韩国国会通过了招揽外国患者的法案。2009年5月,韩国根据法令批准了医疗观光。韩国政府通过了韩国医学研究所(KMI)与韩国观光局和韩国国际医疗协会合作,摸索提高国内和国际医疗服务产业的法案。为了进一步吸引日本、中国等亚洲各国的女性游客,韩国首尔市政府决定从2008年开始全面开展"整形观光套餐"的宣传项目,正式启动"首尔市医美旅行综合支援中心"向外国游客介绍整形外科和皮肤科医院。

7. 波兰

波兰的牙科和整形外科的国际健康旅游市场比较成熟。国际健康旅游是通过个人公司和医疗诊所实现的,其中很多医疗诊所是国家所有的,不仅为本国的居民,也为外国患者提供服务。波兰政府希望发掘国际健康旅游市场的潜力,成立波兰国际健康旅游商会,并与波兰国际健康旅游协会合作。

8. 匈牙利

匈牙利抓住欧洲衰退的机会,大力推动国际健康旅游产业发展。尽管个人医疗服务很多,但是匈牙利政府所扮演的角色不容小觑。匈牙利以"世界牙科之都"而闻名,从欧洲国际健康旅游网站上可见,其大部分手术项目是通过国际健康旅游实现的。

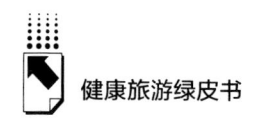

（二）健康旅游的政策比较

全球金融危机给世界经济带来了显著影响，但健康旅游仍保持着良好的发展势头。许多国家已经认识到健康旅游服务的重要性，并采取有效的促进措施。

1. 泰国

2004年，泰国政府制订了"国家发展战略计划"，各部门分工明确，全力推进医疗旅游相关项目。泰国卫生部颁布文件严格管理医院的品质，外交部提供方便的旅游签证，旅游局和商业部出口促进厅负责医疗旅游的对外普及，商务部利用驻世界各国的经贸事务所推广商业机会，具体组织结构如图2所示。

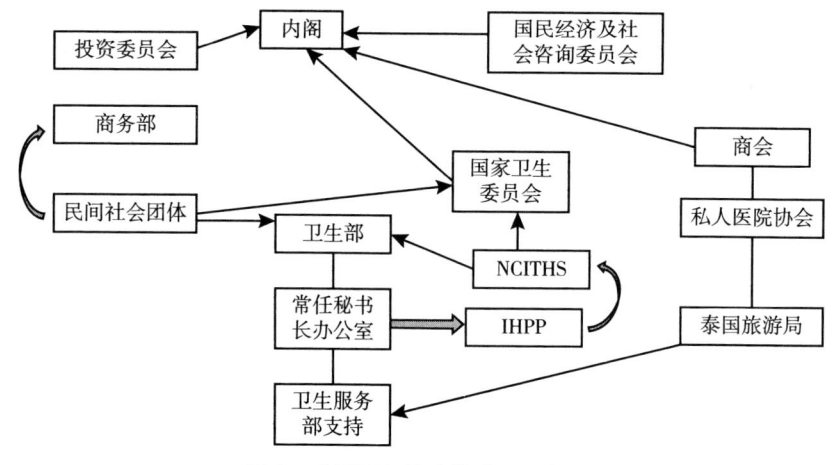

图2 泰国国际健康旅游组织框架

资料来源：根据公开资料整理。

2. 印度

为了大力发展国际健康旅游，印度政府成立了国家健康旅游协会。印度国务院贸易产业部制定了 *The National Health Policy 2002*。这个政策直接促进了印度医疗机构的硬件设备达到世界先进水平。在医疗机构的管理上，印度旅游部和卫生部共同制定统一的《医院星级标准管理制度》，该制度将医院硬件设施和医疗人员的医疗和护理水平按星级分为三星、四星和五星三个级别。

3. 新加坡

新加坡政府制订国际医疗计划，提出"世界第一医疗保健目的地"的口号，打造新加坡医疗品牌。经济发展局全力推广医疗保健产业。旅游局积极开展海外医疗旅游服务，开拓国际健康旅游市场。图3是新加坡开展国际健康旅游的组织架构。

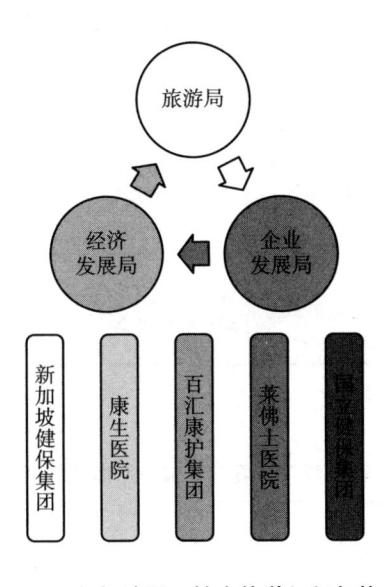

图3 新加坡国际健康旅游组织架构

资料来源：根据公开资料整理。

4. 马来西亚

1998年，马来西亚政府成立了"国家推进保健旅游委员会"，为国际健康旅游相关领域的基础建设、设备购置等提供税收鼓励。另外，马来西亚规定"世界各地的人只要满足一定条件，就可以多次入境签证在马国无限期滞留"。2009年，马来西亚卫生部成立了马来西亚健康旅游委员会。根据马来西亚移民局2014年的落地签政策，"落地签适用于中国和印度的公民，适用于从新加坡和泰国入境马来西亚的游客"。

亚洲国家开展国际健康旅游政策对比如表1、表2所示。

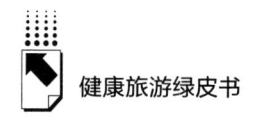

表1 亚洲国家开展国际健康旅游政策对比之一

项目	印度	马来西亚	泰国	新加坡
颁布者	政府	政府	政府	政府
执行者	旅游部、卫生部、贸易产业部	工业发展局、卫生部、旅游局	卫生部、外交部、交通部、旅游局、商务部	旅游局、经济发展局、支柱性医院
开始时间(年)	2002	1998	2004	2003
政策数量	The National Health Policy 2002 等	《马来西亚：我的第二故乡》等	"国家发展战略计划"等	"新加坡国际医疗计划"等
政策重点	医疗设备、税务、医院等级、医院基础设施投资、国际医疗保险等	签证、税务、机构认证、医疗品质等	异业结合	医疗质量、媒体宣传、交通管制等
是否成立医疗旅游协会或组织	成立了国家健康旅游协会，地方成立了医疗旅游委员会	成立了国家推进保健旅游委员会	成立 NCITHS	新加坡旅游局新增国际医疗组

资料来源：根据公开资料整理。

表2 亚洲国家开展国际健康旅游政策对比之二

项目	印度	马来西亚	泰国	新加坡
国家层面	成立国家健康旅游协会并制定政策鼓励民营资本投资医疗设施	设立国家推进保健旅游委员会，创立 MHTC，推动发展医疗旅游	制定相关认证法规及法令	制订"新加坡国际医疗计划"推动新加坡发展为亚洲医疗中心；房地产委员会协会推出医疗旅游寄宿计划
职能部门/地方政府	喀拉拉邦率先发展并建立草药学中心；卡纳塔克邦旅游部打造世界顶级医疗旅游目的地；马哈拉施特拉邦成立了医疗旅游委员会	工业发展局推动健康专区；旅游部认可多重入境签证；提供租税优惠；兴建医院、购置医疗设备等	外交部提供便捷的观光签证；交通部解决航空管制、机票折扣；商务部在世界各国推介泰国医疗旅游	旅游局下增设国际医疗组，旅游局根据主要医疗入境患者客源地进行人性化规划建设

续表

项目	印度	马来西亚	泰国	新加坡
医院层面	发展医疗外包并与药物公司合作开展药物临床试验,与国际保险公司签署协议,并接收国际病人	推动医疗曙光计划,医院取得官方认证;医疗机构分别与世界医疗保健中心建立合作	医院设立国际医疗协调办公室,支持多种语言翻译并提供特殊饮食	新加坡百汇康护集团参与JCI的等级评审。医院增设国际病人联络中心
社会层面	媒体大力宣传医疗旅游;建立行业标准和价格体系;发展风险投资	医院与旅行社组成观光医疗团队,通过宗教力量吸引回教徒观光医疗	银行业、保险公司、旅游业、航空公司异业联盟	新闻媒体大量报道医疗旅游新闻;航空公司推出廉价医疗旅游机票;第三方服务公司积极引导

资料来源:根据公开资料整理。

对上述4个国家开展医疗旅游时的政策和措施有以下共同点。

第一,设立专门进行国际健康旅游的政府部门或组织。马来西亚政府设立了"国家推进保健旅游委员会"。泰国推行旅游医疗,发展养生保健旅游和医疗旅游。印度政府设立了国家健康旅游协会。新加坡旅游局设立国际医疗组,专门开展医疗服务业务。

第二,政府制定支持国际健康旅游发展的政策。泰国以亚洲健康观光中心、亚洲健康之都为目标。新加坡政府提出"世界第一医疗保健目的地"的口号。印度国务院贸易产业部强调"削减医疗设备进口税,削减医疗机构成本"。

第三,统一调整,各部门有效联动。马来西亚卫生部成立了MHTC,与观光部、私立医院联合会紧密合作。泰国各部门分工明确,全力合作推进医疗旅游相关项目。印度国家旅游业管理机构、医疗卫生管理机构等医疗保健相关组织在旅游中开始提供医疗保健服务。新加坡经济发展局、企业发展局、旅游局和城市建筑局多方面联动,规划发展医疗旅游。

三 中国健康旅游的发展历程

中国的健康旅游活动历史悠久,早在先秦两汉时期中国人就开始将温泉

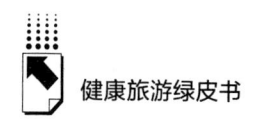

广泛应用于医疗和保健中，魏晋南北朝时期，温泉的利用程度进一步加深，沐浴温泉成为当时上层社会的一种高层次休闲活动，至唐代，温泉的影响逐渐扩大到平民百姓。①

20世纪八九十年代，医疗旅游开始以产业形态出现，但处于自发性发展状态，患者的需求主要以"治""疗"为主。进入21世纪之后，全球医疗旅游迅猛发展，市场规模日益壮大。在中国，由于对健康的认识不断深化，人们的健康观念逐渐由传统的"关注疾病治疗"转变为保持身体、心理和社会适应三方面的良好状态。伴随着思想观念的转变，医疗旅游服务内容也不再局限于"治"和"疗"，还包括诸多改善亚健康状态和提高生活幸福感的养生保健服务，即"养"。② 随着健康旅游项目的落地以及产业边界的不断延展，许多国内外的组织机构踊跃参与到中国健康旅游产业发展过程中，不仅包括医疗机构、旅游企业，也有金融机构、地产开发企业等，社会资本等产业相关资源的不断流入有力地推动了中国健康旅游产业的发展。

根据主要依托资源类型的不同，可以将健康旅游更进一步细分，目前发展比较成熟的细分业态包括医疗旅游、森林康养旅游和温泉康养旅游，也有人基于沙疗资源和水疗资源试水康养旅游项目。

健康旅游作为一种新生事物，国家和各省市从政策上和实践上都对之进行了积极的探索。自2009年以来国务院办公厅、各部委、国家中医药管理局及部分地方政府，总共出台了20多个与健康旅游相关的文件，分别涉及开放社会资本办医、发展中医药健康旅游以及医疗旅游先行区等方面。2017年9月，国家卫计委等五部门全面启动第一批健康旅游示范基地建设工作，天津健康产业园等13家单位被列入第一批健康旅游示范基地名单。其中具有代表性的文件如表3所示。

---

① 宋瑞、金准、李为人等：《2018～2019年中国休闲发展报告》，社会科学文献出版社，2019。
② 侯胜田、刘华云、张永康：《中国医疗旅游的发展前景与挑战》，《中国医院》2013年第5期。

表3　中央及相关部门关于健康旅游的重要政策

发布时间	发布部门	政策/公告	内容
2014年8月	国务院	《关于促进旅游业改革发展的若干意见》(国发〔2014〕31号)	推进整形整容、内外科等优势医疗资源面向国内外提供医疗旅游服务。发挥中医药优势,形成一批中医药健康旅游服务产品。规范服务流程和服务标准,发展特色医疗、疗养康复、美容保健等医疗旅游
2015年11月	国家旅游局、国家中医药管理局	《关于促进中医药健康旅游发展的指导意见》(旅发〔2015〕244号)	第一次正式提出了"中医药健康旅游"的概念,明确了分阶段的发展目标和八个重点任务
2017年5月	国家卫计委、国家发改委、财政部、国家旅游局、国家中医药管理局	《关于促进健康旅游发展的指导意见》(国卫规划发〔2017〕30号)	国家层面第一次定义"健康旅游",明确"健康旅游"分别于2020年和2030年在中国的发展目标
2018年3月	国务院办公厅	《国务院办公厅关于促进全域旅游发展的指导意见》(国办发〔2018〕15号)	推动旅游与科技、教育、文化、卫生、体育融合发展。加快开发高端医疗、中医药特色、康复疗养、休闲养生等健康旅游

从目前的文件来看,国家已从开放社会资本办医、发展中医药健康旅游以及医疗旅游先行区等方面推进健康旅游的发展,但与海外成熟的健康旅游相比,统领性和全面性都欠缺。在宏观层面上,政府提出的文件中,并没有特别的宏观政策和开展健康旅游的相关政策,只有国家中医药管理局发布了有关中医药健康旅游的文件。在微观方面,政府的投资补助方面还需要改善,缺乏切实的奖励措施。另外,已经发布的文件中很多都是鼓励社会资本办医、发展高端医疗,只停留在吸引国外患者的水平,还没有和丰富的旅游资源紧密结合。另外,开展国际健康旅游,对工作人员的外语能力要求很高,国家相关部门还没有制定符合此要求的准入标准,行业协会的管理规范也不够。因此,我国需要加快制定国际健康旅游的相关政策。

最近几年来,中医药健康旅游、森林康养旅游和温泉康养旅游等快速发

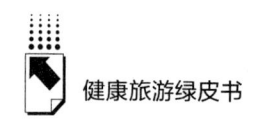

展。为进一步推进中医药健康旅游发展，全国各地积极开展相关建设工作。例如，2011年，北京成立中医药文化旅游工作领导小组，编制了《北京中医药文化旅游示范基地建议方案》和《北京中医药旅游产业发展总体规划和行动方案》等政策文件和标准；评选出三批36家北京中医药文化旅游示范基地；成立北京中医国际医疗旅游研究中心并积极尝试中心平台线上运营。

为推动森林康养旅游产业化发展的新步伐，全国诸多地区都做出了积极努力。例如，湖南省林科院试验林场2012年率先建立起了湖南林业康养中心，打造绿色健康产业新品牌；四川省制定了森林康养的发展意见、基地建设标准、基地评定办法和"十三五"森林康养发展规划等，确定了63处森林康养基地，倡导市民乐享森林康养；贵州省发布了首批12家省级森林康养试点基地，建立了森林康养基地地方标准。

同时，中国国内的温泉康养旅游也在迅速发展。根据《中国温泉旅游行业发展报告（2018）》，截至2017年12月，全国温泉企业总数达2538家（不包括港澳台地区），2017年全国温泉旅游接待总人次达7.69亿人次，全国温泉旅游总收入达2428亿元，温泉旅游拉动GDP增加值约6292亿元。根据业界估计，已经有200家左右的温泉企业开始启动中医药温泉康养项目。

四 中国发展健康旅游的趋势分析

突如其来的新冠肺炎仍在全球蔓延，严重影响了民众的正常生活，也将影响健康旅游的发展水平。据中国旅游研究院预测，2020年国内游客数减少了15.5%，比上年同期减少了9.32亿人。面对新冠肺炎疫情带来的深远影响，我国的健康旅游发展格局也将随之发生重大变化，即拥抱国内国际双循环相互促进的新发展格局。

（一）健康旅游领域的双循环

"十四五"规划中将"国内国际双循环"纳入其中。构建基于"双循环"的新发展格局，是党中央在国内外环境发生显著变化的背景下，使我国开放型经济发展到更高水平的重要战略部署。

就健康旅游领域而言，在全球新冠肺炎疫情得到有效遏制之前，由于国际人员交流受到检疫、隔离等多方面的限制，人员跨国跨境流动数量将不可避免地下滑，跨国跨境健康旅游业务必将受到冲击。因此，在经济双循环的背景下，健康旅游业需要加大对国内健康旅游的重视程度，积极吸引国内游客参与到健康旅游的活动中来，积极构建以国内健康旅游为主体，国际健康旅游为重要补充，国际国内健康旅游双循环相互促进的健康旅游格局。在此背景下，健康旅游产业应该审时度势，积极探讨业务发展的新模式，例如，借《区域全面经济伙伴关系协定》（RCEP）的东风，积极导流东盟、日韩等国家和地区的健康旅游产业的目标游客，积极拓展国内游客的健康旅游市场，提升健康旅游产品的核心竞争力。

（二）医疗旅游的进一步发展

医疗旅游以中医、西医医疗技术为载体，以诊疗活动、康体检查、康复养生等为主要形式。医疗服务业发展与社会经济发展水平、人群可支配收入密切相关，当恩格尔系数越过温饱阶段时，医疗需求将快速扩张；当恩格尔系数进入富裕阶段时，医疗需求呈现个性多样的面貌。2019年，我国居民恩格尔系数为28.2%,[①] 处于富裕阶段，推测人们的医疗需求将进一步释放。因此将推动医疗旅游的个性化和多元化发展。

（三）全龄全域全健康旅游

新冠肺炎疫情全球大流行，使人民群众对健康的理解进入了新的阶段，人们对健康的需求日趋强烈，开展的健康促进活动日益广泛多元。人民群众对健康的重视程度日益增强，全龄人口积极投身于大健康旅游的趋势正在形

---

① 国家统计局：《中华人民共和国2019年国民经济和社会发展统计公报》，http://www.stats.gov.cn/tjsj/zxfb/202002/t20200228_1728913.html。

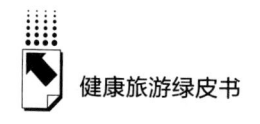

成中。目前，我国健康旅游消费主体的年龄范围已扩大到以中老年为主，覆盖全龄。全龄游客选择在环境舒适的地方休闲疗养，调节身心健康。同时，精神心理层次的健康需求，在新冠肺炎疫情的激发之下，更加受到民众的关注，健康旅游活动更加重视心理健康上的获益。健康旅游的发展趋势与路径如图4所示。

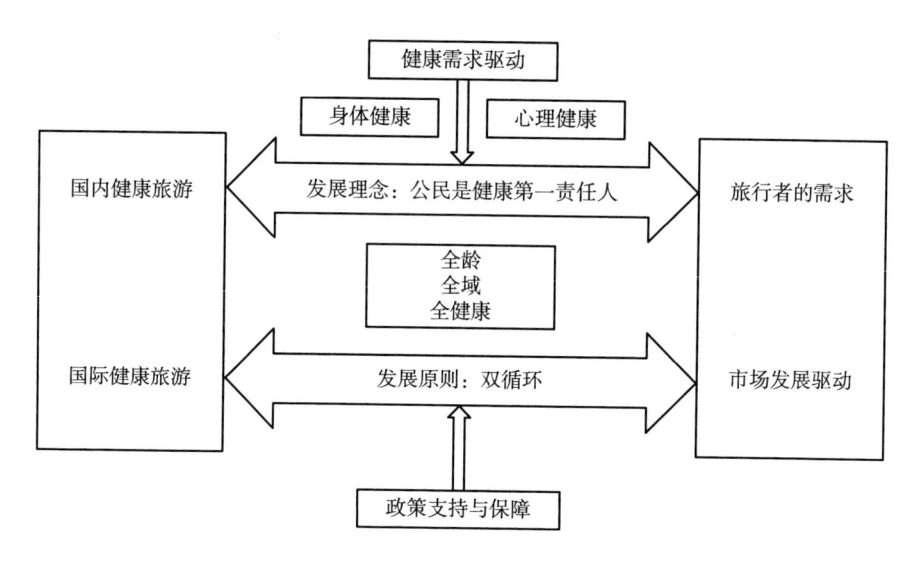

图4 健康旅游的发展趋势与路径

五 中国发展健康旅游的政策建议

为了有效推动我国健康旅游事业的发展，各级部门需要统筹协调、各利益相关方需要通力合作，这样才能使健康旅游业提质增效。

（一）建立国家级多部门合作共管协调机制

为推动健康旅游产业快速发展，顶层制度设计、政策组合、全面规划和规范引导是关键。因此，有必要科学编制发展健康旅游产业的国家战略计划，明确发展定位、目标、配置和措施等。打通健康旅游的上下游政策通道，将健康旅游列入重点支持产业列表，对产业战略定位、战略目标、战略重点、战略任务、整体布局和实施路径进行顶层设计，以立法形式明确相关内容，为产业发展提供法律保障。

体制、机制需要尽早革新。参考推进健康旅游成功国家和地区先进经验和有效做法，建议尽快设立国家级健康旅游产业发展指导委员会或领导班子，改变现行的低水平、孤岛式、碎片化、低效率的运行状态。

充分发挥专家、学者的智慧，在委员会或领导小组下设立健康旅游产业发展专家咨询委员会，打造多元、专业、高效的智库团队，开展调查研究、政策咨询、国际合作。

（二）制定健康旅游相关政策和制度

制定我国健康旅游的宏观支持政策，完善健康旅游管理制度，为健康旅游产业的发展创造条件，从准入、运营、评价、监管等方面进行制度设计。

制定准入许可制度，严格把住入口。明确市场主体准入制度和准入条件，研究不同种类的健康旅游服务机构标准，规范机构基本标准和审查程序，加强支持和服务指导，纳入医疗机构统一准入管理。

规范运营流程。建立健全健康旅游服务标准、健康旅游指南等相关制度。健康旅游服务是一个涉外复杂的高端服务，除了服务机构的基本运营和服务外，还需将国际化服务和非医疗服务作为新的要素设计进整个服务体系。另外，要完善医疗旅游签证制度，尽快提升海外患者和护理人员的医疗签证办理效率。

制定相应的评估体系，开展国内外多元化评价和认证活动。实施第三方评价，发布国家审查评价规范，参考 JCI、HIMSS 等先进技术和理念，根据现有国家等级医院评审标准，制定适合我国国情的国际健康旅游机构评价系统，实施国内外多元化评价和认证，建立高品质的认证评价体系，在国内提供国际健康旅游服务机构的认证服务，培养我国的第三方评估认证机构，与国际标准接轨。

加强市场监管。尽快制定有关健康旅游的法律法规，重点解决可能存在

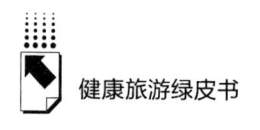

的医疗责任划分、行业监督管理等问题。完善管理体制，创新监督管理方式，加强属地化管理。

（三）积极推进国际健康旅游试点工作

在不影响公共健康卫生资源合理布局和合理使用的大前提下，探索在可控范围内适度放宽政策。在有条件的地区，选择具有高端健康资源的公立医院，在政府严格统一的控制和指导下开展国际健康旅游服务的试行活动。同时，鼓励民营医院开展国际健康旅游服务。

（四）加强健康旅游人才队伍建设

加强健康旅游管理人才队伍建设。由健康旅游主管部门、示范基地、高端健康机构派一部分干部到健康旅游业务较发达的国家和地区进行系统学习和训练，提高能力。对卫生健康行政机关、旅游主管部门的相关人员进行业务培训和语言培训，为健康旅游服务提供人力资源保障。

大力加强中医药健康旅游专业人才培养，鼓励旅游学院与中医药学院合作，设立相关专业，积极利用已有的中医药机构和旅游人才培训中心，加强中医药健康旅游服务人员的外语、旅游、中医药基础知识和相关技能的培训，加强中医药健康旅游企业的实用人才培养。

（五）创建特色中医药健康旅游品牌

加强市场体系研究，结合中国特色，研发一系列中医药健康旅游产品，以中医为特色的"入口"，发展中西一体的兼容模式。建设集医疗康复、养生保健、旅游休闲、娱乐等于一体的中医保健旅游点。吸引更多海外游客的目光，形成中医保健文化的潮流。

（六）重视健康保险制度

加快国际医疗保险体系建设，建立健全保险赔偿和国际结算渠道。对接全球商业保险体系的资质，发展多种健康保险服务。鼓励商业保险公司提供适应健康旅游服务的多样化、多层次、规范化的产品和服务。

（七）加强国际健康旅游学术研究

国际健康旅游是一个新兴产业，在这个产业发展和推进的过程中要加强相关研究工作，结合研究、试验和顶层制度设计，有序推进产业的发展。目前，国家有关部门和学者已经重视这方面的研究。

2013 年，国家卫生计生委员会医政医管局委托清华大学医院管理研究院主持中国首个"中国国际健康旅游服务及准入与评价模式研究"的课题，同年 11 月中国国际健康旅游联盟成立。

2016 年 1 月，中国医疗保健国际交流促进会正式成立国际健康旅游分会，以此推动我国健康旅游事业的发展。建议相关政府部门率先组织相关研究机构、学会、健康机构等，深入、系统地开展有关领域的研究，为国家顶层设计提供决策依据，为产业发展提供参考。

（八）大力宣传推广中国国际健康旅游

国际健康旅游起步较早的国家认识到了宣传健康旅游的重要性。匈牙利 2003 年的旅游主题是"健康旅游年"。新加坡旅游局在印度尼西亚的 8 个城市举行路演。印度通过一年一次的健康旅游博览会推广本国的健康旅游商品。因此，我国需要加大对国际健康旅游的宣传推介。

（九）加强健康旅游产品的创意研发

当前处于全民开发旅游的时代。健康旅游的竞争日益激烈，普通的健康旅游产品和项目已经很难维持生存。因此，需要加强健康旅游产品的创意研发，寻找最能打动顾客、最有魅力的方案。

（十）加强公立医疗机构开展国际医疗服务的探索

公立医疗机构是开展国际医疗服务的主体机构。为了促进国际健康旅游的发展，在加强规范管理的前提下，公立医疗机构有必要有计划地探索开拓国际医疗服务市场。例如，2021 年 4 月北京市出台政策，允许公立医疗机

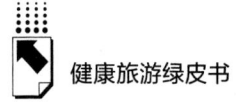

构在特定区域向患者提供部分特需医疗服务，医疗机构在国家许可比例内设立和发展国际医疗部，这对国际健康旅游产业的发展具有促进作用。

总体来说，中国的健康旅游在国际上还不为人所知，市场的宣传意识也不是很强。中国的健康旅游产业需要统筹规划，综合施策，突出重点，方能发挥后发优势。

分 报 告
Sub Reports

G.2
中国公民出境健康旅游发展报告

屈 伟*

摘　要： 随着中国国民经济水平不断提高，出境旅游人数逐年增多。与此同时，出境寻求健康旅游的游客数量也日益增加。海外知名医疗机构的品牌效应、领先的技术与设备、先进的管理与服务理念、康养度假与观光休闲的成熟融合等，每年吸引着众多中国公民出境开展以身心健康为目的的旅游活动。本报告针对中国公民出境健康旅游的总体状况与发展前景、目的地与中介机构的选择、遇到的常见问题与困难、新冠肺炎疫情的影响等进行了总结和展望。

关键词： 中国公民　出境健康旅游　海外医疗

---

* 屈伟，极致医疗创始人、董事长、CEO，首席研究员，九三学社社员，北京大学校友会理事，海南博鳌乐城国际医疗旅游先行区顾问委员会委员，研究方向为"国际医联体"双向跨境医疗模式在医疗和保险领域中的价值。

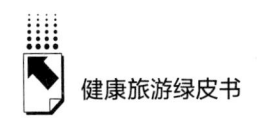

一 中国公民出境健康旅游概述

（一）中国公民出境健康旅游的规模

中国公民出境旅游的总体规模巨大。2018年相比2017年增长14.7%，接近1.5亿人次。与此相对应，出境游客的巨大消费能力持续释放并越发明显地表现出来。2018年，中国出境游客境外消费超过1300亿美元，增速超过13%。[①] 2019年虽增长速度放缓，但仍然保持增长态势，规模达到1.55亿人次，相比2018年同比增长了3.3%，境外消费规模达1338亿美元，增速超过2%。[②] 2020年，受疫情的影响，出境旅游市场几乎处于停滞状态。2020年的出境旅游人数和同比增长率皆为负数。

出境健康旅游是出境旅游的新形式，在中国，目前尚处于起步阶段。由于出境健康旅游本身带有高消费性和高增长性，且关联产业众多，因此，消费者在目的地国的健康旅游消费不仅可以促进目的地国旅游业的发展，还能推动目的地国健康服务业的繁荣，有效拉动出境健康旅游目的地国的经济增长。

传统的出境旅游以"吃、住、行、游、娱、购"六要素为主导，而出境健康旅游则让游客对接国外更先进、更高端的医疗资源，让消费者体验到新型的内涵更丰富的旅游形式。如去日本做体检，去韩国做美容，去美国治肿瘤，去泰国做水疗，去印度做瑜伽，如今已经有成为时尚之势。出境健康旅游成为国人出境旅游的新体验，健康旅游也已逐渐成为旅游经济的新亮点，成为新时代人们对幸福美好生活的新追求。健康旅游具有生态性、复合性、康复性、文化性、技术性和高收益性六大特征。[③] 生态性指的是健康旅

[①] 杨劲松：《中国出境旅游发展年度报告2019》，中国旅游研究院，2019。
[②] 薛群慧、白鸥：《论健康旅游的特征》，《思想战线》2015年第41期。
[③] 李慧芳、杨效忠、刘惠：《健康旅游的基本特征和开发模式研究》，《皖西学院学报》2017年第33期。

游活动的开展需要周围有良好的生态环境；复合性表现为健康旅游包含养生、运动、医学、体验、美容、心理疏导等多种复合元素；康复性指的是健康旅游能够缓解和消除人们的亚健康状态；文化性表现为健康旅游与当地社会文化发展密切相关；技术性指的是健康旅游对人才、知识、信息、产业等的要求；高收益性则表现为健康旅游投入产出比较高。在此基础上，有些学者还提出了健康旅游具有生态性、地域性、康复性、复合性、文化性五个基本特征。[①]

中国出境健康旅游行业是指中国境内居民去往境外国家/地区进行的以医疗护理、疾病与健康、康复与休养为主题的旅游服务消费，主要引导、服务中国境内消费者在海外地区进行出境医疗旅游消费。携程网的统计数据显示，通过该平台报名海外体检等健康旅游的人数2016年是2015年的5倍，一年时间达到50万人次左右，人均订单费用则超过5万元，几乎是出境旅游人均花费的10倍左右。《中国康养旅游发展报告》显示，2017年中国公民出境1.3亿人次，其中出境健康游（包括医疗旅游和康养旅游）占出境旅游的1.2%，而且这个比例一直在增长。据沙利文数据中心统计，2014年中国出境医疗旅游行业市场规模仅有407.2亿元，到2018年增长至957.4亿元，2014～2018年4年时间中国出境医疗旅游行业的年复合增长率达到了23.8%。预计2023年中国出境医疗旅游行业市场规模将达到2417.6亿元（见图1）。[②]

（二）中国公民出境健康旅游的现状

近年来，国家不断鼓励医疗发展，海外医疗行业在2019年步入了热潮，随着政策监管的不断完善、商业模式的初步形成，市场规模继续保持扩张，资本开始向海外医疗市场的头部企业集中，海外中介机构发力大量引入海外医疗资源。随着海外医疗的普及，出境健康旅游的内涵也逐渐升级，主要表

---

① 王则烨：《2019年中国跨境医疗旅游行业研究报告》，中国旅游研究院，2019。
② 三胜产业研究中心：《2020～2025年中国医疗美容行业市场调查研究与发展前景研究报告》，2020。

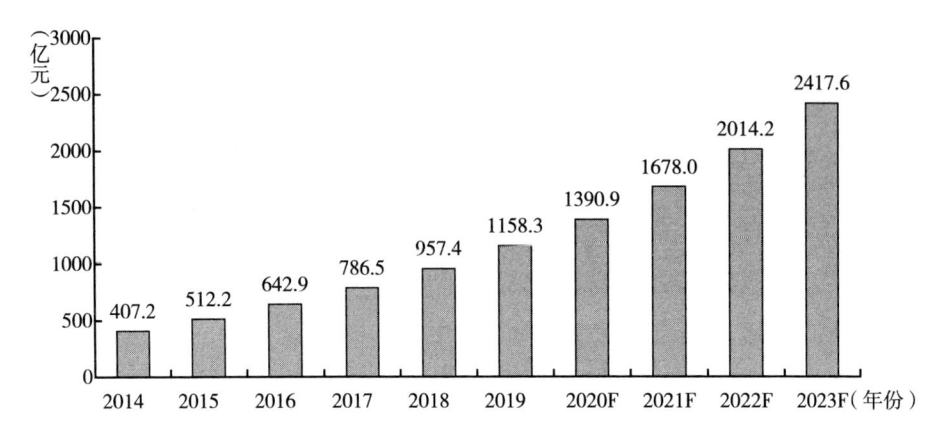

```
(亿元)
3000
                                                            2417.6
2500                                                 2014.2
                                              1678.0
2000
                                       1390.9
1500                            1158.3
                          957.4
                   786.5
1000        642.9
     512.2
407.2
500
0
2014  2015  2016  2017  2018  2019  2020F  2021F  2022F  2023F(年份)
```

图1 中国出境医疗旅游行业市场规模2014～2023年预测

资料来源：fsTEAM软件采编，沙利文数据中心编制，2019。

现在以下几个方面。

一是医疗资源进一步细化。不同国家在医疗水平和擅长的领域方面大不相同，医疗技术必然存在差异。例如韩国整形、泰国生孩子、德国眼科、匈牙利牙科、瑞士干细胞、日本体检和美国癌症治疗等。经过近几年的探索和实践，国人对国外优质医疗资源的认识和认同感趋于稳定，倾向于更有针对性地制定自己的健康旅游规划，包括目的地国家乃至医院、科室甚至具体专家的选择。更进一步地，对于同一疾病不同国家不同医院之间技术孰优孰劣、花费谁多谁少、服务谁好谁差都会有更清晰的认识。同时，对中介机构的选择也更有针对性和辨别能力，不再完全由机构引领，而是与机构之间深入交流以便最终达成客户满意的意向。

二是科技进步带来医疗技术的提升。近年来分子病理学、干细胞和免疫细胞治疗技术、组织工程技术、靶向医疗等新技术新疗法逐渐崭露头角，而国内相对来说成熟度尚有不足，因此，出国健康旅游，早日享受这些优质的先进的医疗技术成为高端人群热衷海外医疗的主要动机。

三是客户群体得以拓展。近年来，随着中国经济的稳步发展，有经济实力、有跨境医疗需求的人群基数也在逐年增大，特别是网络的普及使海外医疗信息的快速共享成为必然，拓展了人们对于医疗资源的认知，可以站在更高的平台上，以更广的视角看待世界各国的医疗资源，从而在比较和权衡中做出更优化、更适合自己的选择。

四是形式趋于多样化。中国多年的对外开放和近年来突飞猛进的互联网普及，使中外医疗机构之间的交流更为频繁和普遍，无形中也为海外医疗提供了助益。借助于互联网，客户与中介机构之间、中介机构与国外医疗机构之间、国内医疗机构与国外医疗机构之间在资料传递、资源共享、实时沟通方面都更加及时和顺畅，因此，客户可以有远程会诊，甚至远程医疗等更多医疗形式的选择。

（三）中国公民出境健康旅游的结构

按照消费种类的不同，可以将中国出境健康旅游的消费人群分为以下几个群体，即严肃医疗消费（以治病为主要目的，包括重症转诊）群体、医美抗衰消费群体、精密体检消费群体及康复消费群体。

1. 严肃医疗消费群体

严肃医疗消费者通常为患有疾病的群体，为寻求更好的治疗效果，转诊至境外匹配医院。严肃医疗消费较集中的疾病类型包括恶性肿瘤、心脑血管疾病、辅助生殖等。该类型消费者往往具有较好的经济基础，选择境外医疗机构的主要因素为医疗技术水平和成功率，而对价格的敏感性则较低。

对于严肃医疗群体健康旅游目的地，目前主要集中在欧美日，尤其是美国、日本、德国等医疗水平发达的国家。这些国家之所以成为中国患者的首选，在于相对发达的医疗水平和业已建立的国际声望。

此外，罕见病治疗需求则促成了部分群体选择印度、泰国等开展健康旅游。目前，中国尚缺乏罕见病药物身份认定及罕见病药物注册特殊审批通道，罕见病药物医疗保障政策缺失导致部分罕见病药物无法进入中国市场。而以印度、泰国为代表的南亚国家新药、仿制药制作工艺水平较高，药品的疗效堪比原研药，但价格是原研药的 1/10 左右，这是吸引中国出境健康旅游消费者的主要因素。中国罕见病患者不断上升的治疗需求及国内罕见病药物资源

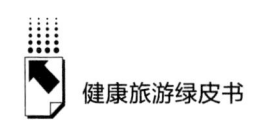

供给的短缺形成了较大的供需缺口，部分经济实力欠缺但拥有医药治疗需求的中国罕见病患者选择去往南亚国家购买新药、仿制药以及接受当地医疗机构的治疗，尤其是近几年选择南亚国家出境健康旅游的客户比例明显增多。

2. 医美抗衰消费群体

"颜值时代"的来临催生了医疗美容需求，使医美行业成为风口上的"朝阳行业"，医美市场迅速发展，空间广阔。医美是指运用手术、药物、医疗器械以及其他具有创伤性或者侵入性的医学技术方法对人们的容貌和身体各部位形态进行修复与再塑，其消费主体通常为女性，期望通过运用医疗技术对人体容貌或身体部位形态进行修复和再塑，延缓机体衰老的过程。[1]

《中国医美行业白皮书》显示，2017年中国医美疗程消费类为1629万次，几乎接近美国的1634万次，且年增速达到26.4%，远超美国的3.9%。每100位中国医美消费者中，25岁以下的约占53%，26~35岁的占43%，对医美项目的接受度变高，消费力和消费意愿逐步增强。到2019年时中国的医美疗程消费量已超过美国、巴西、日本、韩国这些医美消费大国，成为全球第一。

在海外医疗项目构成中，医美占比约15.4%。目前，中国医美抗衰消费者的首选是医疗美容技术比较发达的韩国、日本等国家。出境医美旅游按手术类项目和微整形项目来分，有几个热门项目：面部年轻化、鼻整形、腹部除皱、抽脂、热玛吉、面部局部注射和注射瘦身等。其中，以微整形项目为主。

在冠以"医美"之名后，出境医美旅游在费用和利润上陡增，一周时间的欧美游价格原本只有约2万元，而在冠以"医美游"之名后价格则会翻番，有些奢华医美旅游的价格甚至可达上百万元，例如曾经火爆的赴瑞士打羊胎素，为了让客人感受良好，需要先旅游、听音乐、做SPA等，享受整个过程后才进入正式的医美流程，整体费用可达百万元之巨。

---

[1] 黄琴诗、朱喜钢、曹钟茗、孙洁、刘风豹：《国外康养旅游研究的转型与趋势——基于英文文献的计量分析》，《林业经济》2020年第42期。

3. 精密体检消费群体

随着"健康中国"上升到国家战略层面，国人对于健康的重视程度逐年增长，体现在目前体检市场每年有20%的增长。随着国民生活水平的提高，经济实力的增强，到海外进行高端体检越来越受到一些高端人群青睐。高端体检不但有精湛的医疗技术和先进的设备，更有完善的医疗服务和专业的健康管理服务。体检项目涵盖了肿瘤筛查、心理咨询、疾病风险评估以及常规体检项目等，大多以套餐形式提供。

国人选择海外体检的主要原因在于对国外先进的健康理念、高端的医疗设备和发达的医疗技术的信任，期望通过精密体检可以对癌症等重大疾病进行预防，更全面地了解自身的健康状况，并获得相关领域权威专家针对其检查结果做出更合理的健康指导。例如日本具有完善的防癌产业体系，通过精密体检的多层级检查可以发现小于5毫米的癌组织，促进癌症的预防和早期发展，提高消费者的生命质量。目前，较多的精密体检机构与重症转诊机构建立合作关系，构建集检测和治疗全产业链的服务流程，吸引消费者。

4. 康复消费群体

近年来，随着健康与养老需求日益增长，康养旅游已呈现规模化、规范化发展趋势，出境康养旅游正逐渐成为热点话题。"康养旅游"的概念是由早期的医疗旅游向产业链两端不断延伸的结果，更加注重前端的疾病预防与后端的康体疗养服务。国外康养旅游经历了由资源导向的健康保健旅游向需求驱动的复合型康养生活的演变历程。

随着消费转型的日益复杂和不断升级，康养产业也不断形成新兴的细分市场。根据资源条件、医疗设施与客户人群，康养旅游可以分为不同的细分市场：根据资源导向形成了温泉康养、森林康养、高山康养、海滨康养、小气候疗养等；根据疗养服务形成了瑜伽康体、医疗美容、康乐鱼泉、冥想疗养等；根据康养人群分为老年康养、产前疗养、长寿康养、旅居康养等。

医疗资源的区域差异驱使游客在国内和国际两个层面上产生区域性流动。亚洲国家医疗服务成本低，而欧美国家医疗技术先进，这种差异成为健康旅游者跨区域旅游的主要动机之一。印度的吠陀疗法、瑜伽疗法、冥想和饮食咨询颇具特色。泰国与传统草药疗法相结合的高品质 SPA、与本土风情的建筑设计相结合的低成本疗养，以及具有丰富从业经验的服务人员已成为泰国健康旅游市场的三大核心竞争力。而在拉丁美洲，其推出的医疗保健计划兼顾了医疗保健、健康和健身，颇受健康旅游者欢迎。新加坡拥有亚洲较为完善的医疗中心，有着先进的设施，也很受国际健康旅游者青睐。总体而言，医疗保健的发展对国际旅游业的影响是积极的，康养旅游与医疗资源的地域差异及其背后的文化背景、社区环境、健康政策等因素密切相关。[1]

（四）中国公民出境健康旅游的特点

中国是世界人口大国，改革开放 40 多年来，中国人不断追求生活品质的提高，从开始的国内游和跟团游，到现在的出境游和自由行，再到现今兴起的私人订制旅游、豪华游等，从前作为奢侈产品的出境游，逐渐变成寻常百姓的生活必备产品。中国进入前所未有的旅游发展黄金时代。《中国统计年鉴》显示，2016 年中国旅游业及其相关产业增加值高达 32979 亿元，名义增速为 9.9%，较同期 GDP 增速高了 2 个百分点，占 GDP 比重约 4.4%。[2]

中国海外出境旅游、入境旅游和国内旅游三者协调发展、相互促进，正推动中国即将成为世界第一旅游大国。在旅游研究层面，中国学者目前还尚未深入探究中国游客海外旅游的影响因素及消费市场。而在国际上，有些学者已经认识到中国游客已是世界许多国家旅游市场的重要组成部分。

目前，中国游客参与出境健康旅游包括医疗旅游和康养旅游，医疗旅游主要有重症转诊、疾病就医、健康体检、医美游等。康养旅游较多的项目主要是美容抗衰、身体排毒、瑜伽冥想、禅修朝拜和健身。已经有越来越多的

---

[1] 李毅：《中国出境旅游人次的预测与分析——基于 ARIMA 模型》，《科技经济导刊》2020 年第 20 期。

[2] 华经产业研究院：《2020～2025 年中国海外医疗中介服务行业市场前景预测及投资方向研究报告》，2020。

俱乐部开始组织中国游客到国外参加跆拳道、跑步、高尔夫、马拉松等项目。日本、泰国、韩国、美国、中国台湾、印度、瑞士、马来西亚、新加坡和德国、英国等国家和地区是中国游客康养旅游的主要目的地。

改革开放以来，随着科技的进步、经济的腾飞以及文化交流的发展，出境旅游群体基数逐年增大，共享世界优质健康医疗资源的意识和需求也逐渐普及。

二 中国公民出境健康旅游的客户特征

（一）客户画像

随着全球化的快速发展，出境医疗对于国人来说正变得越来越便利，国内许多经济情况较好的人群为了寻找更优质的医疗服务，开始将目光瞄准海外，健康群体、亚健康群体及患病群体对健康旅游均有较大的消费需求。其中老年群体和女性群体对健康生活、养生旅游、医美旅游、购物娱乐更为关注，对健康旅游消费的拉动作用更为显著。国内出境健康旅游的人数还在逐渐增加，市场不断扩大。

从项目分类上来看，中国人对于出境健康项目的主要需求是疾病治疗、体检、辅助生殖以及医疗整容等几大板块。其中，癌症等重症疾病的治疗占比最高。癌症等重疾对创新药物的需求较大，而高端体检则主要依靠新型的医疗仪器、器械等，这也体现了消费者对药物、器械方面的需求在国内得不到满足。据统计，2020年海外医疗中介服务行业的重病治疗项目销售占比在39.7%，而体检项目占比排在第2位，占比在22.5%，医疗美容排第3位，占比15.4%（见图2）。[1]

根据极致医疗的统计数据，选择海外就医的以企业家和企业高管居多，占比超过60%。从年龄构成来看，海外就医患者主要集中在41~70岁，这

---

[1] 华经产业研究院：《2020~2025年中国海外医疗中介服务行业市场前景预测及投资方向研究报告》，2020。

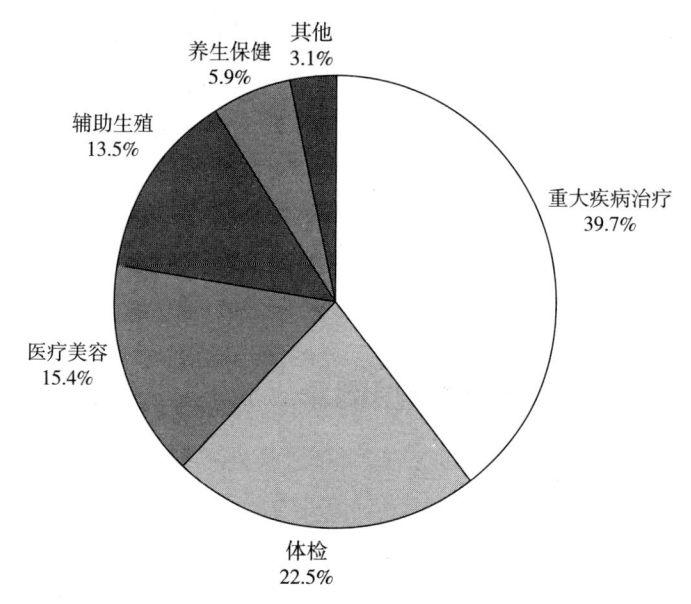

图 2　海外医疗中介服务行业需求市场分布

资料来源：华经产业研究院，《2020～2025年中国海外医疗中介服务行业市场前景预测及投资方向研究报告》，2020。

也与癌症的高发年龄相吻合。

从病种来看，出国看病人群中，肿瘤患者占比65%，其次占比较多的是心血管系统疾病、神经系统疾病、消化系统疾病。而从疾病分期来看，肿瘤患者中，占比较高的是晚期患者，但2018年的数据显示，肿瘤早期患者也占了36%，是2016年的1.6倍。而2015年时，肿瘤早期患者占比只有12%。这意味着，国人防癌意识升级，就医理念也出现升级，越来越多的早期癌症患者选择直接出国，而不是在国内治疗到束手无策后再把出国看病当最后的稻草。①

（二）客源地

1. 北上广深

目前国内医疗界和国际上的医疗学术交流极其频繁，事实上北上广深这

---

① 周倩、李可心：《出国看病患者六成多是肿瘤患者，专家提醒出国看病要理性》，《深圳晚报》2019年2月28日。

些国际化城市医疗水平和国外几乎是相差无几的,有些甚至超过欧美(患者群庞大,技术自然纯熟)。但是这些城市有限的医疗资源容量与全国各地慕名而来的巨大患者数量不匹配,致使这些一线城市的各大医院只能满足简单的看病治疗,却少有精力去提升就医的体验,从而导致很多人有这种感觉:大医院虽然能治好病,花钱却买不到好的就医体验,这一点和欧美日等比起来差距的确很大。因此,北上广深的一些患者就会选择海外就医,一方面他们需要好的就医体验,另一方面他们在北上广深各大医院相对容易了解到海外医院先进的治疗方案或是新药。因此选择海外就医的患者大多集中在北上广深这些一线城市。

2. 二、三、四线

虽然绝大多数出国看病患者仍集中在北上广深和东部沿海地区,但内陆地区患者也在增加,尤其是东北三省、内蒙古、山西、湖南、湖北、四川、安徽,出国看病的患者人数已经达到一定水平。

二、三、四线城市患者人群大多数是私企老板,他们有经济实力,但信息相对闭塞。生病后,可能首先想到去北上广深的大医院看病,然后才可能想到去海外看病。

(三)痛点

长期以来,中国创新药上市速度明显落后于海外市场,新药的可及性也明显落后于欧美国家。2010～2014年在海外上市的49个抗癌新药中,在中国上市的仅有6个。在2016年6月之前FDA(美国食品和药物管理局)共批准了72个抗肿瘤靶向新药,但是在中国上市的只有不到30%。[①]

以肿瘤治疗领域最火热的单抗类生物药为例,进口单抗药物国内已上市相比FDA的批准上市时间平均要滞后6年左右。随着药品审评中心(CDE)对于药审的改革以及中国加入ICH(人用药品注册技术国际协调会议),审

---

① 《2018～2023年中国海外医疗中介服务行业市场前瞻与投资战略规划分析报告》,中国商业数据网,2018。

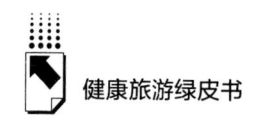

批速度已经有所改善。再比如宫颈癌疫苗，2017年7月31日国内首个宫颈癌疫苗——由葛兰素史克（GSK）研发的希瑞适（HPV疫苗16型和18型）终于正式上市。而实际上该疫苗2006年就已经在美国上市，随后陆续在英、澳等160多个国家和地区，包括中国的香港、澳门和台湾地区上市。但是在FDA批准后的11年内大陆都无法接种该疫苗，导致前往香港注射该疫苗的内地女性一度有增无减。

中国肿瘤等疾病的生存率低于欧美国家。到2020年中国每年癌症患病总数约为660万，死亡总数已达300万左右。中国癌症平均生存率为31%，而美国的生存率为66%，对比来看远远超过中国。国内白血病、骨肿瘤、结直肠癌等肿瘤患者的生存率显著低于美国。这些数据说明国内在肿瘤等重症疾病的治疗效果上与欧美有较大差距，国内许多患者的治疗需求得不到很好的满足。[1]

（四）主要的问题

目前，中国医疗旅游行业以输出型出境医疗旅游为主，是全球出境医疗旅游市场最大客源国。中国居民在境外医疗旅游过程中会遇到诸如由于文化、地域等存在较大的差异而引起的问题，或者因中外医院的就医方式、医院管理方式等的不同而导致不适应。此外语言、生活、饮食习惯等也是常见问题。

医疗旅游行业作为综合型产业项目，覆盖医疗保健、健康养生、旅游休闲、互联网等多个产业。行业的发展需要政府部门、卫生健康部门、旅游部门等相关方的强力支持和密切配合。中国对于医疗旅游行业尚未作出细分的法律和行业规范，中国输出型出境医疗旅游市场的蓬勃发展与行业规范的落后的矛盾日益突出。

为推进本国经济发展，吸引境外居民在本国的医疗旅游消费，多数医疗旅游产业的发达国家出台了产业利好政策。为鼓励境外居民赴日进行体检和

---

[1] 《2018~2023年中国海外医疗中介服务行业市场前瞻与投资战略规划分析报告》，中国商业数据网，2018。

治疗，针对中国游客，日本政府除发放"个人旅游签证"外，新增"医疗签证"，并且将签证有效期延长至三年。此外，为鼓励境外居民赴韩进行医疗美容等消费活动，韩国政府颁布退税政策。

另外，出境医疗旅游还存在很多麻烦的地方，语言问题首当其冲。不但与医生的交流需要有懂得英语或者目的国官方语言的人陪同，此前的病历资料与就医信息也需要经过专业的医学翻译。在美国等一些国际患者较多的国家，很多医院都会配备相应的翻译协助患者在就诊时解决语言问题，但是患者日常生活中的语言问题就需要自己解决或者找相应的海外机构请翻译协助。

国外，尤其是欧美国家的医疗机构在医疗方面有严格的法规。正规的医疗机构不会允许合作机构代收检查、治疗费用，否则将面临严重的法律诉讼。国内某些服务机构为牟取私利，会以方便、业内规定、定金等理由向客户虚报并收取费用等，切不可轻信，以免上当。

三　中国公民出境健康旅游主要目的地分析

随着海外医疗市场的不断发展，针对不同的医疗需求，往往有与之相对应的海外医疗目的地供患者选择。中国出境医疗服务目的地主要有美国、日本、韩国、泰国、德国、印度等国家。目前出境医疗的目的地相对集中，且绝大多数目的地都有自己的特色和优势。比如医美抗衰最热门的是韩国，精密体检日本最有优势，重症转诊主要去美国。欧洲和美国以科技含量高为主要优势，成为目前最高端的出境医疗目的地；亚洲则以特色化、高性价比的医疗美容、辅助生殖等项目为特色。

在出国就诊的群体中，逐步形成几个医疗热点的目的地。

（一）美国

美国是公认的世界最发达国家，其先进的科技水平同样推动了医学的发展，使其医疗技术一直引领国际。如美国的梅奥诊所（Mayo Clinic），其不仅在美国本国多年雄踞排行榜首位，也在国际上久负盛名，是国际上医生和患者共同仰望的存在。其在心脏病、肿瘤、糖尿病与内分泌、耳鼻喉、肾科、妇科、骨科、神经、老年病等众多专业领域都经常在年度排行中执业界之牛耳。美国医院排行榜见表1和表2。

表1 2020~2021年美国新闻与世界报道医院临床专科排名

序号	临床专科	梅奥诊所	克利夫兰诊所	约翰霍普金斯医院	纽约长老会医院	加州大学洛杉矶分校医学中心	麻省总医院	西达赛奈医疗中心	加州大学旧金山分校医学中心	纽约大学朗格尼医学中心	西北纪念医院
1	糖尿病和内分泌	1	6	7	5	4	2	13	3	16	21
2	消化内外科	1	3	4	11	5	7	2	17	10	12
3	妇产科	1	2	17	4	26	6	7	21	30	
4	肾内科	1	5	4	2	3	7	9	8	16	13
5	呼吸科及胸科	1	4	7	15	5	17	3	9	11	13
6	泌尿科	1	4	3	5	8	16	11	7	14	12
7	心脏内外科	2	1	16	4	7	5	3	33	11	10
8	骨科	2	9	4	6	7	8	3	15	4	15
9	血液科和肿瘤科	3	5	4	20	13	18	7	10	19	8
10	耳鼻喉科	3	16	1	11	8	6	22	14	31	26
11	风湿科	3	2	1	4	9	6		7	8	
12	老年科	4	2	5	9	3	14	11	8	10	6
13	精神科	5		1	4	7	3		8	11	
14	康复科	6			10		2			7	
15	神经内外科	7	9	1	3	8	13	10	2	6	5
16	眼科		10	3		5	4		9		
	医院总分	412	364	346	340	340	330	320	276	269	258

资料来源：https://health.usnews.com/best-hospitals，2020。

表2 2020~2021年美国新闻与世界报道儿童医院排名

排名	医院	排名	医院
1	波士顿儿童医院	6	国家儿童医学中心
2	费城儿童医院	7	国家儿童医院
3	辛辛那提儿童医学中心	8	匹兹堡大学医学院附属匹兹堡儿童医院
3	得克萨斯儿童医院	9	约翰霍普金斯儿童医学中心
5	洛杉矶儿童医院	10	西雅图儿童医院

资料来源：https://health.usnews.com/best-hospitals，2020。

（二）日本

在过去的三年里，世界卫生组织（WHO）在最新的报告 World Health Report 中，从医疗水平、接受医疗服务的难度和医药费负担公平性等方面对世界各国的医疗体系进行了综合比较，结果日本因为高品质的医疗服务、医疗负担的平等程度和国民平均寿命高等原因，持续高居榜首。得益于其诺贝尔奖获得者辈出的科研基础和务实创新的科技战略，日本的医疗水平同样走在世界前列。日本医院排行榜见表3。

表3　2020年日本医院排行榜

排名	医　　院	排名	医　　院
1	圣路加国际医院	3	日本京都大学医院
2	东京大学医学部附属医院	4	大阪大学医院

资料来源：https://www.newsweek.com/best-hospitals-2020/japan, 2020。

选择日本看病时，有一个问题需要注意，在日本看病需要做身元担保，这一项担保金额度就高达40万元人民币，否则很难顺利在日本各大医院就医，如果患者不了解相关内容很可能到了日本之后无功而返。

此外，赴日本整形的消费者也越来越多，日本整形有如下特点。①价格透明，一般不存在被坑的情况。②日本对整形医生的资质审查严格，正规医院的整形医生必须在普通外科从事临床7年以上，才有资格成为美容外科医生。成为美容外科医生后，还必须有3年的临床进修，通过考核后才能获得资格。③根据顾客自身的五官量身定制的，遵循自然的原则，保留个性。不过价格偏高，而效果因个人审美的差异不一定能达到顾客的预期，需要做好沟通。

（三）韩国

出国整形一直都是整形界的一种流行趋势。赴韩整形已成时尚。近

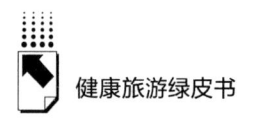

几年，中国每年出国整形的人数一直居高不下。人们选择出国整形的原因有很多。有的是被国外的先进技术和设备所吸引，也有一些是跟着所谓的"潮流"而走。韩国国民对于整形意识超前，认知度高，韩国的整形业近年来也一直是业界翘楚，尤其是韩国人与中国人既同属黄色人种，又有文化渊源，只要沾上了"韩式"俩字，无论是什么样的整形术，似乎都能吸引人众的眼球。"整形旅游"正是在出国整形这种大坏境下诞生的新名词。韩国整形有如下优势。①整形技术相对成熟。韩国整形文化背景深厚，发展历史悠久。在韩国双眼皮、隆鼻对于他们来说已不算整形，只有抽脂、隆胸、磨下巴等才算整形。②审美超前，很多国内顾客都向往韩国女星的样子，因此韩国女星算是国内的整形模板。③追求整体协调，虽然韩国整形普遍改变程度非常大，但脸部整体来看是比较协调的，不会感觉鼻子太高，或者眼睛太大。韩国整形也存在明显不足，比如，①相似度过高。美的"雷同"，按照固定的模板来重塑，容易造成"脸盲"，降低个体间的辨识度。②医生资质不明。韩国的整形市场大，管理也比较混乱，可能还存在医生资质不够、不正规的情况。③价格不明。相同项目不同地区、不同医院、不同医生的收费都不同。

（四）德国

德国是世界上最老牌的工业国家，在现代医学领域也是人才辈出，99%的医生拥有博士学位。迄今已有20人获得诺贝尔医学奖，推动了世界医疗事业的发展，也彰显了德国在医疗科技领域深厚的基础。其在心脏、血液循环、糖尿病、癌症等多个领域拥有国际领先的水平。以癌症术后5年生存率为例，中国31%，美国70%，日本64.3%，德国则高达86%，居世界最高水平。德国在医疗设备和医疗技术创新领域也是国际领先。从注射器材，到整形耗材，再到尖端的电子测量仪器，德国一直在全球医疗器械市场上占据95%以上的市场份额。德国医院排名如表4所示。

表4　德国医院排行榜

排名	医　　院	排名	医　　院
1	柏林大学附属Charité（夏里特）医院	3	汉堡埃彭多夫大学医院
2	海德堡大学附属医院	4	慕尼黑大学附属医院（LMU）

资料来源：https://www.newsweek.com/best-hospitals-2020/germany，2020。

（五）英国

作为近代科技的发祥地和老牌工业帝国，英国的医疗科技水平也一直名列前茅。英国的医疗水平高，费用相对美国来说也较低，这使越来越多的中国人将英国作为医疗目的地，去英国的顶级医院领略尖端的医学技术和医疗服务。惠灵顿医院的骨科技术世界领先，我国百米跨栏名将刘翔伦敦奥运会后的跟腱手术就是在这家医院完成的。皇家布朗普顿医院的心脏病医疗技术非常先进，其心脏瓣膜病治疗首先考虑修复，以减少异体器官的排斥反应，而国内医院一般采用置换手术。伦敦国王学院医院的肝脏中心是全球最大、最综合的肝脏疾病治疗中心（尤其是肝癌），其肝脏移植量为欧洲之最。哈里医疗中心的儿科、癌症和神经科（包括成人、儿童和婴儿）在欧洲乃至世界上都久负盛名。

（六）新加坡

新加坡是亚洲最发达的国家之一，且华人族群占人口比例最大，因此中文是新加坡的官方语言之一。去新加坡医疗健康游的好处是离国内近，语言相同，沟通容易，且费用较低。新加坡中央医院（SGH）是新加坡最大的三级急诊医院和国家级转诊中心。作为一家有着悠久历史、能提供高质量医疗服务的非营利性机构，SGH集国立专科中心和综合性医院于一体，有20903名医护人员，年门诊量达300万人次。该集团还包括新加坡国立癌症中心、新加坡国家心脏中心、新加坡全国眼科中心等在内，由42个临床专科、2所医院、5个国家专科中心、9个综合诊所和1所社区医院，组成庞大的医疗网络，提供全面、多学科和综合医疗服务。

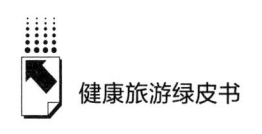

四 市场参与机构

海外就医不仅需要考虑海外医院资质的问题，更需要考虑在出国之后如何无缝对接海外医疗资源的问题，如果不了解任何情况凭着冲动盲目出国看病，不论选择任何国家都有可能因为不熟悉医疗体系而无法及时就医。这类问题是任何一个选择海外就医的人都需要知道的。

在健康中国的大背景下，随着国人对海外医疗服务的需求释放，出国看病服务行业的前景被资本市场所看好。提供专业的出境就医服务的海外医疗机构随之兴起。海外医疗机构主要提供办理患者和家属的签证、预约与转诊国外医院、办理医疗旅游签证、病历整理与医学资料翻译以及协助患者和家属到国外的医学翻译、生活翻译等服务。

目前中国的海外医疗机构主要包含三类：传统出境医疗服务机构、海外医疗中心中国办事处及互联网出境医疗服务平台。传统的出境医疗服务机构起步早、数量多，这些传统机构不断优化线下服务，同时也在搭建线上平台。海外医疗中心中国办事处主要是国外知名医院或医疗集团设立在中国的办事处，仅提供相应海外医疗中心的咨询及转诊服务。互联网出境医疗服务平台通过互联网实现出境就医，链接供求双方。市场的绝大部分份额由传统出境医疗服务机构占据。但互联网出境医疗服务平台和海外医疗中心中国办事处也是非常重要的组成部分。互联网出境医疗服务平台作为日益重要的客流汇集渠道，将逐渐影响出境医疗行业的竞争格局。海外医疗中心中国办事处依托国内医院资源和国外医院技术，占据了精准的获客途径。

极致医疗是一家专业的海外医疗服务平台，与美国、欧洲、亚太等地区的众多优质医疗机构建立了合作伙伴关系，为中国患者和健康人群提供远程会诊、病理会诊、海外转诊、健康体检等医疗健康服务，并依托国内顶级医疗机构，建立海内外全流程无忧就医体系，满足客户对医疗健康的高品质、个性化服务需求。

极致医疗致力于整合全球顶级医疗机构，将其在临床、科研和教育领域的资源和经验模式本地化，为中国医疗机构和医生国际化赋能，构建国际医联体。同时，为患者提供全球范围最优医疗解决方案和服务，促进中国医疗卫生事业发展。

极致医疗与美国 U.S. News 排名前十的医疗机构建立了合作伙伴关系，在美国顶级医疗集团和中国医疗机构合作的经验之上，成功复制了以梅奥诊所为代表的国际知名医疗机构的本地化模式，首度提出"国际医联体"的概念并践行"双向跨境医疗模式"。

"国际医联体"联结美、欧、亚太地区 30 多家顶级医疗机构与国内上百家三甲医院，为国内医疗机构提供管理培训、对外交流、医护人员进修、继续教育、专科共建和国际远程会诊等医院管理增值服务。同时，在国家大力支持社会办医的背景下，也为社会办医机构提供医院管理输出服务。

极致医疗依托遍布全球的医疗资源，还为银行、金融、工商业企业等大型机构量身打造了"全球一体化医疗健康解决方案"，为用户提供最优的客户管理增值服务和解决方案，特别是与保险行业建立了深入的第三方管理模式。同时结合高端健康险，商业健康险渠道具有医疗相关性强和与高净值用户重合度高等特点，对于商业健康险来说，海外医疗服务可有效为保险项目增值，促进商业健康险价值提升。

随着海外医疗资源和先进理念不断涌入国内，用户对于海外医疗服务接受度和认知度不断提升，海外医疗市场渗透率已经达到一定规模，市场将进入高速发展期。

当前海外医疗服务以一线城市为主，而二、三线城市医疗资源较为匮乏，同时随着二、三线城市经济和消费水平的提升，对于多样化的医疗服务需求增强，海外医疗机构可将发展重心向二、三线城市倾斜。[1]

---

[1] 《2021~2026 年中国海外医疗中介服务行业市场前瞻与投资战略规划分析报告》，前瞻产业研究院，2021。

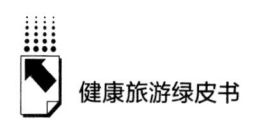

五　影响因素

（一）收入水平

改革开放以来，中国经济保持快速增长，人民生活水平显著提高，但在整体提高的背景下，由于受教育水平、产业结构和个体原因的影响，地域之间、家庭之间、个体之间收入水平差异较大。收入高的群体对于健康的预期更高，可用于健康目的的可支配收入也高，因而对于健康旅游更向往，也更乐于接受。中产阶层和高净值人群比普通人群更重视健康，因而更热衷于海外医疗，使出境健康旅游成为近年来继奢侈品旅游后的新动向。瑞士的抗衰老、美国的肿瘤和试管婴儿、德国的眼科、韩国和泰国的整形美容，均被中国人悉数纳入"全球医"的版图。尽管出国就医这一过程中花费资金额度会相对较高，但部分国家在整体医疗资质层面近年来综合表现出色，特别是在部分病症治疗中的成效显著，例如肾癌、膀胱癌以及神经母细胞瘤等，这也让一批海外医院进入国内不少重症患者的视野。对于大多数意向消费者，通常100万元以下的花费可以承受，少数人也可以承受100万～200万元的花费。收取服务费是中介机构盈利的主要方式，一般前两个星期收费每周9万～10万元，随后则每周3万～4万元。一般而言，治疗时间越长，病人的经济负担越重。

（二）海外医疗机构的品牌

国内的就医环境已经有了很大的提升，但是比较紧张，一方面是医患关系突出；另一方面是医疗资源分布仍旧不平衡，在医疗技术上距发达国家仍有距离，特别是很多癌症专利药、孤儿药国内难以见到，不能满足人们对健康的需求。越来越多的患者开始选择出国就医，寻找健康新出路。

消费者如何选择海外就医机构？不同国家的医疗体系、医保制度、药品管理及社会文化等多因素综合，决定了该国家是否适合接受海外人士开展医疗服务。总体来讲，美国和日本是当前海外就医的首选。美国的综合医疗水平高、新药种类丰富。日本临床水平高、服务态度好。

国人选择海外就医时主要会考虑海外医疗机构的品牌及技术水平。由于经济和医学的发达，特别是在美工作学习人员的口耳相传，美国医疗行业在中国患者心目中的权威地位逐步形成。梅奥诊所、克利夫兰诊所、MD安德森癌症中心、约翰霍普金斯医院、波士顿儿童医院等在中国的品牌影响力很大。日本的医疗条件和水平也是世界闻名，日本医疗技术和服务随着几十年来中日之间交流的扩大而有口皆碑。韩国的整形美容发达，很多去韩国旅游的人顺带进行一些小的医美手术。现在也有很多韩国医院与国内的医美诊所开展行业交流，韩国医生来国内进行手术。新加坡虽然是个城市国家，但严格的法律和整洁的环境给世界留下了很好的印象，而且其在亚洲的医疗领域确实是联合国认定的第一位，不但有很强大的医药研发能力，而且还有很多和国际合作的医院，特别是70%为华人人口，文化上非常接近，是个值得信赖的就医国家。另外新加坡还有一个优势就是能买到国际最新的药物，这点得益于新加坡政府对医疗行业的支持。有不少国内患者开始注意到新加坡的就医优势。此外，欧洲发达国家的医疗水平也是很高的，但是陌生的人文环境、烦琐的流程和高昂的费用让部分打算去欧洲治疗的患者望而却步，除非必要的治疗，大部分中国患者不会转到美日等海外医疗市场。

（三）口碑传播

目前中国市场上提供出国医疗服务的中介机构较多，无论是美国、日本，还是欧洲，都有专门的出国看病中介机构，都有成熟的海外医疗服务流程，帮助患者实现海外医疗。不过，这些机构参差不齐，经常有不良体验甚至恶意欺诈的案例见诸报端，促使消费者必须擦亮眼睛，选择靠得住的品牌。

对消费者而言，有历史积淀的品牌总是更值得信赖。据调查，不管是市场占有率还是口碑，经得起时间考验（成立5年以上）的老牌机构仍然更受消费者青睐。

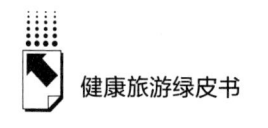

（四）互联网远程医疗

从线上教育、线上办公到线上远程诊疗，互联网及通信技术的发展早已帮我们扩大了医疗服务的半径，让国内患者即使不出境也能接受海外专家的专业治疗。

互联网远程医疗包括以下几种类型。

文字远程会诊：由国外医院的权威医生根据患者提供的病历材料和相关疑问，出具一份远程会诊报告。

视频远程会诊：由国外医院的权威医生通过视频远程会诊系统，面对面地为患者答疑解惑，并在事后出具一份远程会诊报告。

双医院远程咨询：由两家国外医院的两位权威医生根据患者提供的病历材料和相关疑问，出具两份远程会诊报告。

多学科远程会诊：根据患者病情需要，由两位或以上不同学科（如肿瘤内科＋肿瘤外科）的国外权威医生，根据患者提供的病历材料和相关疑问，出具两份或以上远程会诊报告。

定制化远程咨询：包括癌症基因突变检测、已染色病理切片远程评估、质子或重离子评估、影像材料远程咨询等，以满足不同患者的个性化需求。

（五）新冠肺炎疫情

2020年新冠肺炎疫情在全球蔓延，对全世界产生重大影响。而旅游业更是首当其冲，面临严重危机。虽然目前疫情在中国已经基本得到控制，在海外却在加速扩散，这使2020年中国出境旅游几乎处于停滞状态，疫情突然中断了出境健康旅游的平稳发展。

从当前全球疫情防控形势看，新冠肺炎疫情呈现更加明显的不均衡性。有些国家得到了有效控制，有些国家依然在持续蔓延，而有些国家已经缓解的疫情又突然加重。大部分目的地国家和地区总体上依然持谨慎态度。即使开放，出入境的行政手续也将比原来更复杂，安全检查也更严格。由于疫情防控形势不均衡，无法满足安全需求，中国当前暂时不开放包括出境健康旅游在内的所有出境旅游。

受疫情的影响，出境就医暂时困难重重，一些有需求的患者就会选择互联网远程医疗，尤其是一些肿瘤、罕见病及重症患者，可以选择文字或者视频方式远程会诊，也能得到海外专家的治疗建议。这也进一步推进了互联网远程医疗的发展。同时，一些海外医疗机构为了能够持续吸引中国患者，也为一些有急迫就诊需求的患者提供了线上的门诊问诊。患者所有的体验与出境就医门诊面诊很接近，只是将门诊面诊换到了线上。患者可以跟海外医疗机构的专家通过视频面对面交流，如果需要进一步检查，可以在国内完成检查后再次预约海外专家的线上门诊。比如美国梅奥诊所就在疫情期间就提供了线上视频门诊的服务，患者可以通过视频门诊跟梅奥诊所的专家面对面沟通，其申请流程与预约线下门诊相似，只是因为时差原因，线上视频门诊只能在梅奥诊所专家正常门诊时间进行，门诊时间基本就是北京时间的夜里了。

不管怎样，随着疫苗的研制以及全球各国的共同行动，相信疫情会得到有效控制，人们的生活会逐步步入正轨。

六 总结与展望

科技的发展推动了医疗的进步，随着中国居民收入水平不断提高，国内外信息交流日益便捷，越来越多的中国居民开始在世界范围内寻找更好的医疗资源。只要条件允许，国内患者赴海外享受先进发达的医疗服务也不是一件难事。

中国是世界人口大国，也是国际健康旅游的重要客源地。考虑到近年来中国经济持续强劲增长，有分析师预测未来十年中国的海外医疗市场潜力很有可能超过数百亿美元。海外医疗需求的增长促进了海外医疗服务行业的蓬勃发展。海外医疗服务行业在横向扩张的同时，也需意识到随着海外医疗旅游的普及，客户的要求也必然有提升，推动海外医疗服务从简单的牵线搭桥到全方位的服务体验深耕。同时，每个客户的每一次海外医疗旅游经历都会

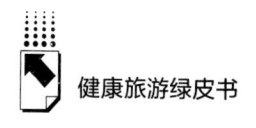

随着微信、微博等社交媒体得以快速传播、发酵，使每个客户都是一个不可忽视的宣传员，敦促每个海外医疗旅游的从业机构善待每一位客户，努力做好每一项服务，使整个行业进入良性循环。这对每一个海外医疗旅游的观望者或者说意向者都是一个福音。

2020年以来，突如其来而又持续猛烈的新冠肺炎疫情给海外医疗旅游行业蒙上了阴影。由于上下一心，措施得力，中国很快平息了疫情，偶有新发病例也都是境外输入。而与此同时，疫情在国际上却未能得到有效控制，无论是欧、美、日、韩等发达国家和地区，还是印度、巴西等欠发达国家，疫情快速蔓延，数据不断刷新。迄今为止，全球确诊病例已逾1.4亿，累计死亡300余万人。疫情的蔓延大大限制了国际人员的流动，这一方面导致国际限航、停航等交通管制，直接影响了人们的出行，另一方面国外汹涌的疫情也大大增加了人们出行的顾虑。除此之外，疫情对整体经济形势造成的负面影响也导致人们减少消费，从而对海外健康旅游行业带来更深远的影响。不过，随着国际社会的共同努力，特别是中国在疫情防控方面取得的成功给世界注入了一剂强心剂，加之疫苗研制成功以及接种普及的到来，疫情终将过去，一切终将回归正轨，世界终将迎来更美好的未来。届时，海外健康旅游产业也必将重现生机，为有健康需求者带来更好的服务。

G.3
中国入境健康旅游发展报告

向月应　白科阳　吴功雄*

摘　要： 中国健康旅游产业尚处于早期萌芽阶段，与日本、韩国、泰国、新加坡、马来西亚等亚洲邻国相比，我国的入境健康旅游产业规模与之仍存在很大差距。本文介绍了我国健康旅游产业发展现状，针对目标客源市场进行分析，提出以中医（药）为特色，大力宣传与发展传统医学；同时，发挥我国在现代医学领域有国际竞争力的诊疗手段的优势，推出具有竞争力的健康旅游产品；探索与创建中西医结合治疗疑难病症及健康管理的品牌。

关键词： 健康旅游　目标市场　市场分析

健康旅游是将旅游和健康服务与管理结合起来的一种旅游形式，现已成长为全球增长最快的一个新产业。全球健康旅游者的数量已从2006年的2000万人次迅猛增长至2018年的8000多万人次。根据全球水疗与健康峰会（GSWS）和斯坦福研究机构（SRI）联合发布的全球健康旅游产业经济研究报告，全球健康旅游产业总规模在2013年约达到4386亿美元，约占全球旅游产业经济总规模的14%；美国斯坦福研究机构调研数据称，2017年

---

* 向月应，主任医师、教授、博士生导师，研究方向为医院管理和整体医疗理论与实践、健康旅游与健康产业、健康管理教育与创新、军队医院区域一体化卫勤保障；白科阳，桂林理工大学特聘导师，研究方向为健康旅游教育、健康旅游产业转化与应用；吴功雄，哈佛医学院教授、研究员，研究方向为重要蛋白分子在心脑血管疾病当中的作用和其新的分子机制等。

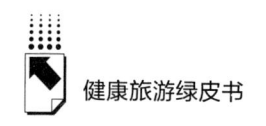

全球健康旅游收入预计达到 6785 亿元，2018 年全球健康旅游行业市场规模已经达到 7643.5 亿美元，全球健康旅游收入占世界旅游总收入的 15% 以上，其发展势头十分惊人。在全球健康旅游版图中，亚洲国家凭借其价格、技术等方面的诸多优势，渐渐成为健康旅游的首选地之一，以泰国、印度、马来西亚等为代表的健康旅游主要是以高性价比的价格、服务，良好的医疗条件，国际化的人才队伍参与国际竞争，并以本国的特色优势发展国际健康旅游。据统计，截止到 2018 年，泰国、印度、新加坡三国健康旅游服务，已占整个亚洲健康旅游服务市场份额的 85%。[1]

随着我国社会经济的快速发展，在人均可支配收入大幅度增加、生活水平不断提高的同时，人们所面临的工作和生活压力日趋严重，我国处于亚健康状态的人群不断增加，人们开始越来越重视自己的身体健康状况，积极主动地进行各种医疗保健、体检、疗养、度假或疾病治疗等活动，期望在放松、愉快的氛围中恢复。近年来我国健康旅游行业有了迅速的发展，市场增长颇为迅速，2018 年行业市场规模达到 1186 亿元，同比上涨约 25.2%，预计到 2025 年有望突破 3820 亿元。

一 中国健康旅游产业发展现状

中国入境健康旅游产业尚处于萌芽阶段，入境健康旅游产业规模远远落后于韩国、泰国、马来西亚、新加坡、印度等亚洲邻国，与此同时，中国健康旅游客户 90% 以上选择出境诊疗。

目前，我国的健康旅游产业只有少数地区，如北京、上海、广州、桂林、海南（如博鳌、三亚）、四川等有产业布局。其中，桂林市依托桂林国家健康旅游示范基地（2017 年入选首批国家健康旅游示范基地名单），不断探索健康旅游业态发展新模式，推进健康旅游示范基地建设，逐步形成"医、康、养、健、智、学"六位一体的健康旅游产业创新发展格局及

---

[1] 张颖：《国外医疗旅游业发展的经验及对我国的启示》，《对外经贸实务》2019 年第 7 期。

人性化健康服务与设施体系。[①] 2019 年，桂林崇华中医街接待包括国内、国外（亚非国家）宾客在内的游客人数超过 30 万人次，其丰富的体验项目、博大精深的中医药文化备受青睐；同时，崇华中医街还把国医、名医、专家义诊活动设为常态，打造"周周有名医，月月有大师"新名片，形成了中医骨科、中医妇科、中医脾胃科、中医治疗失眠、中医减肥五大特色品牌；未来，崇华中医街将继续推动大健康产业，与医疗服务、健康旅游、休闲度假等现代服务业联动发展，努力将崇华中医街建设成为具有中医、民族医特色的国际健康旅游目的地，推动旅游业和健康产业的融合发展。

海南省积极响应国家号召，提出打造国家级中医康复保健旅游示范基地，建设国际科学养生岛，大力发展健康旅游产业。2013 年，国务院批准设立的国际医疗旅游产业园区——海南博鳌乐城国际医疗旅游先行区，享有包括加快医疗器械和药品进口注册审批、临床应用与研究的医疗技术准入等优惠政策，试点发展医疗、养老、科研等国际医疗旅游相关产业。据统计，2019 年，海南省博鳌乐城先行区接待医疗旅游人数约 7.5 万人次，同比增长 134%；医疗机构营业收入约 6.4 亿元，同比增长 75.3%。海南三亚中医院推出的"中医疗养游"也受到国内外游客的推崇。2016 年，集休闲度假、医疗服务、康体保健于一体的海南省三亚市中医院国际友好中医疗养院建成，该疗养院隶属于三亚市中医院，集中医、中药、针灸、推拿、药浴、药膳等服务于一体，开设名医工作站（全国名医坐诊平台）、推拿保健中心、药膳坊等多个服务单元，可提供休闲度假、医疗服务、康体保健等多样化服务，疗养院将打造成为中医对外贸易基地，为三亚健康服务业的发展发挥示范带动作用；依托疗养院优势资源，其推出了健康旅游项目 9 项，疗养套餐 15 项，包括通督正脊、中医美容、养生药膳、睡眠改善、温泉疗养、中医文化游等多重选择，以合理的定价吸引了中外游客的青睐，全方位打造"三亚中医"中医药健康旅游品牌，截至 2019 年底，疗养院已为包括俄罗

---

① 黑启明、向月应：《健康旅游学》，人民卫生出版社，2020，第 21 页。

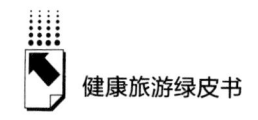

斯联邦政府总理梅德韦杰夫、哈萨克斯坦前总统纳扎尔巴耶夫、塔吉克斯坦总统拉赫莫诺夫、吉尔吉斯斯坦前总理萨特巴尔季耶夫等政要在内的10万余名外宾提供了优质的中医药健康服务,体验神奇的中医治疗,也成为更多外国游客向往三亚、逗留三亚的理由。①

北京在健康旅游建设方面,有效将中医院医疗/养生人才、项目与旅游景区相结合,打造成一种健康旅游模式,成为国内中医旅游发展较早的典范。上海市则成立了国内第一个医疗旅游平台,突出中医药健康旅游元素。四川省作为中医药资源大省,享有"中医之乡,中药之库"的美誉,为充分发挥四川悠久、厚重而独特的中医药与民族医药文化资源,开创中医健康养生新模式,力求将四川打造成世界中医药文化与健康养生旅游目的地。相对于健康旅游发达的国家,中国的健康旅游产业,主要分布在医疗技术、设备先进或医疗保健资源丰富的地区。

二 中国入境健康旅游目标市场分析

(一)入境旅游客源市场

2020年新冠肺炎疫情前,我国国际旅游人次逐年上升,其中,2019年国际旅游人次增势较强,据国家统计局数据,2019年我国入境游客14530.78万人次,同比增长2.9%;2019年中国入境过夜游客6573万人次,同比增长4.5%,比2018年入境过夜游客6289.57万人次大幅增加;2019年旅游外汇收入1312.5亿美元,在此之前国际旅游外汇收入一直平稳增加。

在客源市场方面,亚洲是中国最主要的客源市场,超六成的入境游客来自亚洲的国家和地区,按照来华旅游人次多少,依次排名:缅甸、越南、韩国、俄罗斯、日本、蒙古国、马来西亚、菲律宾、新加坡、印度、泰国、印度尼西亚、朝鲜。

---

① 陈小勇:《三亚:打造健康旅游城市名片》,《中国卫生》2018年第6期。

其次是欧洲、美洲的入境游客，分别占据了19.8%和12.4%，其先后顺序为美国、加拿大、澳大利亚、德国、英国、法国、意大利。

（二）入境旅游国际游客需求

外国游客最喜欢去的城市有：北京、上海、广州、杭州、西安、重庆、成都、南京、桂林、厦门等城市。外国游客最喜欢去的景区有：北京长城、上海外滩、杭州西湖、安徽黄山、桂林阳朔等。

文化、美食和多样化旅行体验是入境游客选择来华旅游最突出的考虑因素，而不同地区的入境游客选择来华的原因也并不相同。亚洲游客最看重安全，且和其他地区不同的是更加看重住宿便捷性。北美、欧洲和大洋洲的游客更加注重人文体验，预算可承受能力也是北美游客特别看重的考虑因素。而不同大洲的游客对中国文化体验也有偏重，亚洲游客期待感受现代的城市文化，欧洲游客对传统中国历史文化更有兴趣，同时他们期待传统特色演艺项目，如京剧等。

（三）入境健康旅游主要客源国

对于出境健康旅游市场，美国也是最大的消费国。2017年，美国人在国外健康旅游服务上花费了23亿美元，占世界市场的20%，第二大支出国是科威特（15亿美元），其后是尼日利亚（7.83亿美元）、荷兰（6.78亿美元）、法国（6亿美元）、阿曼（4.92亿美元）、加拿大（4.44亿美元）、比利时（4.09亿美元）、奥地利（3.34亿美元）和德国（3亿美元）。

综上所述，传统入境旅游客源市场中，亚洲区是主要市场，其中，俄罗斯、蒙古国，以及哈萨克斯坦、吉尔吉斯斯坦、塔吉克斯坦等中亚国家，是我国入境健康旅游客源国，并且这些国家对中国传统医学（如中医、蒙医）非常认可，每年都有游客前来治疗，已经形成一定的规模。欧美市场中，美国、加拿大、德国、法国是重要的入境客源市场，也是国际出境健康旅游市场中的消费大国，这些国家将是未来中国发展健康旅游的潜在的客源国，在拉动健康旅游消费规模上，将是重要群体。

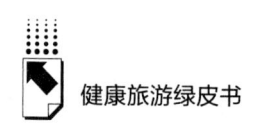

三 中国入境健康旅游产业发展建议

（一）以中医（药）为特色，大力宣传与发展传统医学

在世界传统医学界，中医（包括藏医、蒙医、壮医、瑶医、苗医等民族医）的体系保存得最完整。中医（药）作为我国独特的卫生资源、潜力巨大的经济资源、具有原创优势的科技资源、优秀的文化资源和重要的生态资源，在经济社会发展中发挥着重要作用。利用丰富的旅游资源和中医药资源，发展中医/民族医健康旅游是当下的趋势。中医药临床疗效确切、养生作用独特、治疗方式灵活，消费群众极为广泛，特别是随着健康观念变化，中医/民族医越来越显示出独特优势。同时中医药与健康旅游相结合，有利于游客深入体验中医药文化。

目前，我国中医药学已形成了从养生、治未病、早期干预，到辨证论治、扶正祛邪等整体的理论体系和丰富的防病治病方法和技术，在防止慢病发生、延缓慢病发展、提高病人生活质量等全生命周期内，中医药有极好的疗效。"整合医学"概念的提出者中国工程院副院长樊代明院士在分析医学模式的演变后，也指出中国中医药学必然成为未来医学发展和整合医学时代的主要贡献者。当下，心血管疾病、肿瘤、糖尿病等慢性疾病成为各国沉重的医疗负担，这些疾病的共同特点是难以治愈，需要长期用药、终身治疗。因此，面向国际市场，应发挥中医/民族医（药）学的优势，共同增进人类健康福祉，使中医/民族医成为中国与各国开展人文交流、促进东西方文明互鉴的亮丽名片，建设人类命运共同体的重要载体。

为了促进中医药健康旅游发展，2016年，国家旅游局、国家中医药管理局联合开展"国家中医药健康旅游示范区（基地、项目）"创建工作，计划用3年左右时间，在全国建成10个国家中医药健康旅游示范区、100个国家中医药健康旅游示范基地、1000个国家中医药健康旅游示范项目，以此来探索中医药健康旅游发展的新理念和新模式，创新发展体制机制，推广应用互联网技术,在产业化改革创新等方面先行先试,与中医药健康服务业深度融合,全面推动中医药健康旅游快速发展。

(二)发挥我国在现代医学领域有国际竞争力的诊疗手段的优势,推出具有竞争力的健康旅游产品

全球细胞和基因疗法领域目前尚未形成鲜明格局,仍在竞争发展时期,目前,我国在细胞与基因治疗技术方面,已经处于世界领先水平,走在了世界前列,利用这一优势,开发面向国际的健康旅游产品,比如抗衰老、肿瘤治疗、关节修复、心肌梗死等,让中国在高端医疗领域占据了一定市场。

全球范围内,细胞和基因疗法(CGT)不仅改变了人类治疗遗传疾病和疑难杂症的方式,同时也正在颠覆整个制药生态圈。至2019年底,全球共推出超过27种CGT产品,约990家公司从事下一代疗法研发和商业化,全球CGT市场规模有望在2025年超过119.6亿美元。在强有力的政策支持下,中国已经成为全球CGT发展的沃土,2017~2019年共有1000多项临床试验已经开展或正在进行,中国政府授予数千项相关专利,位居全球第二。45家本土企业以及4家合资公司引领中国CGT生物技术行业蓬勃发展,并拥有获批的CGT新药临床试验申请(IND)。[1]

1. 基因治疗领域

1990年,基因治疗开始进入临床试验,基因治疗是指将外源正常基因导入靶细胞,以纠正或补偿缺陷和异常基因引起的疾病,以达到治疗目的。迄今为止,全球基因治疗领域公司已有近百家,基因治疗临床方案近千个(在此之前,全球范围内一直没有一种安全有效的基因治疗药物被批准成为新药)。

在基因治疗研究领域,中国走在世界前列。以世界第一个基因治疗药物为例,在国家863计划、国家重大科技专项和地方政府的支持下,经国家食

---

[1] Prakriti Singhania, Aparna Prusty, Rupesh Bhat 等:《引领市场,制胜未来——中国细胞和基因疗法市场分析》,德勤洞察,2020。

品药品监督管理总局批准，1997年底，世界首款基因治疗药物——"今又生"问世；1998年，该药物开始对重组人p53腺病毒注射液进行临床试验，用于头颈部鳞癌治疗，并建立了通过国家GMP认证的基因治疗产品生产线和厂房；2003年10月16日，"今又生"获得国家食品药品监督管理总局颁发的新药证书，2004年1月20日获得准字号生产批文，2004年3月11日通过药品GMP认证，成为世界上第一个获得官方批准上市的基因治疗新药，使基因治疗作为肿瘤治疗的新疗法应用于临床。

2. 细胞治疗领域

细胞治疗最早可以追溯到20世纪30年代，而近代细胞治疗的快速兴起则是开始于2011年。

2011年，法国科学家拉尔夫·斯坦曼凭借"发现树突状细胞及其在后天免疫系统中的作用"而与朱尔·A. 奥夫曼和布鲁斯·博伊特勒分享诺贝尔生理学或医学奖，这也标志着生物免疫治疗成为癌症治疗的新型疗法。此后，细胞治疗在一些复杂的肿瘤疾病治疗中率先进行临床试验，发展迅速，细胞治疗被Science杂志评为2013年十大科技突破之首。

（1）干细胞治疗技术。干细胞治疗在疾病治疗和再生医学领域具有广阔应用前景，被认为继药物治疗、手术治疗后的第三代疾病治疗途径。我国在干细胞研究领域已跃居世界前列，个别方向处于"领跑"地位，在细胞重编程、多能性建立及调控等研究领域，取得了多项具有国际影响力的重大成果，在特色动物资源平台、疾病动物模型等方面处于国际领先。与此同时，我国在该领域科研论文发表数量及专利申请量连续5年位居世界第二，且拥有了一批自主研发的技术，例如小分子化合物诱导体细胞重编程获得的多能诱导干细胞、人类胚胎早期发育的详尽图谱绘制等。我国干细胞临床研究监管政策的陆续出台以及前期良好的理论和技术积累，将大大加速干细胞产品的开发进程，使行业进入快速规范发展阶段。

目前，全球批准上市的干细胞药物有十余种，涉及的适应症包括退行性关节炎、急性心梗、移植物抗宿主病、克罗恩病、赫尔勒综合征、血栓闭塞性动脉炎等，还有多种产品处在临床试验的不同阶段。随着干细胞监管政策的逐渐明朗和科研投入的不断增加，我国干细胞产业已形成由上游干细胞采集和存储、中游干细胞技术及药物研发、下游干细胞移植治疗构成的完整产业链。国内领先企业已经与医院、科研机构等展开大量的合作，共同推进干细胞从基础科研到临床应用的快速转化。

（2）以 CAR‐T 为代表的肿瘤免疫细胞治疗技术。在肿瘤免疫细胞治疗方面，CAR‐T 是国际上研究最为突出的肿瘤免疫治疗方法，其在白血病、淋巴瘤、多发性骨髓瘤的治疗中展现出惊艳的治疗效果。目前，以 CD19 为靶点的 CAR‐T 产品研究相对较深入，美国已批准 CAR‐T 产品 Kymriah 和 Yescarta 均是以 CD19 为精准靶点，用于治疗血液肿瘤。从全球来看，CAR‐T 的研发管线迅速扩张，既包括新靶点的探索，如 BCMA、CD123、CD33 等，也包括新适应症的拓展，如由血液肿瘤向实体瘤进阶。全球已有多家公司的项目推进到了临床阶段，预计未来将陆续有针对不同肿瘤的 CAR‐T 产品问世。

我国在 Clinical Trails 网站上登记的临床试验数居全球第 2 位，仅次于美国，在 CD19、BCMA 等靶点的科研临床进展上全球领先。除了炙手可热的 CAR‐T 疗法外，CAR‐NK 技术的研发在国内外也已兴起，和 T 细胞相比，NK 细胞对肿瘤的杀伤力更强，免疫原性更低。经过 Car 结构修饰后的 NK 细胞，也能够高效地识别肿瘤细胞，并通过释放杀伤介质、诱导细胞凋亡等多种手段杀伤肿瘤细胞。

总之，我国的细胞治疗在科研技术水平、应用市场等方面，拥有深厚的基础和广泛的需求。同时，国家多个相关部门及地方政府先后颁布了一系列政策，从临床研究到产业，为行业发展营造了良好环境，也为技术创新和产品转化落地带来新机遇。然而，实现细胞治疗产业转化与市场应用，造福人类，仍有很长的路要走。其一，需要国家及相关职能部门增加基础研究投入，营造优良的科研氛围，培育和吸引国际化的一流人才；其二，企业也需要加大研发力度，在核心技术方面进行攻关，建立先进的自动化、工业化的细胞生产体系；其三，行业主管部门需要细化和完善政策法规，引导行业良性发展。随着我国多个细胞治疗项目的转化落地，我国的细胞治疗产业必将

迎来一个发展的高潮，广大患者也将很快能够享受到细胞治疗新技术成果，该成果必将为我国吸引国际健康旅游客群提供保障。

（三）探索与开发中西医结合治疗疑难病症及健康管理产品

中医和西医是在不同社会文化背景下发展起来的两种医学体系，在应对疾病方面各有所长，应坚持优势互补。中医学与西医学的研究方法及理论体系差别很大，治疗疾病各具特点、各有优势。中医学包含着中华民族几千年的健康养生理念与实践经验，中医学主要以整体为着眼点，多以定性观察为手段，一般采用综合的方法进行辨证论治；西医学主要以局部为着眼点，多以定量实验为手段，一般采用分析的方法进行辨证论治。中国工程院院长李晓红说，中医和西医是人类医学之树上生长出来的两个枝繁叶茂的分枝。

中西医结合治疗疑难病症，有很好的疗效，比如中西医结合治疗股骨头坏死、骨关节炎中前期很有优势，并且可以避免手术。中西医结合在慢病管理方面，在基础和临床研究方面的成果众多，前景一片大好。中西医如何充分融合，把好的东西结合在一起，让患者活得更好，是未来应关注的重点。

2003年抗击"非典"期间，中西医相结合的疗法取得十分明显的效果，特别是在缩短平均发热时间、改善全身中毒症状、促进肺部炎症吸收、降低重症患者病死率、改善免疫功能、减少激素用量、减轻临床常见副作用等方面显示出优势。2020年的新冠肺炎疫情发生以来，中国坚持中西医结合、中西药并用的方针，在阻断新冠肺炎疫情发展、降低病死率等方面起到了重要作用，有效救治了患者，得到了世界卫生组织的肯定。事实上，中西医结合一直在促进医学发展，提高各种疾病的治疗效果。

发展中西医结合医学，应创建具有中国特色的新医药学，中西医结合、中西医药联合、产学研用，用智慧医疗、大数据及循证证据来说明中医药在哪些患者中，在哪些病理生理阶段中，效果最好，让患者获益最大。

专题篇
Special Reports

G.4
首批国家健康旅游示范基地创建评价报告

侯胜田　李艺清　王天琦　李享　郑方琳*

摘　要： 作为拥有广阔前景的新兴融合产业，健康旅游是实现医疗健康与休闲旅游产业有机融合的新业态。发展健康旅游产业不仅有利于推动旅游产业的转型升级，还对满足人们日益增长的健康服务需求发挥着积极作用。本报告通过文献研究、深度访谈和问卷调查等，主要从消费者视角，对首批国家健康旅游示范基地的现状和创建工作进展进行了多维度评价，评估并分析了首批国家健康旅游示范基地在自然环境、社会环境、资源、产品、服务和管理六个维度的发展情况，同时分析了其在建设过程中所存在的主要障碍和面临的主要挑战，并提出了针对性的对策建议，以期为国家健康旅游示范基地

---

* 侯胜田，管理学博士，北京中医药大学教授、研究生导师，研究方向为健康旅游、大健康产业、互联网医院；李艺清、王天琦、李享、郑方琳，北京中医药大学硕士研究生。

的后续建设发展提供参考。

关键词： 健康旅游　健康旅游目的地　国家健康旅游示范基地　创建工作评价

近年来，随着经济的发展和人口的增多，人们的生活压力逐步加大，人们对于休闲娱乐和健康养生的需求日益增长。旅游与健康的新兴融合产业——健康旅游产业正成为新的发展亮点，将逐渐发展成为中国扩大服务消费、创新经济增长点、推动供给侧结构性改革的新兴朝阳产业。

健康旅游是指以医疗卫生、生物技术、生命科学为基础，以良好的自然环境和丰富的人文资源为依托，以维护、改善和促进社会公众健康为目的，使社会公众达到身体上、精神上的完满状态和适应力提升的产品（货物和服务）的生产活动的集合。健康旅游是面向健康人群、亚健康人群、患病人群等全人群，提供预防保健、疾病治疗、康复疗养、休闲养生、健康促进等一体化、全方位服务，实现游客在快乐的旅游中增进健康的新型服务模式。

在中国健康旅游需求不断扩大的市场背景下，中国中央和地方各级政府出台了系列政策和措施，大力推动健康旅游业的发展。2013年4月，国务院批复设立海南博鳌乐城国际医疗旅游先行区，特批九项优惠政策，打造健康旅游发展样本。2014年8月，国务院出台《关于促进旅游业发展的若干意见》，加快旅游业改革发展，鼓励发展健康旅游等专项旅游市场。2015年8月，国务院办公厅下发《关于进一步促进旅游投资和消费的若干意见》，鼓励积极发展中医药健康旅游。2016年9月，国家旅游局发布《国家全域旅游示范区创建工作导则》，强调融合共享，大力推进"旅游+"，丰富旅游产品，建立融合的旅游产业体系。

2017年9月13日，国家卫生计生委会同国家发改委、财政部、国家旅游局、国家中医药管理局在北京召开推进健康旅游示范基地建设工作座谈会，全面启动第一批健康旅游示范基地建设工作。经过单位申请、地方初审推荐、专家评审、实地检查、公示等环节，国家首批健康旅游示范基地建设工作全面启动，共计13家单位被列入第一批健康旅游示范基地名单，包括：天津健康产业园、河北秦皇岛市北戴河区、上海新虹桥国际医学中心、江苏泰州市姜堰区、浙江舟山群岛新区、安徽池州市九华山风景区、福建平潭综合实验区、山东青岛市崂山湾国际生态健康城、中国（广东）自由贸易试验区广州南沙新区、广西桂林市、海南三亚市、海南博鳌乐城国际医疗旅游先行区、贵州遵义市桃花江。

2019年9月，国家发改委、文化和旅游部等21个部门联合印发《促进健康产业高质量发展行动纲要（2019~2022年）》，明确健康产业融合度和协同性要进一步增强，并提出要加强健康旅游示范基地建设，推进国家中医药健康旅游示范区（基地）建设。

在国家出台各项鼓励健康旅游发展的相关政策后，各级地方政府积极响应中央号召，纷纷出台地方性政策文件，如广西桂林市人民政府于2018年发布《桂林市健康旅游产业发展规划（2017~2025年）》，山东青岛市人民政府于2018年出台《青岛市医养健康产业发展规划（2018~2022年）》，四川省中医药管理局、四川省文化和旅游厅于2019年出台《关于加快四川省中医药健康旅游发展的实施意见》，海南省卫生健康委员会于2019年出台《海南省健康医疗旅游实施方案》等。

在政府政策利好促进下，经过近三年的建设，目前各个国家健康旅游示范基地创建单位的发展情况如何？在建设过程中存在哪些问题？应该怎么样去解决？消费者更倾向于什么样的健康旅游示范基地？厘清这些问题，是将国家健康旅游示范基地建设成为"特点鲜明、优势明显、综合实力强、具有辐射作用和影响力的示范基地"的关键。本文针对健康旅游消费者进行调查，通过整理、分析相关数据，总结出消费者对国家健康旅游示范基地现状的评价以及其在建设过程中存在的问题。这不仅有利于为国家健康旅游示范基地的发展提供一定的参考，而且也为消费者选择合适的国家健康旅游示范基地提供参考意见。

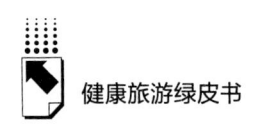

一 数据、样本与调查方法

（一）调查对象基本信息

本次调查针对全国范围内的健康旅游消费者，包括现实消费者和潜在消费者。现实消费者是指体验过健康旅游的人，而潜在消费者是指目前还未体验过健康旅游但在将来的某一时间有可能转变为现实消费者的人。

调查对象的基本信息包括性别、年龄、文化程度、职业和家庭人均年收入五个方面。调查结果显示，被调查者中男性440人（39%），女性688人（61%），男女比例为1:1.56。其中24岁及以下者172人（15.2%），25~35岁443人（39.3%），36~45岁334人（29.6%），46~60岁171人（15.2%），60岁以上的仅有8人（0.7%），被调查人群主要集中在25~45岁这一年龄段。

从文化程度来看，被调查者中具有大专及本科以上学历共有1021人（90.51%），其中本科、大专940人（83.33%），研究生（包括硕士和博士）81人（7.18%），高学历人群占九成，这与整个社会的学历程度普遍提高相符合。除此之外，高中、中专的有96人（8.51%），初中及以下的有11人（0.98%）。

从职业来看，企业单位职员参与度最高，有627人（55.6%），参与度较低的是政府职员和离退休人员，分别有30人（2.7%）和21人（1.9%）。此外，事业单位的有188人（16.7%），个体经营者、自由职业者有105人（9.3%）。

从家庭人均年收入来看，被调查人群的家庭人均年收入主要集中在5万~20万元，其中5万~10万元的有345人（30.6%），10万~20万元的有442人（39.2%）。家庭人年均收入在30万元以上的人数最少，只有38人（3.4%），此外20万~30万元的有140人（12.4%）。

（二）调查评估对象选取

本调查选取了首批国家健康旅游示范基地作为消费者的评价对象，即2017年9月经国家卫生计生委会同国家发改委、财政部、国家旅游局、国家中医药管理局研究确定的13家国家健康旅游示范基地——天津健康产业园国家健康旅游示范基地、河北秦皇岛市北戴河国家健康旅游示范基地、上海新虹桥国际医学中心国家健康旅游示范基地、江苏泰州市姜堰区国家健康旅游示范基地、浙江舟山群岛新区国家健康旅游示范基地、安徽池州市九华山国家健康旅游示范基地、福建平潭综合实验区国家健康旅游示范基地、山东青岛崂山湾国际生态健康城国家健康旅游示范基地、广东广州南沙新区国家健康旅游示范基地、广西桂林市国家健康旅游示范基地、海南三亚市国家健康旅游示范基地、海南博鳌乐城国际医疗旅游先行区国家健康旅游示范基地、贵州遵义市桃花江国家健康旅游示范基地。

（三）问卷设计

本研究调查问卷根据北京中医药大学侯胜田教授健康产业研究团队研发的健康旅游目的地评价指标体系设计。该指标体系从消费者视角，综合考虑健康旅游目的地建设发展的相关因素，确定出六个评价维度，分别为：自然环境、社会环境、资源、产品、服务、管理，并进一步将这六个维度具体化，形成了24个评价国家健康旅游示范基地的发展指标。

（四）数据收集与处理

本研究基于健康旅游目的地评价指标体系形成调查问卷，采用方便抽样的方式发布电子问卷进行在线调研。本次调查时间是从2020年4月17日到2020年4月29日，其间共收集1451份问卷，其中由问卷网在线收集问卷1000份，研究团队从社交媒体（主要通过微信、微博等）收集问卷451份。为了保证数据质量，本研究通过问卷设计和手工剔除保证最终数据的有效性。其中在问卷设计中，各个国家健康旅游示范基地设置为随机排序，并设

置了漏答约束；手工剔除主要用于筛查逻辑错乱、后台 IP 地址相同、各示范基地评价选项均相同的问卷。最后删除无效问卷 323 份，得到有效问卷 1128 份，有效回收率 77.74%。

首先本研究将通过问卷网收集的数据导入 MS Excel 2016，其次将各个国家健康旅游示范基地的不同指标发展指数进行汇总整理，最后利用图表更加直观地分析各个国家健康旅游示范基地在六个维度的发展情况。

二 首批国家健康旅游示范基地创建调查结果

（一）首批国家健康旅游示范基地总体发展指数

根据所收集的数据可知，2020 年首批国家健康旅游示范基地的总体发展指数为 3.812。其中综合分析 13 家国家健康旅游示范基地不同测量项目的发展指数，都在 3.8 分以上，整体达到了比较满意的水平。其中自然环境发展指数最高，其次是社会环境。管理发展指数偏低，其中"投诉反馈机制"这一测量项目发展指数最低，有较大的提升空间（见表 1）。

表 1 首批国家健康旅游示范基地整体情况各项发展指数

六大维度	测量项目	该项发展指数	该维度发展指数
自然环境	空气质量	4.190	4.138
	水质量	4.108	
	气候舒适度	4.091	
	绿化程度	4.193	
	对生态保护的重视程度	4.104	
社会环境	治安状况	4.036	3.990
	旅游配套设施（包括交通、住宿、餐饮等）	4.016	
	医院或者卫生服务站等的便利性	3.941	
	厕所、银行等的便利性	3.889	
	居民对外来游客的友好程度	3.988	
	环境清洁程度	4.069	

续表

六大维度	测量项目	该项发展指数	该维度发展指数
资源	中医药资源的丰富程度	3.943	3.981
	中医药资源的特色程度	3.924	
	旅游资源的丰富程度	4.061	
	旅游资源的特色程度	3.997	
产品	中医药健康旅游产品（包括有形产品和服务）的丰富程度	3.922	3.927
	中医药健康旅游产品（包括有形产品和服务）的特色程度	3.936	
	中医药健康旅游产品（包括有形产品和服务）质量	3.925	
服务	中医药健康旅游服务的专业化程度	3.926	3.943
	中医药健康旅游服务者（人和机构）服务态度	3.960	
管理	中医药健康旅游相关产品和服务的价格合理性	3.830	3.909
	投诉反馈机制	3.807	
	中医药品牌的口碑	3.958	
	旅游品牌的口碑	4.040	

资料来源：根据侯胜田教授研究团队"2020年中国健康旅游目的地调查"数据整理，后同。

（二）首批国家健康旅游示范基地发展指数排名

1. 不同国家健康旅游示范基地综合发展指数排名

综合发展指数由被调查者对各个国家健康旅游示范基地六个维度评分计算加权平均分所得，满分为5分。根据本研究的评价方法，所评价的13家国家健康旅游示范基地发展水平差别不大，极差为0.158，各地均处于比较满意的水平，总体发展指数平均为3.812。其中排名前3位的是：贵州遵义市桃花江国家健康旅游示范基地排第1位，得分3.885；福建平潭综合实验区国家健康旅游示范基地紧随其后，得分3.881，排第2位；浙江舟山群岛新区国家健康旅游示范基地排第3位，得分3.876。排名最后3位的是：海南三亚市国家健康旅游示范基地排第11位，得分3.759；海南博鳌乐城国

际医疗旅游先行区国家健康旅游示范基地排第 12 位，得分 3.754；河北秦皇岛市北戴河国家健康旅游示范基地排名最后，得分 3.727（见图 1）。

贵州遵义市桃花江国家健康旅游示范基地	3.885
福建平潭综合实验区国家健康旅游示范基地	3.881
浙江舟山群岛新区国家健康旅游示范基地	3.876
江苏泰州市姜堰区国家健康旅游示范基地	3.844
上海新虹桥国际医学中心国家健康旅游示范基地	3.838
山东青岛崂山湾国际生态健康城国家健康旅游示范基地	3.827
广东广州南沙新区国家健康旅游示范基地	3.815
广西桂林市国家健康旅游示范基地	3.797
安徽池州市九华山国家健康旅游示范基地	3.788
天津健康产业园国家健康旅游示范基地	3.766
海南三亚市国家健康旅游示范基地	3.759
海南博鳌乐城国际医疗旅游先行区国家健康旅游示范基地	3.754
河北秦皇岛市北戴河国家健康旅游示范基地	3.727

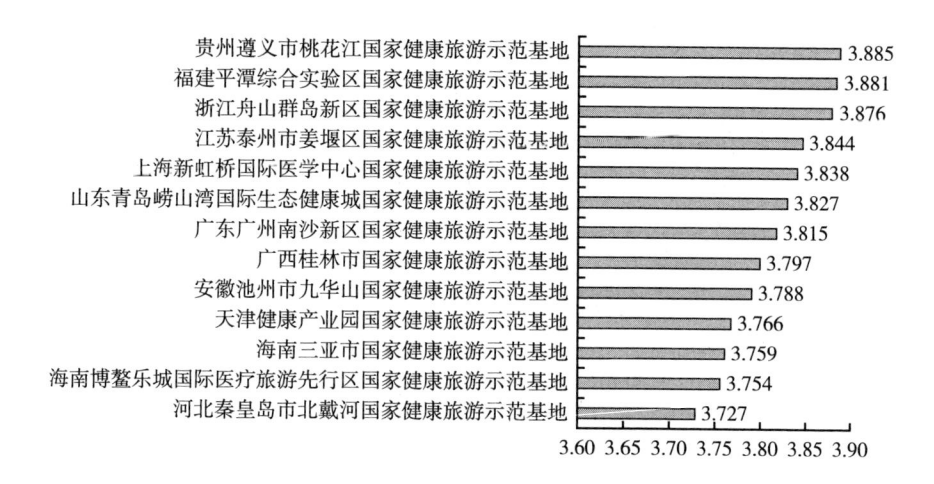

图 1 2020 年国家健康旅游示范基地综合发展指数排名

资料来源：根据侯胜田教授研究团队"2020 年中国健康旅游目的地调查"数据整理，后同。

2. 国家健康旅游示范基地不同维度发展指数排名

各维度的发展指数由被调查者对国家健康旅游示范基地该维度下相应题目评分的平均分计算所得。

（1）自然环境维度发展指数

通过对国家健康旅游示范基地整体情况各项发展指数分析发现，六个维度中自然环境维度的发展指数最高，13 家国家健康旅游示范基地的自然环境平均发展指数为 4.138，各示范基地之间差异较大，极差为 0.287。其中 8 家国家健康旅游示范基地高于平均水平，海南三亚市国家健康旅游示范基地发展指数最高，为 4.263（见图 2）。

（2）社会环境维度发展指数

通过对国家健康旅游示范基地整体情况各项发展指数分析发现，六个维度中社会环境的发展指数居第 2 位，13 家国家健康旅游示范基地的社会环境维度平均发展指数为 3.990，各示范基地之间差异较大，极差为 0.256。4

```
海南三亚市国家健康旅游示范基地              4.263
浙江舟山群岛新区国家健康旅游示范基地          4.217
贵州遵义市桃花江国家健康旅游示范基地          4.215
山东青岛崂山湾国际生态健康城国家健康旅游示范基地  4.208
广西桂林市国家健康旅游示范基地                4.204
海南博鳌乐城国际医疗旅游先行区国家健康旅游示范基地 4.201
安徽池州市九华山国家健康旅游示范基地          4.141
福建平潭综合实验区国家健康旅游示范基地        4.140
广东广州南沙新区国家健康旅游示范基地          4.095
江苏泰州市姜堰区国家健康旅游示范基地          4.059
河北秦皇岛市北戴河国家健康旅游示范基地        4.052
上海新虹桥国际医学中心国家健康旅游示范基地    4.017
天津健康产业园国家健康旅游示范基地            3.976
```

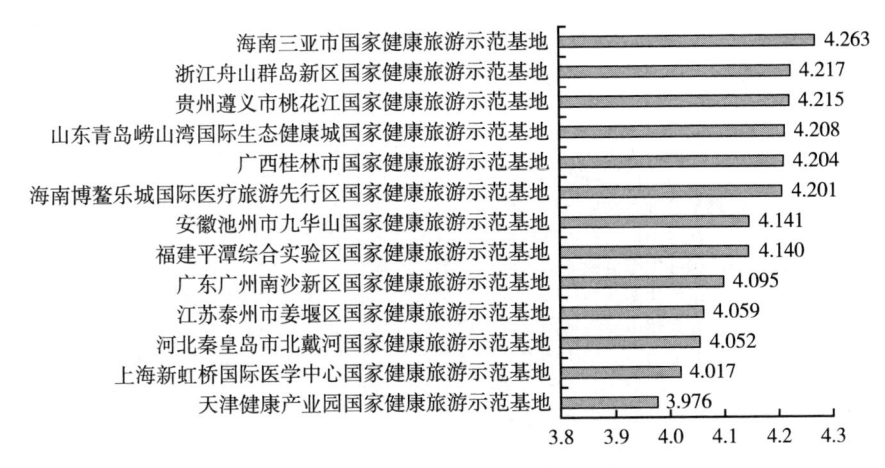

图 2　自然环境维度发展指数排名

家国家健康旅游示范基地高于平均水平，其中上海新虹桥国际医学中心国家健康旅游示范基地发展指数最高，为4.163（见图3）。

```
上海新虹桥国际医学中心国家健康旅游示范基地    4.163
江苏泰州市姜堰区国家健康旅游示范基地          4.046
浙江舟山群岛新区国家健康旅游示范基地          4.027
广东广州南沙新区国家健康旅游示范基地          4.005
天津健康产业园国家健康旅游示范基地            3.988
安徽池州市九华山国家健康旅游示范基地          3.986
福建平潭综合实验区国家健康旅游示范基地        3.984
贵州遵义市桃花江国家健康旅游示范基地          3.981
山东青岛崂山湾国际生态健康城国家健康旅游示范基地 3.980
河北秦皇岛市北戴河国家健康旅游示范基地        3.965
海南博鳌乐城国际医疗旅游先行区国家健康旅游示范基地 3.926
海南三亚市国家健康旅游示范基地                3.912
广西桂林市国家健康旅游示范基地                3.907
```

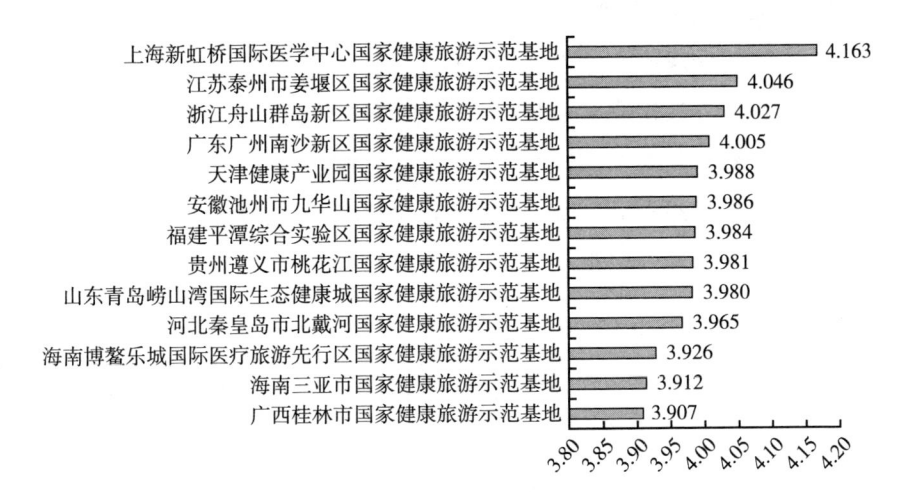

图 3　社会环境维度发展指数排名

（3）资源维度发展指数

通过对国家健康旅游示范基地整体情况各项发展指数分析发现，六个维度中资源维度的发展指数居第3位，13家国家健康旅游示范基地的资源维度平均发展指数为3.981，各示范基地之间差异较小，极差为0.192。其中6

家国家健康旅游示范基地高于平均水平，贵州遵义市桃花江国家健康旅游示范基地发展指数最高，为4.075（见图4）。

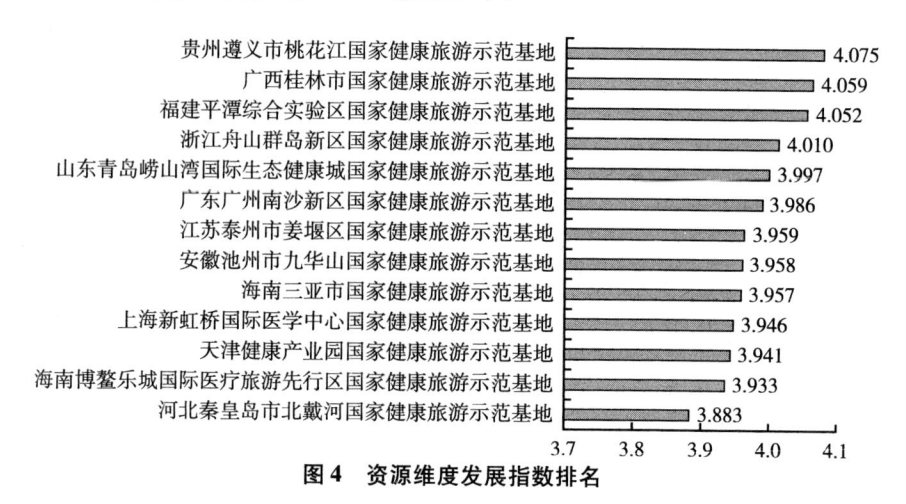

基地名称	指数
贵州遵义市桃花江国家健康旅游示范基地	4.075
广西桂林市国家健康旅游示范基地	4.059
福建平潭综合实验区国家健康旅游示范基地	4.052
浙江舟山群岛新区国家健康旅游示范基地	4.010
山东青岛崂山湾国际生态健康城国家健康旅游示范基地	3.997
广东广州南沙新区国家健康旅游示范基地	3.986
江苏泰州市姜堰区国家健康旅游示范基地	3.959
安徽池州市九华山国家健康旅游示范基地	3.958
海南三亚市国家健康旅游示范基地	3.957
上海新虹桥国际医学中心国家健康旅游示范基地	3.946
天津健康产业园国家健康旅游示范基地	3.941
海南博鳌乐城国际医疗旅游先行区国家健康旅游示范基地	3.933
河北秦皇岛市北戴河国家健康旅游示范基地	3.883

图4　资源维度发展指数排名

（4）产品维度发展指数

通过对国家健康旅游示范基地整体情况各项发展指数分析发现，六个维度中产品维度的发展指数居第5位，13家国家健康旅游示范基地的产品维度平均发展指数为3.927，各示范基地之间差异最大，极差为0.343。其中8家示范基地高于平均水平，福建平潭综合实验区国家健康旅游示范基地发展指数最高，为4.138（见图5）。

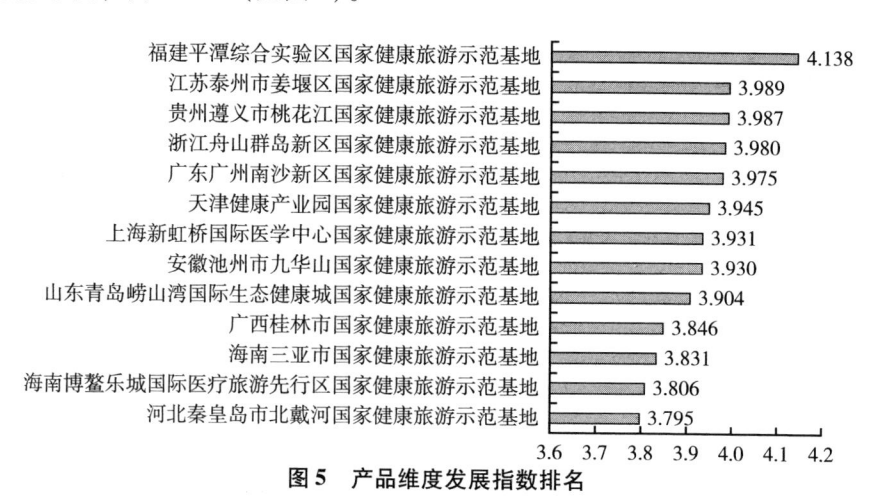

基地名称	指数
福建平潭综合实验区国家健康旅游示范基地	4.138
江苏泰州市姜堰区国家健康旅游示范基地	3.989
贵州遵义市桃花江国家健康旅游示范基地	3.987
浙江舟山群岛新区国家健康旅游示范基地	3.980
广东广州南沙新区国家健康旅游示范基地	3.975
天津健康产业园国家健康旅游示范基地	3.945
上海新虹桥国际医学中心国家健康旅游示范基地	3.931
安徽池州市九华山国家健康旅游示范基地	3.930
山东青岛崂山湾国际生态健康城国家健康旅游示范基地	3.904
广西桂林市国家健康旅游示范基地	3.846
海南三亚市国家健康旅游示范基地	3.831
海南博鳌乐城国际医疗旅游先行区国家健康旅游示范基地	3.806
河北秦皇岛市北戴河国家健康旅游示范基地	3.795

图5　产品维度发展指数排名

(5) 服务维度发展指数

通过对国家健康旅游示范基地整体情况各项发展指数分析发现，六个维度中服务维度的发展指数居第 4 位，13 家国家健康旅游示范基地的服务维度平均发展指数为 3.943，各示范基地之间差异较大，极差为 0.248。其中 5 家示范基地高于平均水平，浙江舟山群岛新区国家健康旅游示范基地发展指数最高，为 4.075（见图 6）。

浙江舟山群岛新区国家健康旅游示范基地	4.075
上海新虹桥国际医学中心国家健康旅游示范基地	4.063
贵州遵义市桃花江国家健康旅游示范基地	4.057
江苏泰州市姜堰区国家健康旅游示范基地	4.025
山东青岛崂山湾国际生态健康城国家健康旅游示范基地	3.988
广东广州南沙新区国家健康旅游示范基地	3.943
福建平潭综合实验区国家健康旅游示范基地	3.925
安徽池州市九华山国家健康旅游示范基地	3.915
河北秦皇岛市北戴河国家健康旅游示范基地	3.875
广西桂林市国家健康旅游示范基地	3.868
海南博鳌乐城国际医疗旅游先行区国家健康旅游示范基地	3.854
天津健康产业园国家健康旅游示范基地	3.842
海南三亚市国家健康旅游示范基地	3.827

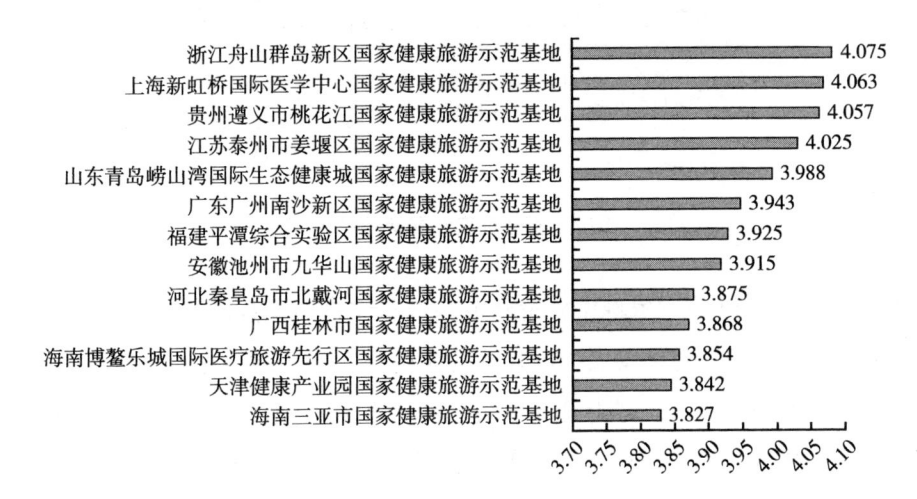

图 6　服务维度发展指数排名

(6) 管理维度发展指数

通过对国家健康旅游示范基地整体情况各项发展指数分析发现，六个维度中管理维度的发展指数最低，13 家国家健康旅游示范基地的管理维度平均发展指数为 3.909，各示范基地之间差异较大，极差为 0.218。其中 5 家示范基地高于平均水平，江苏泰州市姜堰区国家健康旅游示范基地发展指数最高，为 4.012（见图 7）。

（三）首批国家健康旅游示范基地不同维度发展指数分析

根据所收集的数据可知，2020 年首批国家健康旅游示范基地的平均总体发展指数为 3.812。为了更方便、更直观地分析不同维度发展指数的大

基地名称	指数
江苏泰州市姜堰区国家健康旅游示范基地	4.012
福建平潭综合实验区国家健康旅游示范基地	4.009
上海新虹桥国际医学中心国家健康旅游示范基地	3.994
浙江舟山群岛新区国家健康旅游示范基地	3.966
贵州遵义市桃花江国家健康旅游示范基地	3.957
山东青岛崂山湾国际生态健康城国家健康旅游示范基地	3.903
天津健康产业园国家健康旅游示范基地	3.899
广西桂林市国家健康旅游示范基地	3.886
海南博鳌乐城国际医疗旅游先行区国家健康旅游示范基地	3.870
广东广州市南沙新区国家健康旅游示范基地	3.866
河北秦皇岛市北戴河国家健康旅游示范基地	3.844
海南三亚市国家健康旅游示范基地	3.814
安徽池州市九华山国家健康旅游示范基地	3.794

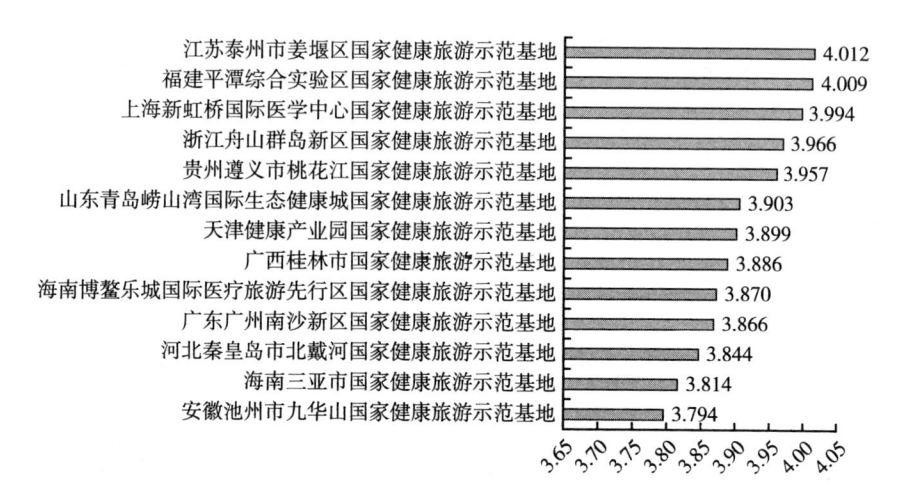

图 7 管理维度发展指数排名

小，本报告对13家国家健康旅游示范基地总体发展指数进行排名，并在此基础上分为3组：总体发展指数较高的为优秀发展群组，总体发展水平高，包括第1名到第3名；完善发展群组，包括第4名到第10名，此组的平均总体发展指数与13家国家健康旅游示范基地的平均总体发展指数极其接近，总体发展水平尚有提升空间；总体发展指数较低的为努力发展群组，总体发展水平较低，包括第11名到第13名。

1. 优秀发展群组

优秀发展群组包括总体发展指数排前3位的国家健康旅游示范基地，其总体发展水平高，平均总体发展指数为3.881，且发展较为均衡，不同维度发展指数间相差小。通过分析发现，这3家国家健康旅游示范基地的自然环境维度发展指数均较高，自然环境优美，但在管理维度的发展指数均较低，管理水平亟待提升。这从一个侧面反映，健康旅游目的地普遍存在重视资源与硬件建设，软件建设尤其是经营管理、品牌营销等能力不足的问题。

贵州遵义市桃花江国家健康旅游示范基地总体发展指数排第1位，总体发展水平最高，并且总体发展较为均衡。但是在社会环境和产品方面存在不足，这两个维度的发展指数均较低，其中社会环境维度为3.981，产品维度发展指数3.987。

福建平潭综合实验区国家健康旅游示范基地总体发展指数排第2位，总体发展水平较高，并且总体发展较为均衡，其中产品维度发展指数最高，为4.138，其次是自然环境维度的发展指数，这说明资源与产品的丰富程度、特色程度一定程度上能够满足消费者的需求。但是社会环境维度和服务维度的发展指数相对较低，其在发展过程中还需要格外重视社会环境的建设和服务质量的提升。

浙江舟山群岛新区国家健康旅游示范基地总体发展指数排第3位，总体发展水平较高，并且总体发展较为均衡。不同维度的发展指数均位于中等水平，且发展指数间相差不大，但在资源维度、产品维度都尚有提升的空间（见图8）。

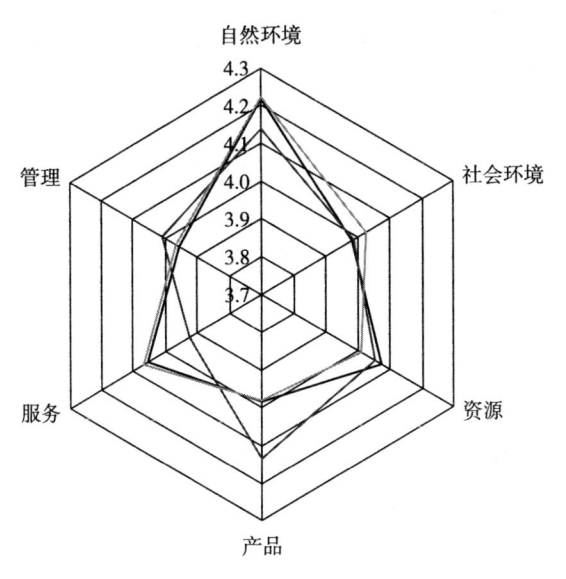

—— 贵州遵义市桃花江国家健康旅游示范基地
—— 福建平潭综合实验区国家健康旅游示范基地
—— 浙江舟山群岛新区国家健康旅游示范基地

图8 优秀发展群组六维度发展指数分析

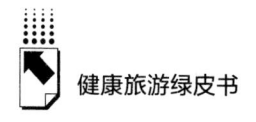

2. 完善发展群组

完善发展群组包括总体发展指数排第4位到第10位的国家健康旅游示范基地，其总体发展处于中等水平，平均总体发展指数为3.811，接近13家国家健康旅游示范基地的平均总体发展指数。在完善发展群组中，自然环境维度的发展指数较高，但除江苏泰州市姜堰区国家健康旅游示范基地外，管理维度发展指数都较低。与优秀发展群组的国家健康旅游示范基地相比，完善发展群组不同维度的发展指数都一定程度低于优秀发展群组，这说明完善发展群组还需向优秀发展群组学习，借鉴经验，完善自身的发展。

由于完善发展群组所包含的国家健康旅游示范基地较多，所以以此组的平均总体发展指数为界，将其细分为两组：将高于平均总体发展指数的分为一组，并将此组命名为领先发展群组；将低于平均总体发展指数的命名为追赶发展群组，并在此基础上进行分析。

（1）领先发展群组

领先发展群组包括总体发展指数排第4位到第7位的国家健康旅游示范基地，即江苏泰州市姜堰区国家健康旅游示范基地、上海新虹桥国际医学中心国家健康旅游示范基地、山东青岛崂山湾国际生态健康城国家健康旅游示范基地和广东广州南沙新区国家健康旅游示范基地。

江苏泰州市姜堰区国家健康旅游示范基地总体发展指数排第4位，总体发展水平较高，不同维度的发展指数均处于相对均衡的状态。但与其他国家健康旅游示范基地相比，其管理维度发展指数较高，为4.012，表明消费者对江苏泰州市姜堰区国家健康旅游示范基地创建工作管理水平比较认可。近年来，姜堰区紧抓泰州市被列入长江经济带大健康产业集聚发展试点城市的机遇，以"医、养、游"为核心，深入挖掘生态资源、美食资源、中医养生资源等，致力打造集先进医疗、康复保健、休闲疗养、中医药养生、教育培训、旅游体验等功能于一体的国际知名的健康医疗旅游示范基地。今后建设过程中，要借鉴优秀发展群组的建设经验，完善自身的发展。

上海新虹桥国际医学中心国家健康旅游示范基地总体发展指数排第5位，总体发展水平较高。上海市作为四大直辖市之一，其经济发达，交通便捷，基础设施完善，每年都会接待来自国内外的游客，社会环境方面发展较好，此维度的发展指数高达 4.163。它的短板是资源与产品的丰富程度、特色程度不足，其中资源维度的发展指数为 3.946，产品维度的发展指数为 3.931，表明消费者对其资源和产品投入有更多期待。

山东青岛崂山湾国际生态健康城国家健康旅游示范基地总体发展指数排第 6 位，其在社会环境维度、资源维度、服务维度的发展指数相差不大，发展较为均衡，但产品体系还不完善，这一维度发展指数仅 3.904，在开发产品时还需融入地方特色。

广东广州南沙新区国家健康旅游示范基地总体发展指数排第 7 位。南沙新区拥有优越的区位交通体系、独特的立法政策保障、高效的行政管理、丰富的医疗卫生资源、优越的自然生态环境、深厚的滨海侨乡文化，其在社会环境维度和资源维度的发展指数较高，分别为 4.005 和 3.986。但是在服务维度的发展指数较低，为 3.943，服务的专业性以及服务人员的态度有待改善（见图 9）。

（2）追赶发展群组

追赶发展群组包括总体发展指数排第 8 位到第 10 位的国家健康旅游示范基地，即广西桂林市国家健康旅游示范基地、安徽池州市九华山国家健康旅游示范基地和天津健康产业园国家健康旅游示范基地。

广西桂林市国家健康旅游示范基地总体发展指数排第 8 位，各维度评价差异较大。广西桂林拥有世界上发育最完整的喀斯特地貌，生态环境优美，壮族医药与瑶族医药资源丰富，其在资源维度的发展指数较高，为 4.059。但在社会环境维度、产品维度和服务维度的发展指数较低，分别为 3.907、3.846 和 3.868。

安徽池州市九华山国家健康旅游示范基地总体发展指数排第 9 位，其在社会环境维度和资源维度的发展指数较高，分别为 3.986 和 3.958，但是产品维度和服务维度的发展指数相对较低，分别为 3.930 和 3.915。九华山被誉为"东南第一山"，生态环境优美，中药材资源丰富，文化资源丰富，但是其在建设过程中要注意依托生态、资源、文化优势开发特色产品体系，同

健康旅游绿皮书

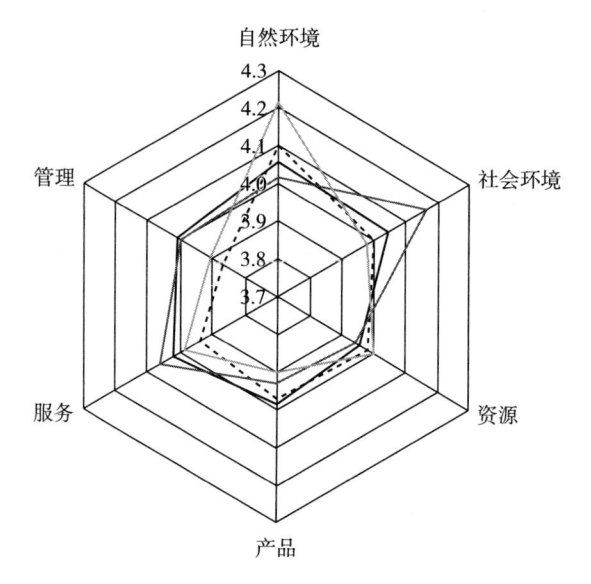

[雷达图：自然环境、社会环境、资源、产品、服务、管理六维度，数值范围3.7-4.3]

—— 江苏泰州市姜堰区国家健康旅游示范基地
—— 上海新虹桥国际医学中心国家健康旅游示范基地
…… 山东青岛崂山湾国际生态健康城国家健康旅游示范基地
---- 广东广州南沙新区国家健康旅游示范基地

图9 领先发展群组六维度发展指数分析

时也要引入专业人才提升服务质量。

天津健康产业园国家健康旅游示范基地总体发展指数排第10位。天津健康产业园国家健康旅游示范基地目前已累计实施65个项目，完成投资190亿元，区内基础设施建设已基本完成。近年来，天津健康产业园国家健康旅游示范基地主动承接北京优质医疗资源，加速高端医疗产业集聚。通过数据分析，可以发现其产品维度的发展指数较高，为3.945。但是其自然环境维度的发展指数最低，仅3.976，是唯一的自然环境维度发展指数在4分以下的国家健康旅游示范基地。作为京津冀协同战略的重要一环，天津健康产业园国家健康旅游示范基地主动承接非首都功能疏解，但是在发展过程中也要注重优化与保护生态环境（见图10）。

3. 努力发展群组

努力发展群组包括总体发展指数排第11位到第13位的国家健康旅游示

070

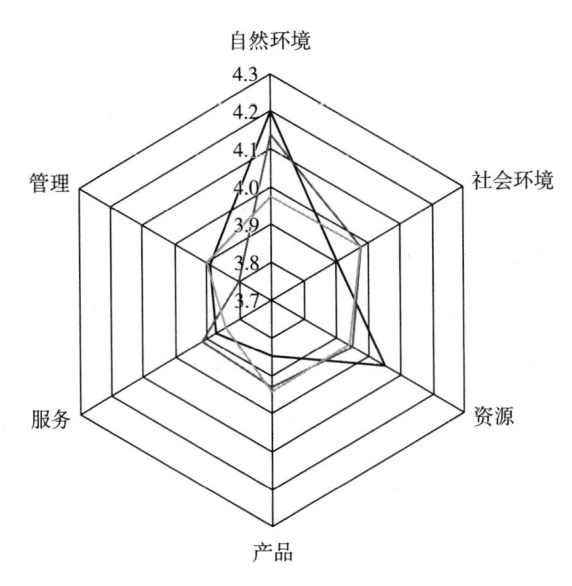

图中标签：自然环境、社会环境、资源、产品、服务、管理

—— 广西桂林市国家健康旅游示范基地
—— 安徽池州市九华山国家健康旅游示范基地
—— 天津健康产业园国家健康旅游示范基地

图 10　追赶发展群组六维度发展指数分析

范基地，其总体发展评价较低，平均总体发展指数为 3.747。通过分析发现，其在自然环境维度的发展指数均较高，但相差较大。其余维度的发展指数均较低，但是差距较小。与完善发展群组的国家健康旅游示范基地相比，不同维度的发展指数均有一定程度的降低。在以后的建设过程中，努力发展群组还需加强顶层设计，整合资源，全面提升服务水平与管理能力，增强吸引力，建立良好的口碑。

海南三亚市国家健康旅游示范基地总体发展指数排第 11 位。三亚被称为"东方夏威夷"，拥有海南岛最美丽的滨海风光与丰富的医疗健康资源，其在资源维度的发展指数较高，为 3.957。但其社会环境维度、产品维度、服务维度的发展指数都很低，在未来发展过程中还需要在加强社会环境建设、开发特色产品和提升服务质量方面下功夫。

海南博鳌乐城国际医疗旅游先行区国家健康旅游示范基地总体发展指数

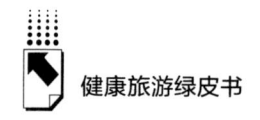

排第12位。除自然环境维度外其余五维度的发展指数均较低。海南博鳌乐城国际医疗旅游先行区自然环境优美,国务院给予九项政策支持,并于2019年设立海南博鳌乐城国际医疗旅游先行区管理局,整体统筹推进乐城先行区高标准高质量发展。但是其发展预期与评价数据分析结果有较大差异。所以海南博鳌乐城国际医疗旅游先行区国家健康旅游示范基地总体发展指数排名靠后以及六维度发展不均衡的具体原因还需进一步探究。

河北秦皇岛市北戴河国家健康旅游示范基地的总体发展指数排第13位,被调查对象对其总体发展水平评价最低。北戴河地处环渤海地区,海岸线广阔,气候温和,是国内著名的"避暑胜地",每年都会有来自世界各地的游客前往旅游,其基础设施相对完善。通过分析发现,其在社会维度的发展指数较高,为3.965。但是其余维度的发展指数均较低,资源、产品、服务方面尚需建设。作为京津冀区域的后花园,河北秦皇岛市北戴河国家健康旅游示范基地应抓住机遇,重视资源开发、产品建设和服务提高,全面推进健康旅游的建设与发展(见图11)。

(四)首批国家健康旅游示范基地的知名度分析

知名度指一个组织被公众知晓、了解的程度,是评价组织名气大小的客观尺度。在这里可以理解为消费者对国家健康旅游示范基地的知晓、了解程度。本报告根据多选题"您去过或听亲友等讲述过哪些健康旅游目的地",并通过分析在这一题目下各个国家健康旅游示范基地的被选次数,以此来了解知名度。被选次数越多,知名度就越高。这13家国家健康旅游示范基地知名度列前3位的是:海南三亚市国家健康旅游示范基地、山东青岛崂山湾国际生态健康城国家健康旅游示范基地、上海新虹桥国际医学中心国家健康旅游示范基地。排名最后3位的是:江苏泰州市姜堰区国家健康旅游示范基地、贵州遵义市桃花江国家健康旅游示范基地以及福建平潭综合实验区国家健康旅游示范基地(见图12)。

本报告根据总体发展指数的大小来了解各国家健康旅游示范基地发展的综合情况,总体发展指数越高,可以理解为其综合情况发展就越好。这13

图11 努力发展群组六维度发展指数分析

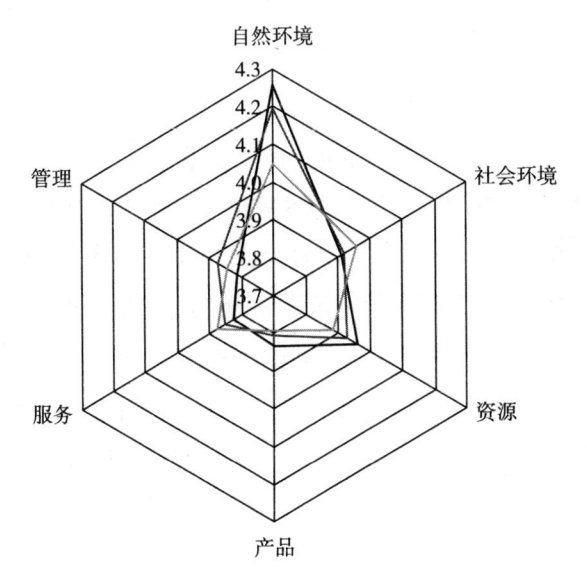

图例：
—— 海南三亚市国家健康旅游示范基地
—— 海南博鳌乐城国际医疗旅游先行区国家健康旅游示范基地
······ 河北秦皇岛市北戴河国家健康旅游示范基地

基地	数值
海南三亚市国家健康旅游示范基地	162
山东青岛崂山湾国际生态健康城国家健康旅游示范基地	130
上海新虹桥国际医学中心国家健康旅游示范基地	123
广西桂林市国家健康旅游示范基地	112
河北秦皇岛市北戴河国家健康旅游示范基地	108
广东广州南沙新区国家健康旅游示范基地	107
浙江舟山群岛新区国家健康旅游示范基地	104
天津健康产业园国家健康旅游示范基地	84
海南博鳌乐城国际医疗旅游先行区国家健康旅游示范基地	80
安徽池州市九华山国家健康旅游示范基地	71
江苏泰州市姜堰区国家健康旅游示范基地	62
贵州遵义市桃花江国家健康旅游示范基地	55
福建平潭综合实验区国家健康旅游示范基地	54

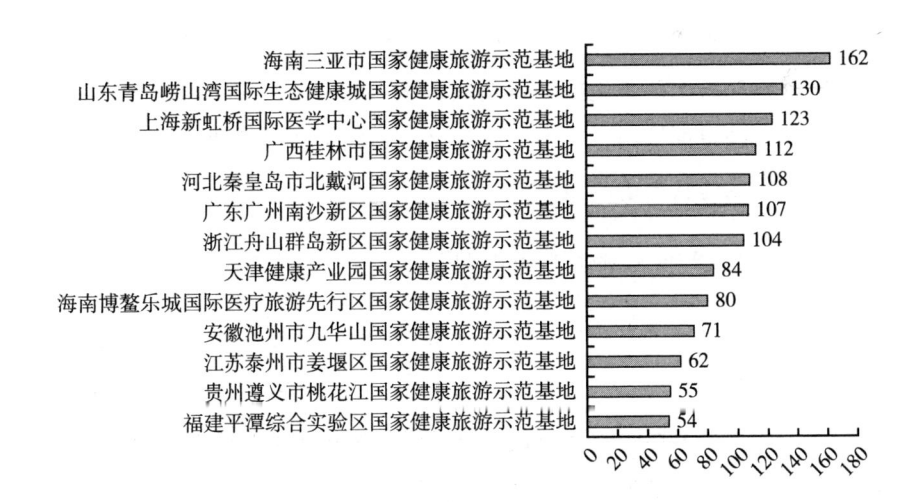

图12 去过或听说过国家健康旅游示范基地的情况排名

073

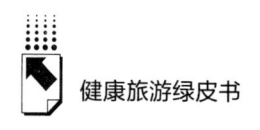

家国家健康旅游示范基地综合情况发展较好的前3位是：贵州遵义市桃花江国家健康旅游示范基地、福建平潭综合实验区国家健康旅游示范基地、浙江舟山群岛新区国家健康旅游示范基地。

通过综合对比分析国家健康旅游示范基地的知名度与总体发展指数，可以发现大部分国家健康旅游示范基地的宣传投入与实际建设投入相符，但也确实存在不相符的情况。例如，贵州遵义市桃花江国家健康旅游示范基地、福建平潭综合实验区国家健康旅游示范基地的综合发展情况评价较好，总体发展指数排名均列前3位，但其知名度排名偏低，可能是由于其营销宣传投入不足，消费者对其宣传工作有更大期待。还有部分国家健康旅游示范基地知名度高，但总体发展水平评价较低，可能是其城市品牌知名度高，但其发展健康旅游资源不足或投入不高。导致这一现象的具体原因还有待进一步研究。

三　不同指标的消费者满意度分析

准确把握不同人群对国家健康旅游示范基地各指标的需求和期望，有利于示范基地明确目前自身所存在的问题和未来的改进方向，从而为消费者真正提供个性化的服务。将消费者按照不同特征进行细分，分别计算出各类人群对国家健康旅游示范基地的评价指数，该指数不仅代表了国家健康旅游示范基地各维度的发展情况，也在一定程度上说明了各类消费人群对国家健康旅游示范基地发展状况的满意程度。

（一）不同性别人群满意度分析

根据调查结果计算不同性别的人群对国家健康旅游示范基地各指标的满意度，具体评分见表2。对比男性和女性对24个指标的满意度评价分数，分析发现，首先，男性对投诉反馈机制的满意度评价明显高于女性，说明针对投诉反馈这一同样的服务，女性对高质量投诉反馈机制的需求和期望更高，这可能是由于女性心思细腻，比较容易发现示范基地存在的不足，如果投诉后信息反馈不及时或不充分容易让女性消费者产生更多的不满。其次，男性对示范基地治安状况的满意度评价也相对高于女性，说明针对相同的治安状况，由于女性的自我保护意识更强，女性对良好治安的需求和期望更高，比较容易发现示范基地在治安方面的问题，易产生不满。

表2 不同性别人群对国家健康旅游示范基地各指标的满意度评价

维度	具体测量指标	该项满意度 男性	该项满意度 女性
自然环境	空气质量	4.155	4.166
	水质量	4.075	4.090
	气候舒适度	4.093	4.048
	绿化程度	4.180	4.180
	对生态保护的重视程度	4.138	4.051
社会环境	治安状况	4.094	3.964
	旅游配套设施（包括交通、住宿、餐饮等）	3.959	4.005
	医院或者卫生服务站等的便利性	3.828	3.832
	厕所、银行等的便利性	3.851	3.838
	居民对外来游客的友好程度	3.943	3.936
	环境清洁程度	4.087	4.037
资源	中医药资源的丰富程度	3.868	3.888
	中医药资源的特色程度	3.919	3.819
	旅游资源的丰富程度	4.082	4.004
	旅游资源的特色程度	3.991	3.945
产品	中医药健康旅游产品（包括有形产品和服务）的丰富程度	3.877	3.839
	中医药健康旅游产品（包括有形产品和服务）的特色程度	3.853	3.865
	中医药健康旅游产品（包括有形产品和服务）质量	3.876	3.816
服务	中医药健康旅游服务的专业化程度	3.855	3.822
	中医药健康旅游服务者（人和机构）服务态度	3.930	3.864
管理	中医药健康旅游相关产品和服务的价格合理性	3.789	3.705
	投诉反馈机制	3.671	3.483
	中医药品牌的口碑	3.923	3.813
	旅游品牌的口碑	4.006	3.997

因此，在日常运营方面，建议示范基地面向女性消费者时更加注重投诉反馈机制的完善和良好治安状况的维护；在宣传推广方面，建议示范基地面向女性消费者时可以重点介绍自身在投诉反馈机制和治安状况方面的建设情况。

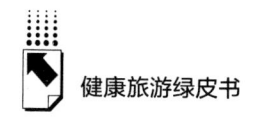

（二）不同年龄段人群满意度分析

根据调查结果计算不同年龄的人群对国家健康旅游示范基地各指标的满意度，具体评分见表3。对比24岁及以下、25～35岁、36～45岁和46～60岁人群分别对24个指标的满意度评价分数，分析发现24岁及以下的人群对大部分指标的满意度评价均低于其他人群，这可能是因为青少年的主观感觉较敏锐，处于青春期情绪容易激动，所以对示范基地各方面的期望值较高，且容忍度较低，而中老年人随着年龄增长和生活阅历积累，相比青少年更容易满足，比较宽容，抱怨较少，期望值降低，对示范基地各方面的满意度就会较高。同时由于青少年的经济尚未独立，对价格的敏感度明显会高于其他已有收入的人群，所以容易对产品或服务的定价产生不满。此外，24岁及以下的人群和46～60岁的人群对医院或卫生服务站等的便利性的满意度评价明显低于25～45岁的人群，说明青少年和中老年人群对医院或卫生服务站便利的需求和期望更高，这是因为青少年和中老年人的身体素质不如青年人和中年人，他们会更加关注当地医疗机构的便利条件，故期望值较高，易产生不满。

表3　不同年龄段人群对国家健康旅游示范基地各指标的满意度评价

维度	具体测量指标	24岁及以下	25～35岁	36～45岁	46～60岁
自然环境	空气质量	4.112	4.119	4.224	4.274
	水质量	4.022	4.093	4.121	4.058
	气候舒适度	3.863	4.056	4.067	4.279
	绿化程度	4.279	4.116	4.182	4.283
	对生态保护的重视程度	3.988	4.052	4.125	4.162
社会环境	治安状况	3.722	4.001	4.034	4.182
	旅游配套设施（包括交通、住宿、餐饮等）	3.810	4.000	4.044	4.028
	医院或者卫生服务站等的便利性	3.607	3.925	3.850	3.676
	厕所、银行等的便利性	3.712	3.870	3.868	3.781
	居民对外来游客的友好程度	3.756	3.937	4.034	3.927
	环境清洁程度	3.871	4.067	4.037	4.142

续表

维度	具体测量指标	该项满意度			
		24岁及以下	25~35岁	36~45岁	46~60岁
资源	中医药资源的丰富程度	3.640	3.909	3.916	3.817
	中医药资源的特色程度	3.652	3.872	3.909	3.861
	旅游资源的丰富程度	4.029	4.036	4.057	3.976
	旅游资源的特色程度	3.869	3.968	3.954	4.050
产品	中医药健康旅游产品（包括有形产品和服务）的丰富程度	3.691	3.898	3.880	3.783
	中医药健康旅游产品（包括有形产品和服务）的特色程度	3.649	3.854	3.896	3.914
	中医药健康旅游产品（包括有形产品和服务）质量	3.728	3.843	3.862	3.872
服务	中医药健康旅游服务的专业化程度	3.646	3.905	3.838	3.751
	中医药健康旅游服务者（人和机构）服务态度	3.770	3.876	3.964	3.982
管理	中医药健康旅游相关产品和服务的价格合理性	3.616	3.768	3.787	3.752
	投诉反馈机制	3.442	3.536	3.686	3.558
	中医药品牌的口碑	3.679	3.893	3.844	3.953
	旅游品牌的口碑	3.963	3.963	4.042	4.017

注：由于60岁以上人群数量比较少，因此不做分析。

因此，在日常运营方面，建议示范基地面向青少年消费者时更加关注他们的心理，保持良好的服务态度，制定合理的价格。在面向中老年消费者时要注意医院等医疗机构的建设位置和覆盖面，在中老年消费者发生意外状况时便于就医。在宣传推广方面，建议示范基地面向青少年消费者时重点宣传性价比高的产品和服务，并注意宣传形式的吸引力和宣传内容的真实性，面向中老年消费者时可以重点介绍当地医疗资源的便利性。

（三）不同文化程度人群满意度分析

根据调查结果计算不同文化程度的人群对国家健康旅游示范基地各指标的满意度，具体评分见表4。对比高中或中专、本科或大专和研究生学历的人群分别对24个指标的满意度评价分数，分析发现研究生学历的人群对绝大多数指标的满意度评价均低于其他人群，这可能是因为文化程度较高的消费者，因其知识面宽、观察分析能力强、自我保护意识强，且接受过较多的健康旅游示范基地的信息，故期望值较高，比较容易发现示范基地的不足，易产生不满。

表4　不同文化程度人群对国家健康旅游示范基地各指标的满意度评价

维度	具体测量指标	高中/中专	本科/大专	研究生（硕士/博士）
自然环境	空气质量	3.930	4.181	4.210
	水质量	4.054	4.094	4.006
	气候舒适度	3.824	4.088	3.943
	绿化程度	4.043	4.172	4.265
	对生态保护的重视程度	3.985	4.092	3.935
社会环境	治安状况	3.745	4.011	4.017
	旅游配套设施（包括交通、住宿、餐饮等）	4.122	4.009	3.576
	医院或者卫生服务站等的便利性	3.780	3.870	3.378
	厕所、银行等的便利性	3.851	3.879	3.180
	居民对外来游客的友好程度	3.734	3.975	3.710
	环境清洁程度	3.954	4.066	3.883
资源	中医药资源的丰富程度	3.916	3.907	3.532
	中医药资源的特色程度	3.737	3.887	3.520
	旅游资源的丰富程度	3.897	4.055	3.803
	旅游资源的特色程度	3.872	3.972	3.648
产品	中医药健康旅游产品（包括有形产品和服务）的丰富程度	3.777	3.881	3.519
	中医药健康旅游产品（包括有形产品和服务）的特色程度	3.843	3.877	3.474
	中医药健康旅游产品（包括有形产品和服务）质量	3.949	3.840	3.758
服务	中医药健康旅游服务的专业化程度	3.974	3.866	3.317
	中医药健康旅游服务者（人和机构）服务态度	3.872	3.908	3.749
管理	中医药健康旅游相关产品和服务的价格合理性	3.752	3.762	3.551
	投诉反馈机制	3.534	3.603	3.081
	中医药品牌的口碑	3.974	3.865	3.711
	旅游品牌的口碑	3.971	4.006	3.859

注：由于初中及以下文化程度的人群数量过少，因此不做分析。

因此，在日常运营方面，建议示范基地在面向高学历消费者时要加强示范基地各方面的建设，包括良好的社会环境、丰富且具有特色的资源、高质量且种类丰富独特的产品、专业化的服务和健全的管理制度；在宣传推广方面，建议示范基地面向高学历消费者时宣传内容要更加专业、真实客观。

（四）不同收入人群满意度分析

根据调查结果计算不同收入的人群对国家健康旅游示范基地各指标的满意度，具体评分见表5。对比家庭人均年收入为5万元及以下、5万~10万元、10万~20万元和20万~30万元的人群分别对24个指标的满意度评价分数，分析发现家庭人均年收入为5万元及以下的人群对所有指标的满意度评价均低于其他人群，这反映出经济因素对消费者心理的影响，经济基础较差的消费者会更加关注自己消费后的旅游体验感，期望值更高，一旦消费者认为体验感与自己所花费的金额不等值后就会对示范基地各方面的满意度大幅度降低；而高收入的消费者因为有经济保障，对示范基地各方面的不足会比较宽容，故满意度相对较高。

表5　不同收入人群对国家健康旅游示范基地各指标的满意度评价

维度	具体测量指标	50000元及以下	50001~100000元	100001~200000元	200001~300000元
自然环境	空气质量	3.805	4.174	4.152	4.181
	水质量	3.636	4.106	4.110	4.096
	气候舒适度	3.636	4.081	4.067	4.077
	绿化程度	3.730	4.194	4.155	4.148
	对生态保护的重视程度	3.698	4.148	4.018	4.136
社会环境	治安状况	3.699	3.930	4.048	4.040
	旅游配套设施（包括交通、住宿、餐饮等）	3.590	4.009	3.997	4.111
	医院或者卫生服务站等的便利性	3.478	3.844	3.883	3.891
	厕所、银行等的便利性	3.535	3.914	3.845	3.854
	居民对外来游客的友好程度	3.620	3.953	3.956	4.011
	环境清洁程度	3.722	4.082	4.052	4.021

续表

维度	具体测量指标	该项满意度			
		50000元及以下	50001~100000元	100001~200000元	200001~300000元
资源	中医药资源的丰富程度	3.422	3.927	3.902	3.927
	中医药资源的特色程度	3.351	3.943	3.825	3.944
	旅游资源的丰富程度	3.577	4.081	4.011	4.067
	旅游资源的特色程度	3.583	3.991	3.924	4.048
产品	中医药健康旅游产品(包括有形产品和服务)的丰富程度	3.512	3.868	3.865	3.952
	中医药健康旅游产品(包括有形产品和服务)的特色程度	3.304	3.893	3.889	3.925
	中医药健康旅游产品(包括有形产品和服务)质量	3.422	3.865	3.871	3.861
服务	中医药健康旅游服务的专业化程度	3.395	3.905	3.845	3.898
	中医药健康旅游服务者(人和机构)服务态度	3.519	3.929	3.934	3.924
管理	中医药健康旅游相关产品和服务的价格合理性	3.352	3.783	3.752	3.840
	投诉反馈机制	3.202	3.546	3.664	3.702
	中医药品牌的口碑	3.469	3.942	3.832	3.884
	旅游品牌的口碑	3.646	4.037	3.970	4.011

注：由于家庭人均年收入为30万元以上的人群数量过少，因此不做分析。

因此，在日常运营方面，建议示范基地针对不同收入的消费者提供差异化产品和服务，并合理制定各项产品和服务的价格；在宣传推广方面，建议示范基地针对低收入消费者重点宣传性价比高的产品和服务，而针对高收入消费者重点推广高质量、高品质、高附加值的产品和服务。

四 首批国家健康旅游示范基地创建中的问题与对策建议

（一）首批国家健康旅游示范基地创建中的问题

1. 重资源，轻管理

目前国家健康旅游示范基地的自然环境维度和资源维度排名均位于前

三，管理维度发展指数最低，即各个国家健康旅游示范基地自然环境和资源禀赋优势明显，但是并不能通过专业化的运营和管理方式，发挥其优势。此外，由于国家健康旅游示范基地的建设尚处于起步阶段，未建立统一的行业标准，相关健康旅游项目管理服务不规范，一定程度上降低了消费者的满意度。

2. 重模仿，轻创新

目前国家健康旅游示范基地的产品维度发展指数处于较低的水平，表明健康旅游产品的丰富程度、特色程度以及健康旅游产品质量方面有待提高。不少国家健康旅游示范基地在旅游产品、服务项目等方面模仿现象严重，同质化竞争激烈，地方特色融合不充分，对消费者的吸引力不够，不能满足其个性化需求。目前中国健康旅游产业融合度不高，如何高效推进健康旅游可持续发展依然是学界和业内人士积极探索的重要内容。

3. 重吸客，轻服务

目前国家健康旅游示范基地的服务维度发展指数为3.943，其中服务的专业化程度得分为3.926，服务态度为3.960，表明消费者对服务态度基本满意，但是对于其专业化程度有更高的期望值，说明国家健康旅游示范基地的服务专业化水平有待改善。有的国家健康旅游示范基地急于吸引消费者，但服务专业化程度无法满足消费者需求，只追求短期效益，缺乏可持续发展的战略规划。此外，产业发展所需人才缺乏，其服务专业化程度无法保障，各个示范基地的服务水平亟待提高。

4. 重利用，轻投入

目前受制于对健康旅游新业态的认识不足，国家健康旅游示范基地建设的过程缺乏专业规划，过度开发当地资源，影响了健康旅游的可持续发展。此外，产业与资本的结合度不高、集群效应未充分发挥、特色品牌尚未形成、产业体系不完整、在职人员的专业水平有待提升等问题也在一定程度上制约了国家健康旅游示范基地的发展。推进新兴朝阳融合产业，国家和地方政府提供适当财政支持也很有必要。

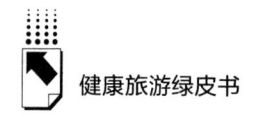

5. 重宣传，轻品牌

分析可知，很多发展指数较高或多维度发展水平较好的国家健康旅游示范基地，其知名度排名靠后，这表明部分建设情况较好的国家健康旅游示范基地因其营销能力的不足，制约了自身的发展。目前大部分国家健康旅游示范基地还没有形成具有核心竞争力的健康旅游品牌，很多目的地的营销模式雷同，营销手段落后，缺乏足够的吸引力，一定程度上导致健康旅游的市场没有得到有效的扩张。各个国家健康旅游示范基地有必要加强宣传，加大专业品牌营销能力培训力度。

6. 重硬件，轻软件

健康旅游作为新兴融合业态，人才缺乏是当前制约其发展的突出问题。当前各个国家健康旅游示范基地普遍都拥有优美的自然环境和丰富的中医药健康资源，但是在其建设过程中，特色定位、运营管理、产品服务开发与品牌营销等方面缺乏专业人才。由于行业系统化、专业化的培训不多，专业化运营和服务体系不完善，消费者对产品、服务和管理方面的满意度不高，一定程度上降低了消费意愿。

（二）首批国家健康旅游示范基地创建对策建议

1. 完善体制机制，全面提高管理水平

从政府层面来说，各地区有必要建立一个统一协调机构（工作领导小组），完善配套政策，加强涉及行业之间的协调配合，完善相关的管理监督机制，规范健康旅游市场秩序，引导公平竞争，为健康旅游的可持续发展提供保障。行业协会要积极开展旅游市场的调研以及目的地的信用、服务质量的等级评定工作，加强监管，保障示范基地的服务水平与消费者的权益。除此之外，各个国家健康旅游示范基地和相关运营企业应通过引入相关专业人才，制定科学合理的管理制度；深入了解市场需求，结合自身资源优势，通过加强战略规划等措施来提高管理水平，为健康旅游活动的顺利开展奠定坚实基础。

2. 创新经营模式，构建多元产品体系

健康旅游在促进医疗业与旅游业结合的基础上，应突出中医药特色，加强中医药产业与其他产业间的创新合作，将健康旅游业向房地产业、餐饮业、娱乐业、商业等产业延伸和渗透，并结合不同地区的资源优势，建设具有丰富中医文化的特色旅游项目。与此同时，国家健康旅游示范基地要在建立和完善产品标准体系的基础上，因地制宜，结合本地区资源特色以及旅游优势，整合医疗、旅游、养老与康复等各种资源要素，发展特色服务，开发特色产品，打造特色化、品牌化的健康旅游产业链；也要通过开发多样化的健康旅游产品和服务，满足消费者个性化的需求，以此来提高国家健康旅游示范基地的美誉度与体验感。

3. 加大投入力度，完善配套设施

政府部门要完善相关配套扶持政策体系，结合实际情况在税收、投融资等方面提供政策支持；加快推进投资机制、融资机制的建设，利用免征或者减征税费的手段减轻相关企业的运营压力，完善并且保障健康旅游产业财税政策的实施落地；也可以通过成立健康旅游产业专项基金项目，引导地方财政和各类社会资本等对健康旅游业的投入。与此同时，需进一步简化健康旅游投资项目审批程序，优化营商环境。

4. 强化特色优势，做好品牌营销

品牌的塑造对于国家健康旅游示范基地的发展至关重要。各个国家健康旅游示范基地可以充分发挥媒体推介的作用，通过举办相关健康旅游主题节、中医药科普文化周、产业论坛等活动，并利用新媒体开展线上以及线下多渠道营销宣传，提高健康旅游品牌的知名度以及公众对健康旅游的认知。另外，各地应结合实际，在深入挖掘中医药名人古迹、地方民俗风情以及中医药文化等资源基础上，找准自己的健康旅游品牌定位，着力进行品牌设计与塑造，增强健康旅游的内涵和特色。

5. 开展专业培训，培养复合型人才

人才是推动健康旅游产业发展的关键因素。积极培养健康旅游的复合型人才，一是针对目前在职人员的继续教育。应加强相关从业人员的培训，制

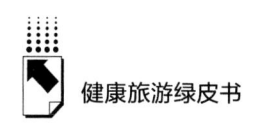

定系统化、针对性强的培训方案，充分挖掘现有人才资源的潜力，进一步提高服务和管理水平。二是未来人才的储备。各个健康旅游示范基地应通过与中医类院校、综合性院校建立长期紧密的合作关系，积极探索健康旅游专业人才培训模式，为健康旅游健康持续发展培养、储备一批兼具中医药文化和休闲旅游专业知识的高素质、复合型人才。

五 总结与未来展望

健康旅游作为新兴融合产业，尚处于起步阶段。中国拥有丰富的中医药资源和休闲旅游资源，有着良好的发展机遇和广阔的市场空间。发展健康旅游，不仅有利于满足人们日益增长的健康旅游需求，提升人们的生命、生活质量，也将服务于"健康中国"战略，为中国扩大服务消费、创新经济增长点、推动供给侧结构性改革提供长足的动力，推动新冠肺炎疫情后经济的恢复和高质量发展。

本研究运用文献研究、深度访谈和问卷调查，以2017年9月公布的首批国家健康旅游示范基地作为评价对象，从消费者视角对其发展情况进行调查、评价——不仅从自然环境、社会环境、资源、产品、服务和管理六个维度分析了国家健康旅游示范基地的发展现状，而且分析了不同性别、不同年龄段、不同文化程度以及不同收入人群的满意度。通过从消费者视角对首批国家健康旅游示范基地发展现状进行分析，最终得出推进国家健康旅游示范基地的对策和建议，例如提高管理水平、构建多元产品体系、完善配套设施、建立特色品牌、培养复合型人才等。

未来做大做强健康旅游业，突出中国特色和地方优势，唱响健康旅游品牌，还需结合时代发展的特点。2020年是"十三五"规划的收官之年，党中央提出的"双循环"经济发展模式，为中国健康旅游市场的拓展提供了机遇。虽然新冠肺炎疫情大流行在短期内将会对健康旅游市场带来一定冲击，但从长远发展的角度来看，疫情将推动消费者的健康意识进一步增强、健康理念进一步转变，从某种意义上具有推动健康旅游产业发展的作用。目前中国疫情防控已取得了显著成效，且由于国内社会环境相对安全，国内消费者会降低海外医疗旅游的可能性，一些国际消费者也会把目光投向中国，这将有利于推动中国健康旅游市场扩大。中国健康旅游产业应该抓住机遇，加强医疗健康产业与其他产业间的广泛合作，不断拓展产业边界，进一步推动医疗健康与旅游业的融合发展，打造"医、养、游、居、憩"融合发展的新格局，从而促进经济的恢复，提高中国的经济实力和国际影响力。

本研究在实施中，本着严谨科学的态度进行，但也存在一定的局限性，如未来研究样本量有待加大。在未来的研究中，将进一步扩大调查范围，提升样本的代表性，从而为国家健康旅游示范基地的建设提供更具可行性和参考价值的针对性建议。受经费所限，本研究采用了根据侯胜田教授团队研发的中医药健康旅游目的地评价指标体系设计的调查问卷，未来研究将采用根据中国健康旅游目的地评价指标体系设计的问卷，以便能对更平衡的维度进行评价分析。

参考文献

杨思秋、刘娜娜、张若楠、李享、郑方琳、侯胜田：《健康旅游微信公众号运营现状研究》，《资源开发与市场》2020年第2期。

胡靖洲：《国内医疗旅游产业发展动力因素分析》，《度假旅游》2019年第2期。

王诗源、菅广峰、陈莉军、庄严：《中医药健康旅游产业发展存在的问题及对策》，《医学争鸣》2019年第1期。

杨璇、叶贝珠：《我国健康旅游产业发展的PEST分析及策略选择》，《中国卫生事业管理》2018年第12期。

于永和：《基于消费者偏好的中医药康养旅游产品开发策略研究》，北京中医药大学硕士学位论文，2017。

胡广芹、庞国明、余延芬、苏惠萍、徐红罡、雒明池、姚延波、席建超、余署光、马骏、赵立冬、王志伟、陈小勇：《中医药健康旅游等级划分与评定标准研究思路》，《世界中医药》2017年第5期。

邵琪伟：《发展健康旅游产业潜力巨大》，《中国科技产业》2017年第3期。

Anna García-Altés, "The Development of Health Tourism Services," *Annals of Tourism Research* 32, 2004: 262–266.

G.5 中国健康旅游新技术、新模式、新业态研究

郑加生[*]

摘　要： 健康是人们一生关注的首要问题，然而，肿瘤、心脑血管病等慢病是危害人类健康的重要疾病。随着经济、科技、交通、信息化、就医模式的快速发展和人口老龄化的不断加剧，高品质的防、诊、治、养、康等问题在国内或国际以健康服务+旅游多元化发展的解决方向为趋势，先进的健康旅游新技术、新模式、新业态是吸引人们健康旅游的风向标，是中国大健康产业发展的助力之一，也是实现中国旅游业高品质发展的重要途径。中国健康旅游应该发挥中西医结合特色，把中国传统医学康养优势，国内与国际先进的预防、养护、保健、诊疗、康复等新技术、新模式和新业态优化融合对接，对特定人群、亚健康人群及患病人群开展生命养护健康管理，从心理心态、生活模式、诊疗模式、康养模式等健康指标全面评估，长期监测、养护干预，早期发现疾病、早期诊断疾病、早期干预治疗，特别是早期精准微创治疗、健康指导，建立可持续发展的中西医结合治未病、精准微创治早已病、微创为主治已病、全生命周期健康养护的人文发展新模式。通过实现国际健康旅游新技术、新模式、新业态及医疗资源的同步对接，推动医疗康养装备创新发展，建立健

---

[*] 郑加生，主任医师、二级教授、博导，首都医科大学附属北京佑安医院首席专家，研究方向为影像诊断与介入治疗、肿瘤微创消融治疗。

康旅游 NQI 全链条质量基础设施，为可持续性、同质化创新发展提供有力保障，建立全生命周期养护的健康管理体系，推动中国健康旅游高质量快速发展。

关键词： 健康旅游　新技术　新模式　新业态　同质化

一　前言

根据全球健康研究机构（Global Wellness Institute，GWI）发布的2018年全球健康经济监测报告数据，全球健康产业在 2015～2017 年增长 13.5%，从 2015 年的 3.7 万亿美元增长到 2017 年的 4.2 万亿美元（见图1）。其中，健康旅游市场规模达 6390 亿美元，2015～2017 年的年增长率为 6.5%，占比 15.2%；是旅游业总体增长率的两倍多。作为增长最快的旅游

全球健康经济：4.2万亿美元（2017年）

传统及补充医学 3600亿美元

健康地产 1340亿美元

健康旅游 6390亿美元

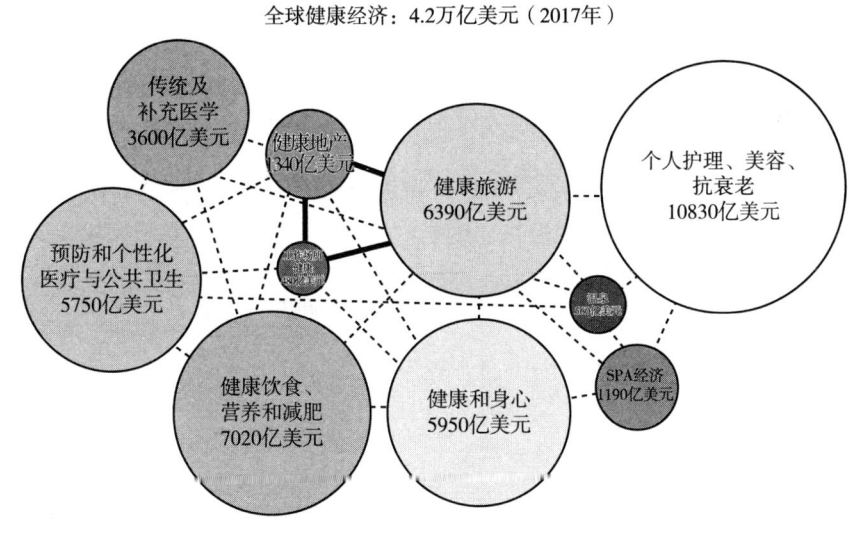

个人护理、美容、抗衰老 10830亿美元

预防和个性化医疗与公共卫生 5750亿美元

健康饮食、营养和减肥 7020亿美元

健康和身心 5950亿美元

SPA经济 1190亿美元

图 1　全球健康产业规模

资料来源：*Global Wellness Economy Monitor*（Miami：Global Wellness Institute，2018），pp. 12-15。

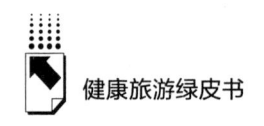

部分之一，健康旅游目前占旅游总支出的17%，中国如何在此领域占领一席之地并拥有国际竞争优势，如何把自然资源与人们的健康需求协同创新，是摆在我国健康旅游业面前的重要问题。

二 医疗、康养新技术促进健康旅游

（一）中国先进诊疗技术吸引国内和国外患者

中国肿瘤消融技术、空腔脏器黏膜水平肿瘤治疗技术、粒子植入技术、聚焦超声消融技术、神经核团消融技术、静脉曲张消融技术等临床治疗技术已经达到国际先进水平，肝肿瘤消融技术达到国际领先水平。国际上肝癌局部消融只适用于3cm以下小肿瘤，2019年中国《原发性肝癌诊疗规范》单纯局部消融适用于直径小于等于5cm以下和动脉化疗栓塞序贯消融适用于5cm以上单发肿瘤（见图2），可吸引这类国际患者来中国就医，而且在中国手术治疗费用仅为西方国家相同手术治疗费用的1/5；同时，可以在治疗的基础上做中国特色的医养、康养，将自然环境与康复调理整合在一起，让治疗效果更好，预后更快，医疗与旅游相得益彰。

（二）优质的自然环境和国际先进的医疗技术、装备、药品实现"三同步"

2013年，海南乐城成为中国第一个医疗旅游先行区，2017年成功入选国家首批健康旅游示范基地，随着经济的发展，人们对健康、医疗、养老品质愈加重视，将旅游和康养结合成为一种新选择，而健康旅游也在全球各地作为一种高增长的新业态蓬勃发展起来。

海南乐城国际医疗旅游先行区内可率先使用国际先进诊疗技术、装备和药品，与国际临床应用同步；2019年9月，长期用药患者备案之后，可将治疗剂量药物带离先行区，让用药方便快捷。海南率先推出"乐城全球特药险"缓解患者经济压力，实际解决患者"买药难、买药贵、用药难"的

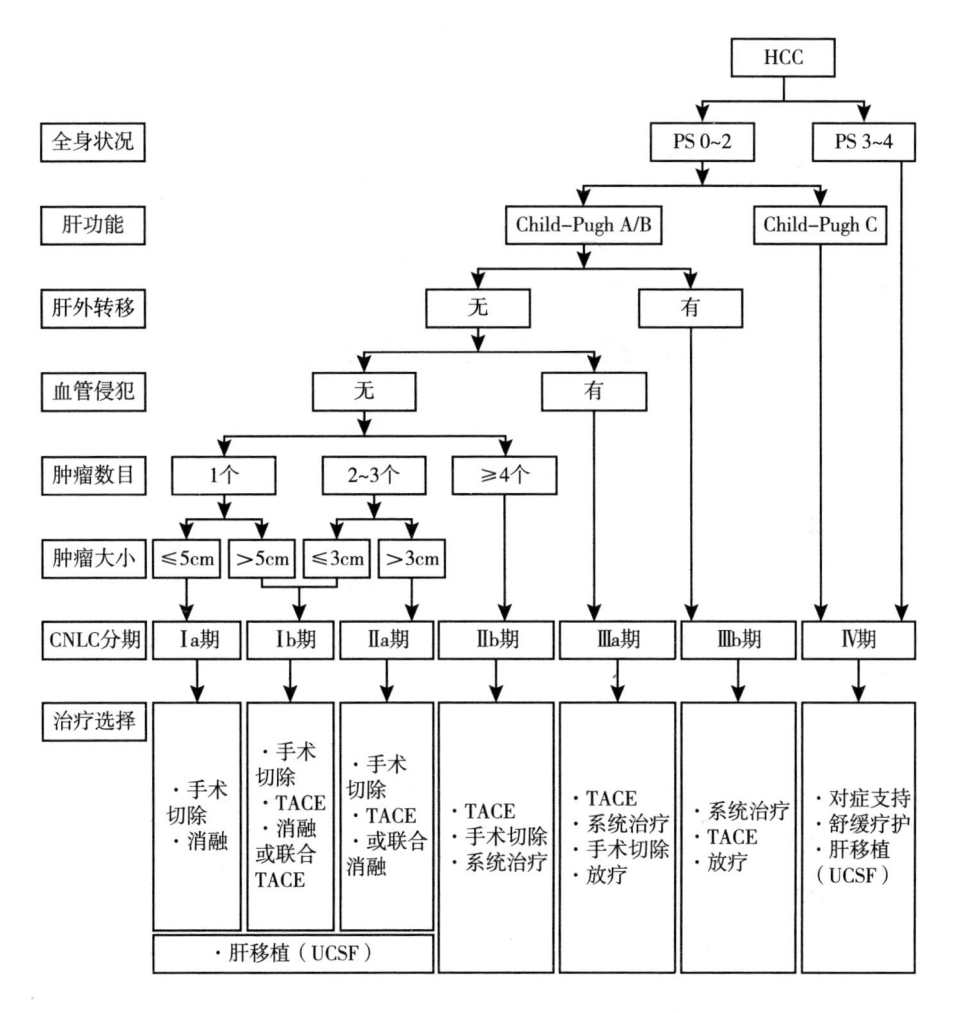

图2 中国肝癌临床分期及治疗路线图

资料来源：中华人民共和国国家卫生健康委员会，《原发性肝癌诊疗规范》，中国政府网，2020年1月6日。

现实问题，为患者不出国门即可获得国际同步的医疗服务提供了有利条件。

海南属于热带季风气候，素来有"天然大温室和天然氧吧"的美称，这里长夏无冬，年平均气温22～27℃，利于呼吸、消化、心脑血管、骨关节等系统的康复及养护，更利于肿瘤、心脑血管病等慢病的康养治疗，是老年人和慢病患者的旅游宜居胜地。

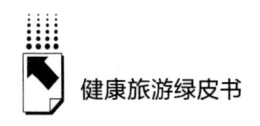

世界温泉健康名镇的"温汤富硒温泉"是世界上除法国的依云小镇以外唯一的富硒水源，地处江西宜春温塘镇，这里的富硒水天然水温75℃左右，可饮可浴；温汤泉水富含微量元素硒和偏硅酸等20多种微量元素，具有抗癌、抗氧化、解毒功能，能修复人体细胞，对心脑血管系统、消化系统、关节等有医疗保健作用。温汤富硒温泉拉动了当地的旅游和健康产业，促进了当地的经济繁荣，是中国健康旅游的优质资源。

（三）中国传统医学针对疾病整体治疗促进健康旅游

中国传统医学的中医中药博大精深，可以用来做身体的调理、预防、治疗和康养。应用中医经络学、中医针灸学、中医养生、辨证施治、扶正祛邪、中医整体治疗、天然合一论、磁疗、热疗、冷疗、沙疗、酒疗、食疗、话疗、心理治疗等，可以调整人们的身心，恢复和保持健康体魄，形成中医治疗及养生特色，打造具有中国特色的中医养生模式，这是我们开展国际健康旅游的优势所在，能够塑造中国独特的康养理念、品牌和模式。

三 健康旅游推动和普及四模式改革理念，开创健康发展新局面

（一）健康生活模式：治未病

健康旅游是一项全身心的运动，有目的的计划和安排可以调理和改变人们的不良生活方式，增加有质量的身心运动，在优美舒适的环境中培养健康生活方式，做体检保健，进行健康管理，让人们以预防疾病为主，减少患病概率，延缓病程，甚至逆转疾病。如不良的运动方式易患骨关节病，吸烟易患肺癌、鼻咽癌，酗酒易患肝硬化、脂肪肝、肝癌、食管癌、胃癌、结直肠癌等。健康旅游可以对存在不良生活方式、易患慢病的人群进行提前干预、健康指导，培育人们健康的生活方式，让人们养成健康生活方式更是关键。

(二)主动诊疗模式:微创治早已病

提倡特定人群、亚健康人群精准筛查、早期诊断、早期精准微创治早已病的主动诊疗模式,开创"微无创、愈无痕"人文诊疗新格局,无论是肿瘤,还是心脑血管病等慢性疾病,在发病早期阶段,人们没有任何症状和体征,人们会认为身体是处于很健康的状态,所以特定人群、亚健康人群和患者应当学会和记住"三原则",即一年三次健康检查,早期发现疾病、早期治疗,特别是早期微创治疗,治疗后前三个月每个月复查,连续三个月没有复发,以后每三个月一复查,养护患者长期健康生存状况,保持健康体魄。

例如,恶性肿瘤生长到1立方毫米是100万个癌细胞,直径1~2毫米时发生血管化,动静脉血管与机体血管吻合,就可以全身转移,1立方厘米是10亿个癌细胞,通常肿瘤长到直径5厘米以上,甚至10厘米还没有任何感觉,一旦感觉疼痛或不适,80%的患者都失去了最佳治疗时期。微创治疗早期原位癌5年生存率可以达到95%,所以提倡早期筛查、微创治疗肿瘤早已病,使肿瘤治疗进入"微无创、愈无痕"精准诊疗新阶段,这才是提升大健康水平的关键。

心脑血管病治早已病:早期血压高、血脂高、血糖高、血液黏稠度高、血管内粥样斑块通常也不被人们发现和注意,甚至血管狭窄到90%也没有任何症状,一旦出现胸痛或偏瘫等症状,那肯定是血管闭塞或出血,此时治疗都是亡羊补牢,收效甚微且预后不佳。建议易患此疾病的人群,定期监测血压、血脂、血糖、血液黏稠度和血管健康状况,进行健康指导,当血管狭窄达到70%以上应该微创干预治疗,使患者康复,保持健康体魄。

(三)医疗模式:微创为主综合诊疗治已病

开展肿瘤、心脑血管病等慢病的诊疗以影像引导微创介入手术、微创消融手术、腔镜微创手术为主,采用开放式手术、传统医学与现代医学综合诊疗的服务模式,新技术、新装备、新药品与国际同步应用,使这类患者不出国门享受同样的医疗服务,同时引流国际患者。

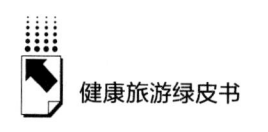

（四）管理模式：医疗服务认证助力健康旅游

健康旅游是新兴产业，需要依托国家相关法律、法规和专家技术团队，站在公正、客观的角度，以科学的手段、严谨的态度，建立高质量的健康旅游合格评定认证体系，开展健康旅游、医疗、养老的认证服务，通过认证工作推动健康旅游的规范发展与服务的进步。

认证以提升健康旅游质量和服务为基础，以持续优化改进为导向，构建先进的整体健康旅游服务系统工程，从硬件基础设施的规划到相应制度规则的制定，从具体工作流程设计到医疗服务行为习惯的养成，倡导医疗服务以安全和质量为前提，对实际执行效果进行监测、评价、反馈和干预，提高人群健康质量及医疗就医体验，强调医疗服务的价值，将构建和谐社会、提高人民生命生活质量作为总体目标。把管理+大数据+服务认证相结合，形成PDCA循环渐进发展模式，助力同质化健康旅游服务。

四 打造健康旅游新业态

打造中国整体健康旅游技术服务新业态体系，统一发布健康旅游全国团体标准，建立第三方质控认证体系，建立健康旅游服务—行政党务管理—大数据—标准体系—国家健康旅游认证体系的同质化健康旅游新业态，成为吸引国内和国外健康旅游的发力点。据前瞻产业研究院数据，2015年国内健康旅游占旅游交易规模的1%左右，约为400亿元；到2019年市场规模高达829亿元，并保持持续增长势头。

中国的健康旅游市场是蓝海市场，随着人口老龄化进程的不断加快，人们的健康观念经历由"医疗"到"康养"的转变，这在给健康旅游行业带来发展机遇的同时，也在行业规范、业务模式、服务质量等方面提出了新的要求。健康旅游作为新兴产业，可以更好地满足人们旅游的愿望，以及预防、筛查、调养、保健、康复等医疗方面的多元化需求。2019年7月15日，国务院出台《健康中国行动（2019～2030年）》，提出要支持发展健康

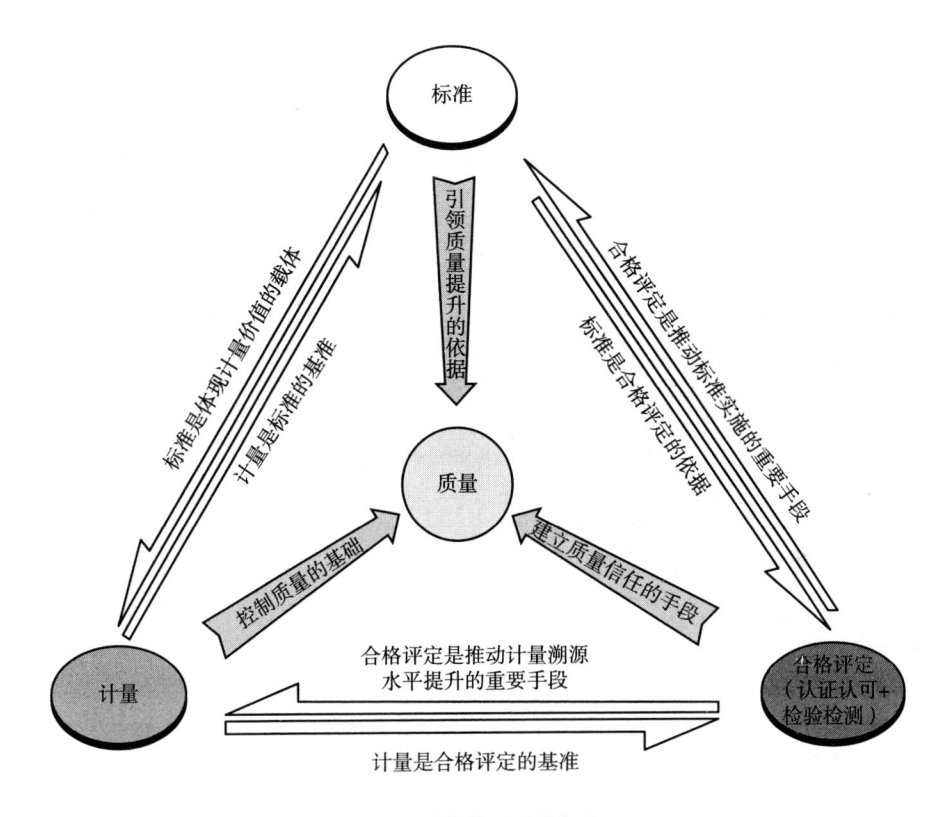

图 3　质量基础设施框架

旅游等健康服务新业态，满足人民群众日益增长的多层次、多样化健康需求。随着国家和各地政府在政策和产业发展方面的大力推动，健康旅游行业未来将会进行产业融合，快速发展，释放巨大潜力。

五　健康旅游发展建议

构建健康旅游理论知识体系。健康旅游研究涉及旅游学、医学、康复保健、地理学、社会学、传统中医、药学等多领域，在研究内容上要不断创新，使其上升到一个学科领域，不断拓展其研究范畴，从政治、经济、社会、生态环境视角对健康旅游开展多维度、多元化的研究，推动预防、医疗、健康旅游相融合，只有在规范化研究的基础上结合不同方法，才能提升

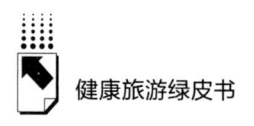

健康旅游的理论创新和原始创新能力。

构建健康旅游标准认证体系。中国健康旅游应与国际接轨，建立标准体系、独立第三方认证体系，构建中国健康旅游新技术、新模式、新业态、同质化、全链条式发展新格局。

参考文献

中华人民共和国国家卫生健康委员会：《原发性肝癌诊疗规范》，中国政府网，2020年1月6日，http://www.nhc.gov.cn/yzygj/s7659/202001/6d24f85ff720482188c9dc22f20d16fa.shtml。

2019肝癌中西医临床协作专家委员会：《原发性肝癌微创消融联合中医诊疗专家共识》，《中华介入放射学电子杂志》2021年第9期。

闫平慧、杨金生：《扶正祛邪的思考与实践》，《中国中医基础医学杂志》2005年第11期。

Global Wellness Economy Monitor (Miami: Global Wellness Institute, 2018), pp. 12-15.

GlobalSurg Collaborative and National Institute for Health Research Global Research Unit on Global Surgery, "Global Variation in Postoperative Mortality and Complications after Cancer Surgery: A Multicetre, Prospective Cohort Study in 82 Countries," *The Lancet* 397 (10272), 2021: 387-397.

G.6
中医药健康旅游发展与创新探讨

赵立冬*

摘　要： 本文通过研究分析国内外中医药健康旅游发展背景并对照我国中医药健康旅游发展现状及中医药在海外的影响，以及政府的政策导向，发现我国中医药健康旅游发展中存在的问题，并对问题进行了分析。在此基础上创新提出用"大中医新业态"概念构建"中医药健康服务＋旅游"全新发展模式，介绍了中医药健康旅游六大类形态及丰富的内容，并提炼了中医药健康旅游20个特性。本文还提出了策划规划中医药健康旅游十大原则并列举了用十大策划规划原则做过的4个成功案例。本文最后总结了对发展中医药健康旅游的目的和意义的认识创新和对我国中医药健康旅游发展的战略思考，提出了16项对策。本文认为中国发展中医药健康旅游产业，打造国际中医药健康旅游目的地前景广阔。

关键词： 中医药　健康服务　大中医新业态　健康旅游

目前健康旅游业的发展正处于探索阶段，而推进健康旅游的发展，需要找出具有核心竞争力的特色健康旅游资源。中医药健康服务业内涵丰富，独具特色，与旅游产业有机融合，形成中国特色的健康旅游产业新业态，其通

---

* 赵立冬，北京养生文化创意产业协会会长，主要研究方向为大中医新业态，重点是中医药文化产业、中医药健康旅游。

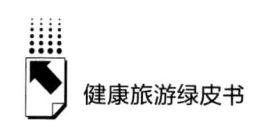

过入境中医药健康旅游和中医药服务贸易的形式传播中医药健康文化、提供中医药健康服务、发展创新中医药国际健康旅游。

一 发展中医药健康旅游国内外背景

（一）中医药健康旅游产生的背景

20世纪80年代，西方一些国家将其新的医疗技术作为旅游吸引物，打造医疗旅游目的地。由此，医疗旅游突破了单纯的就医看病形式而向着服务大众健康的方向发展。日本、马来西亚、新加坡、泰国等亚洲国家十分信任中医，在英国、德国、荷兰、意大利、阿联酋等国家，中医也非常受欢迎。国外很多旅游者，尤其是来自东南亚的客人，大多要带一些中药回去，中医药健康旅游逐步产生。中医药健康旅游经历了自然形成、无序发展、乱象丛生、大浪淘沙的发展过程。特别值得一提的是，一些地方政府出面引导发展中医药健康旅游，比如北京是发展中医药健康旅游比较早的城市之一，2011年推出了北京中医药文化旅游，发展中医药文化旅游示范基地；广东也推出了中医药养生旅游，甘肃、广西、四川、江西、河北等也陆续开展中医药健康旅游。

（二）中医药健康旅游国内发展现状

随着人们对大健康服务的需求逐步加大，加之国家也大力支持发展大健康产业，促使健康服务＋旅游的模式不断得到应用。

国家旅游局和国家中医药管理局联合开展的一项24省（区、市）中医药健康旅游现状调查显示，全国现有454个景区、度假村等机构和90多个中医药博物馆、中医药企业开展了中医药健康服务，其中21家中医药单位与旅游公司或旅行社签订了合作协议，15家中医医疗机构正开展入境中医医疗旅游服务，服务项目和产品主要有温泉、药浴、药膳、中医美容、药酒、保健茶、传统膏方、康体养生、医药保健品等。根据观研天下发布的

《2018年中国保健旅游行业分析报告——市场深度分析与投资前景预测》数据，海南省医疗健康产业总产值占该省GDP的11%，有健康服务业单位2176家、规模以上健康服务企业近50家，从业人员91254人，营业收入243.74亿元。北京到目前为止评出4批共60个北京中医药文化旅游示范基地，先后推出16条中医文化旅游线路，以吸引更多入境游客体验中医文化。广东现有中医药养生旅游示范基地40家、18条中医药养生文化旅游线路。浙江先后打造了一批中医药特色小镇、中医药特色街区、中医药主题民宿等中医药旅游产品，认定了21个中医药文化养生旅游示范基地。

（三）中医药在海外的影响

我国中医药已在世界183个国家和地区分布，中国与40多个外国政府、地区和组织签署了专门的中医药合作协议。103个会员国认可使用针灸，其中29个设立了传统医学的法律法规，18个将针灸纳入医疗保险体系。有30多个国家和地区开办了数百所中医药院校，培养本土化中医药人才。海外各类中医药从业人员在30万~50万，中医医疗（含针灸）机构达8万多家。全球接受过中医药、针灸或推拿治疗的人数已达世界总人口的1/3以上。统计数据显示，每年13000多名留学生来华学习中医药，约20万人次境外患者来华接受中医药服务。

据三亚市中医医院提供的资料，三亚市中医院以"中医疗养游"服务为特色，吸引了大量海外游客，截止到2020年5月8日，该院已为包括俄罗斯、哈萨克斯坦、塔吉克斯坦、吉尔吉斯斯坦、沙特阿拉伯等国政要在内的近10万余名外宾，提供了优质的中医药健康服务。三亚市中医院推出了中医旅游的"组合拳"：自主研发了"喜松堂"等近300种中医药健康产品，搭配包括通督正脊、养生药膳、温泉疗养、中医文化体验等9个中医药健康旅游项目和15类疗养套餐，受到中外游客的青睐，使三亚成为境外游客体验中医文化的"网红打卡地"。北京的广安门医院国际医疗部，在2014年门诊量就达到8000~10000人次/年，患者来自32个国家和地区，以俄罗斯、美国、日本、欧盟为主。

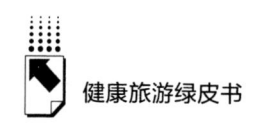

（四）国家政策背景和导向

2013年以来，为鼓励、促进中医药健康旅游发展，国家出台了系列政策文件和措施。2013年9月28日国务院下发了《关于促进健康服务业发展的若干意见》（国发〔2013〕40号），明确将发展健康文化和旅游作为主要任务之一，鼓励有条件的地区面向国际市场，整合当地优势医疗资源、中医药等特色养生保健资源、绿色生态旅游资源，发展养生、体育和健康旅游。

从国家层面来看，如何面对国际健康旅游，引导我国中医药健康旅游的发展至关重要，为此，国家旅游局和国家中医药管理局于2014年2月28日印发了《国家旅游局和国家中医药管理局关于推进中医药健康旅游发展的合作协议》的通知（简称《通知》）。

从此，中医药健康旅游成为国家官方语言和概念，《通知》依据的是《国务院关于促进健康服务业发展的若干意见》以及国务院关于中医药事业发展、关于旅游发展意见等文件。中医药健康旅游是中医药健康服务的一种产业形态，中医药健康服务业是最具中国特色和优势的健康服务业。

在《通知》下发不到半年，也就是2014年8月9日，《国务院关于促进旅游业改革发展的若干意见》的重点任务中又明确提出："发挥中医药优势，形成一批中医药健康旅游服务产品。"

2015年4月24日，国务院发布《中医药健康服务发展规划（2015～2020）》，将培育发展中医药健康旅游作为七大重点任务之一，要求利用中医药文化元素突出的中医医疗机构、中药企业、名胜古迹、博物馆、中华老字号名店以及中药材种植基地、药用植物园、药膳食疗等资源，开发中医药特色旅游路线。建设一批中医药特色旅游城镇、度假区、文化街、主题酒店，形成一批中药科技农业、名贵中药材种植、田园风情、生态休闲旅游结合的养生体验和观赏基地。开发中医药特色旅游商品，打造中医药健康旅游品牌。支持举办代表性强、发展潜力大、符合人民群众健康需求的中医药健康服务展览和会议。

2015年8月11日，国务院在《关于进一步促进旅游投资和消费的若干意见》中提出：积极发展中医药健康旅游，推出一批以中医药文化传播为主题，集中医药康复理疗、养生保健、文化体验于一体的中医药健康旅游示范产品。

国家中医药管理局和国家旅游局为了评选出一批具有典型性、示范性、引领性、集聚性且具有一定规模的国家级中医药健康旅游示范区（基地、项目），委托北京养生文化创意产业协会起草国家中医药健康旅游示范区（基地、项目）评审标准，现已评审出第一批国家中医药健康旅游示范区（基地、项目）创建单位。

2015年11月17日，国家中医药管理局和国家旅游局又下发了《关于促进中医药健康旅游发展的指导意见》（简称《意见》），提出到2020年，中医药健康旅游人数达到旅游总人数的3%，中医药健康旅游收入达3000亿元；到2025年，中医药健康旅游人数达到旅游总人数的5%，中医药健康旅游收入达5000亿元；培育打造一批具有国际知名度和市场竞争力的中医药健康旅游服务企业和知名品牌。《意见》提出开发中医药健康旅游产品、打造中医药健康旅游品牌、壮大中医药健康旅游产业、开拓中医药健康旅游市场、创新中医药健康旅游发展模式、培养中医药健康旅游人才队伍、完善中医药健康旅游公共服务、促进中医药健康旅游可持续发展等八个重点任务。《意见》提出国家旅游局与国家中医药管理局建立合作协调机制，出台扶持政策，不断加大资金投入，并引导企业、社会资本等投资中医药健康旅游，促进中医药健康旅游产业又好又快发展。

2016年3月，国务院出台了《中医药发展战略规划纲要（2016~2030）》（国发〔2016〕15号），明确将发展中医药健康旅游服务纳入规划纲要并作为重点任务之一，提出推动中医药健康服务与旅游产业有机融合，发展以中医药文化传播和体验为主题，集中医疗养、康复、养生、文化传播、商务会展、中药材考察体验与旅游于一体的中医药健康旅游。

2016年10月，国务院印发了《"健康中国2030"规划纲要》，强调要

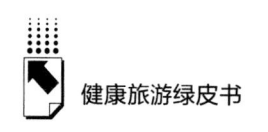

打造具有国际竞争力的健康医疗旅游目的地,大力发展中医药健康旅游。

2016年,国家旅游局、国家中医药管理局决定联合开展"国家中医药健康旅游示范区(基地、项目)"创建工作,用3年左右时间,在全国建成10个国家中医药健康旅游示范区,100个国家中医药健康旅游示范基地,1000个国家中医药健康旅游示范项目。

2017年5月,国家卫计委、国家发改委、财政部、国家旅游局、国家中医药管理局五个部门联合发布了《关于促进健康旅游发展的指导意见》及第一批全国健康旅游示范基地13个建设单位,其中大部分以区域为主,该项目的开展和推广可以在全国引导更广泛的需求。

2017年11月,国家旅游局和国家中医药管理局发布《关于开展"国家中医药健康旅游示范区(基地、项目)"创建工作的通知》,并公布了15家单位为国家中医药健康旅游示范区创建单位,中医药健康旅游已作为大健康时代一个新的业态由点及面开展顶层设计与培育。

2019年7月,国务院发布《健康中国行动(2019~2030)》,将主要健康指标纳入各级党委、政府绩效考核指标、干部奖惩使用的重要参考。

2019年10月,国务院发布《关于促进中医药传承创新发展的意见》,强调推动中医药开放发展,将中医药纳入构建人类命运共同体和"一带一路"国际合作重要内容,实施中医药国际合作专项,推动中医药文化海外传播,大力发展中医药服务贸易。

二 中医药健康旅游高质量发展的创新

(一)中医药健康旅游目前存在的问题与分析

中医药健康旅游处于探索起步阶段,不免存在问题和不足,主要体现在以下几个方面。

第一,对中医药健康服务内涵和外延认识不足,还停留在狭义的中医药概念上和传统第三产业形态上。中医药健康旅游应是"大中医新业态"和现代服务业的典型代表。

第二，对中医药健康旅游的概念不清、定位不准、目的不明确、重要性和意义认识不足。有的只是用中医药养生保健做标签，没实际内容。

第三，对中医药健康旅游资源及相关资源的认识、挖掘、梳理、开发、利用不够，特别是对本地域独有特色中医药文化资源，没有文化眼光和文化思维，形成视而不见的盲区。产品粗糙、形态单一化、缺乏主题特色并且同质化、模式化。

第四，以中医药健康服务为主题，贯穿于旅游产品的设计、开发、宣传、营销等全部环节的中医药健康旅游产品尚很缺乏，呈碎片化。产品结构合理化较差，产品创意创新不够，水平较低，体验性差，企业规模小、管理粗放不规范。

第五，中医药健康旅游项目缺乏顶层策划设计和规划。规划出的项目造成中医药和旅游两业融合不够，形成了"两张皮"的现象。养生保健、医疗康复等中医药健康服务项目处于配角，不在主位上，还孤立于旅游六要素整体环节之外，没能转化为旅游产品，没形成旅游吸引物，更不是旅游目的地。目前还没有见到一个较完整的两业深度融合的、相互关联的、体系化的并形成全景产业链的中医药健康旅游案例。

第六，对中医药健康旅游这一新业态缺乏系统研究，实践已开始，理论滞后。

第七，国际化等方面不够，包括医疗签证、国际认证、宣传推广等。

第八，政府政策资金扶持不够。

第九，社会资金投入不足。

第十，相关人才缺乏，特别是缺乏中医药健康旅游业的高级管理和专业技术人才。

（二）中医药健康旅游的发展创新

1. 中医药健康服务+旅游

国务院 2015 年 4 月 24 日发布的《中医药健康服务发展规划》（简称《规划》）所指的中医药健康服务是：运用中医药理念、方法、技术维护和

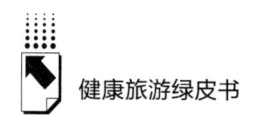

增进人民群众身心健康的活动,主要包括中医药养生、保健、医疗、康复服务,涉及健康养老、中医药文化、健康旅游等相关服务。

根据《规划》所述,中医药健康服务不单是指中医药服务业,也不单是狭义的中医药概念和传统的养生保健医疗康复服务,它是中医药产业及其相关的一、二、三产业的综合及跨界融合而形成的新业态。相关产业包括中医药健康养老服务、中医药文化产业、中医药健康旅游、中医药服务贸易和其他新型、新兴的中医药健康服务等,这些产业也都是《规划》中提出的重点发展任务,其中《规划》中的第六个重点任务提到:"积极促进中医药健康服务相关支撑产业发展。"

总之,《规划》所阐述的中医药健康服务是指具有中国特色的大健康产业,这也正契合了笔者提出的"大中医新业态"概念。让我们通过解析"大中医新业态"的理念,进一步深刻地理解中医药健康服务内涵。

"大中医"是近年来中医界出现的一个概念,对这个概念有不同的解释,大中医是对应小中医而言的,应当跳出小中医圈子,以大胸怀、大格局、大战略的高度,将中医药看成具有中国特色的大健康文化和大健康产业。在保持中医根本、丰富中医内涵的基础之上拓展中医外延,只有通过文化创意、科技创新、跨界融合等手段和路径,才能形成大中医。大中医的内涵不仅包括传统的一、二、三产业即种植养殖、医药、保健品、功能性食品加工业、医疗康复服务业等,还包括新型、新兴的中医药养生保健服务产业、中医药健康养老服务、中医药文化产业、中医药健康旅游、中医药服务贸易等现代中医药健康服务业及其支撑和关联产业等的总和。

"新业态"是指近年来随着新科技及网络信息产业的飞速发展,一些传统行业发生了颠覆性的改变,有着几千年深厚底蕴的中医药产业也应顺应时代潮流的发展,主动创新与各产业融合,焕发新的生命力。

笔者提出的"大中医新业态"是指中医药产业新型的产业形态,它的内涵包括传统中医药本身一、二、三产业的整合、产业改造演变、转型升级等。外延与文化产业、旅游业、服务贸易、现代服务业、养老产业、信息产业、生态农业、环保产业等相互渗透融合，从而形成复合式的新产业。大中医新业态是一种积极主动的思维模式，更主张用"中医药+"的思维创意创新新业态。

近两年国务院密集下发了一系列促进中医药产业发展的政策指导意见及规划，中医药产业已逐渐代替传统产业成为国家经济转型中新的支柱性产业，所以必须站在国家战略发展的高度来看大中医新业态，只有站得高才能看到中医的全貌、看到中医的前景、看到大中医。首先要从国家政治高度去看。习近平总书记在会见世界卫生组织总干事陈冯富珍时关于发展中医药时说："中医药学凝聚着深邃的哲学智慧和中华民族几千年的健康养生理念及其实践经验，是中国古代科学瑰宝，也是打开中华文明宝库的钥匙，更是中华文化伟大复兴的先行者。深入研究和科学总结中医药学对丰富世界医学事业，推进生命科学研究具有积极意义。"其次要站在国家战略高度去看。国家要大力推进经济、政治、文化、社会、生态文明五位一体建设。刘延东副总理在2014年全国中医药大会前对中医药作了重要批示："中医药是独特的卫生资源、潜力巨大的经济资源、具有原创优势的科技资源、优秀的文化资源和重要的生态资源。"

中医药产业只有成为"大中医新业态"才能成为这把"钥匙"、才能担当"先行者"、才能成为"五位一体建设"的生力军、才能有效发挥"五大资源"效益。用"大中医新业态"作为中医药新的发展观，将振兴发展中医药纳入国家建设和发展的大战略中，中医药自身也能实现跨越式持续稳定的发展。

综上所述，以"大中医新业态"为发展理念的中医药健康服务业是一个极具包容性、创新性的大产业体系。中医药健康服务与正在转型升级中的旅游产业有机融合是一个难得的战略发展机遇，是一个双赢的大好形态。

2. 中医药健康旅游的概念、形态、内容及特性的创新体现

（1）中医药健康旅游的概念

中医药健康旅游虽然已出现在政府的文件中，但文件中没有给出明确的

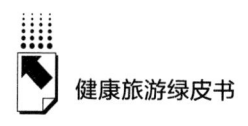

定义和概念，为了统一认识和思想，推进中医药健康旅游的发展，有必要研究探讨中医药健康旅游的概念。

中医药健康旅游其中的"中医药健康"是指上文的中医药健康服务业，"旅游"是指旅游业，首先要明确什么是中医药健康服务业。笔者给出中医药健康服务业狭义的概念是：综合运用中医药理论体系、文化科学知识、技术、方法和手段，为人的身心灵健康提供文化科普、医疗康复、养生保健的服务业及其支撑产业的集合。广义的概念是：综合运用中医药天人合一等理论、观念体系、文化科学知识、技术、方法和手段，以促进和维护天人和谐共存共建为目标和前提，为人的身心灵健康提供文化科普、医疗康复、养生保健、生态环境等服务业及其支撑产业的集合。

那么中医药健康旅游产业的概念是指中医药健康服务业与旅游业深度有机融合，以提供中医药健康服务为主题的休闲旅游新业态及其产业链。广义的中医药健康服务业概念与大旅游体系融合（中医药健康服务+旅游），既构建了具有中国特色的健康旅游，又构建了具有中医药文化特色的生态旅游。

（2）中医药健康旅游的主要形态及其内容

中医药健康旅游的主要形态分类及内容见图1和表1。

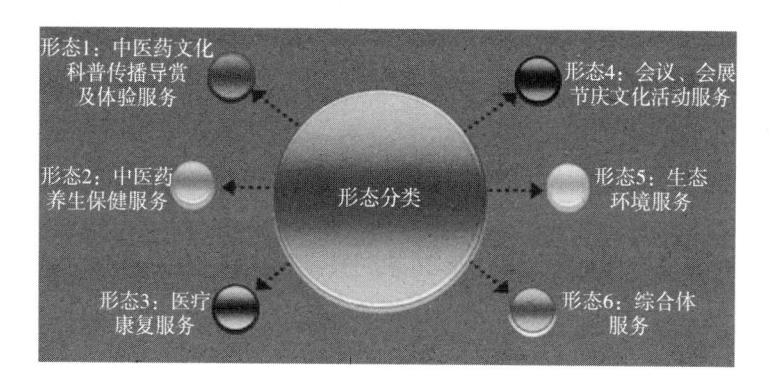

图1 中医药健康旅游形态分类

表1　中医药健康旅游的内容

内容	说明
中医药文化科普传播导赏及体验服务	用现代手段展示中医药历史、文化、科普知识等；展卖中医药文化旅游商品，提供中医药文化演出等文化服务，展示民间养生长寿文化，包括生活、生产方式、生活经验、方法技能等；提供采药、中医药饮片、中成药DIY等体验服务。此形态主要通过文化科普、传播、展示、展卖、演出、DIY等满足游客的文化性动机和文化消费
中医药养生保健服务	饮食疗法，按摩、拔罐、刮痧等手法，各种设施设备理疗、药浴、芳香疗法，音乐疗法，心理疏导等各种自然疗法及其他非医疗行为服务。此形态主要满足健康、亚健康、养颜纤体等人群对健康、美容美体、防衰延寿等的需求
医疗康复服务	此形态主要满足游客对疑难杂症、慢病诊疗及病后康复的需求
会议、会展、节庆文化活动服务	中医药内容的会议会展旅游、会奖旅游、组织研修、历史地理科考、培训、演出、节庆等活动
生态环境服务	依托生态环境，利用健康的生态景观或区域生态系统，包括良好的自然生态环境和人文生态环境。运用自然生态环境的山水、阳光、空气、森林、洞穴和人文生态环境的园林、建筑、设施以及养生长寿风俗、和谐民风氛围等生态效应为游客提供身心灵健康服务，同时唤醒游客也要履行的环境义务
综合体服务	项目地体量较大，集上述各种业态于一体。如中医药文化小镇、健康小镇、中医药文化产业园区、田园综合体等形态

（3）中医药健康旅游的20个特性

第一，养护性：养护天人，促进天人和谐共存共建。

第二，文化性：文化属性显著，满足人的精神文化、心理、情感需求。

第三，教化性：文治教化、修身养性。

第四，科学性：独特、复杂、神奇的科学体系。

第五，生态性：自然疗法、生态保护、生态效应。

第六，普世性：天人和谐共存共建是世人的共识、共需，是民生之需，是健康生活方式。

第七，丰富性：丰富多彩的健康服务内容。

第八，艺术性：中医药文化美学艺术。

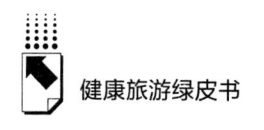

第九，观赏性：具有极强的审美价值。

第十，民族性：中医药包括民族医药是中国独有的文化，所以也具国家性。

第十一，地域性：不同地域有不同的地脉资源特色。

第十二，体验性：许多项目都适合游客体验，而且是深层次体验。

第十三，娱乐性：许多审美观赏体验的项目可作为娱乐项目。

第十四，时尚性：中医药健康旅游将成为一种新潮和时尚，引领健康文化消费。

第十五，休闲性：中医药健康旅游本身就是一种东方式的休闲活动，"主静重养"。

第十六，世界性：因为有民族性，才有世界性。

第十七，融合性：易与相关文化和产业融合，易形成综合消费。

第十八，延伸性：通过学习体验可渗透到旅游生活中，形成后尾效应，延长产业链。

第十九，组合性：通过创意创新可优化组合为新产品、新形态。

第二十，高黏性：对身心灵的影响力、亲和力、感化力对游客具有很强的黏性。

3. 中医药健康旅游设计策划规划原则创新

（1）十大原则

第一，引领市场的原则。既顺应市场，又要以中医药文化为先导，用创意思维方式缔造让市场跟着创意走的产业格局（中医药健康服务供给侧），引领消费潮流，挖掘潜在市场，塑造培育新市场。

第二，资源利用最大化原则。对自然资源采取保护优先、科学修复、适度开发、合理利用等资源环境协调发展原则，并充分挖掘人文资源等地脉资源，挖掘中医药文化及中医药健康服务的内涵，延长其外延，系统开发具有眼球吸引力、文化渗透力、核心竞争力的复合产业项目，以实现优势资源放大、提升、增强的目的。

第三，创意创新原则。用文化创意和科技创新并举的理念使本规划具有新鲜感和新颖性、创造性,构建高端创意经济。

第四,主题性原则。养生健康是人类共同关心和永恒追求的目标与共同的话题,是社会唯一的共同卖点,养生健康产业是永远的朝阳产业,要将养生健康文化贯穿本规划的始终及各个方面,成为主题、主线、轴心。

第五,可操作性原则。策划规划既能着眼于宏观与整体,体现"顶天",也能落实和可操作,体现"立地"。

第六,整体观原则。既将"园区"不同功能板块进行关联、高度融合,又将"园区"规划及周边等"园区"外的相关产业连接成链,形成有机复合体。

第七,差异化原则。通过顶层策划设计形成"园区"的独特文化特质及核心竞争力,让人无法模仿,更无法超越。

第八,软实力建设原则。软实力对于一个国家、一个园区、一个企业来讲至关重要,甚至比硬件建设更重要。规划要重视"园区"的文化品位和文化服务的开发及品牌文化建设工作。

第九,前瞻性原则。准确把握医疗康复养生保健产业、文化创意产业、旅游产业、服务贸易、养老产业、现代农业、现代食品业等发展趋势和这些产业转型升级、产业融合趋势,应具有长远眼光,实现超前发展、跨越发展、可持续发展。产业融合是时代的主题,是国家经济战略转型的重要抓手。

第十,国际化原则。既突出中医药文化和中医药健康服务的民族特性,能吸引世界、影响世界,同时,又兼收并蓄包容融合现代时尚等文化,显示出开放、善纳、领先、前卫的现代化气息,体现较强的时代精神和国际姿态。总之,中国元素国际化表达,民族化行动。

(2) 中医药健康旅游在实际案例中的创新体现

健康是目标,也是刚需。健康中国建设已成为我国的国家战略,全世界也都在追求和发展大健康,只有大健康才能满足人们对生命质量提高和对健康多元化不断升级的诉求。文化是灵魂,也是内容。充分发挥文化的文治教化引领作用,特别要将中国传统文化(包括养生文化)这一凝聚中国人生命智慧的文化赋能到健康、旅游服务和消费活动之中，通过文化含量增加和文化能量的释放，大大提高服务和产品的附加值，同时也使中国独有的养生文化成为"活"在当下的潮流文化，这也是健康生活方式的重要内容。旅游是载体，也是市场。传承中国天人合一的养生旅游文化，将养生文化教育、健康服务与旅游服务相融合，通过寓教于游、寓健于游，让人们在快乐中接受和体验教育和健康服务，让养生旅游成为一种健康文化消费活动和健康快乐的生活方式。

第一，中国周口店中医文化小镇总体规划是由北京养生文化创意产业协会和北京大地风景旅游景观规划设计有限公司共同策划完成的。本规划的主要任务是以"大中医新业态"的理念挖掘提炼中医药文化，结合周口店镇的自然和人文资源及发展愿景，整合利用社会相关资源及中医药健康服务产业科技成果并对其进行分析梳理、组合、创意策划规划国内外首家全景式中医文化主题旅游小镇和世界中医药健康旅游目的地。中医文化小镇的开发建设，将全面摆脱封闭式旅游景区的建设模式，全面构建开放式、平台化的运营管理体系，在成立管委会或一级投资开发公司进行土地一级整理开发的基础上，通过引入二级招商、PPP、众筹等多种方式，吸引旅游投资商、中医药企业、中医药科研机构、创客群体、当地社区等多个主体共同参与小镇开发经营，形成多级融资运营平台，创新灵活多元的文旅产业综合体开发模式。

第二，东阿阿胶中医药健康产业园规划是由北京养生文化创意产业协会策划完成的。在东阿阿胶原本单一的工业企业的基础上，通过深入挖掘当地的自然、人文及社会相关资源，重点增加了文化产业、旅游产业功能。体现将"顾客变游客，游客变粉客"的策划理念，还融合带动当地旅游资源，比如曹植墓和梵呗寺，策划了"梵呗养生馆"项目，结合鱼山梵音洞及梵呗寺形成一条梵呗旅游线路及梵呗旅游项目，还策划了"大禹舞步"健身操。

第三，雁栖湖会都小镇建设策划方案，也是由北京养生文化创意产业协会策划完成的。雁栖湖国际会都成为"一带一路"国际合作高峰论坛永久会址,奠定了雁栖湖会都小镇的国际交往功能,同时,雁栖湖处于长城文化带,"中华民族为了抵御外侵,筑建了一个万里长城;为了保护人的健康筑建了中医药文化长城"。雁栖湖国际会都定位为国家生态会客厅,也就是中心区,雁栖镇范各庄村(主要指燕城及周边)就是它的前庭,雁栖镇浅山五个村、深山六个村就是它的后院。中心区是国家会客厅,具有国际交往的政治功能,前庭、后院具有眼见、体验配套服务功能,后院十一个村子构成五脏六腑关系,与前庭由十二经络循行构成一个有机配套服务整体,服务于中心区,实现整体、同步、互动、配位的双赢健康持续发展的目的。

第四,蕲春县创建中医药健康旅游示范区的规划同样是由北京养生文化创意产业协会策划完成的。作为"药圣"李时珍的故里,蕲春应主打李时珍的品牌。该规划结合当地的自然资源和人文资源为蕲春设计打造了医旅、婚恋养生、亲子、养生养老、道家养生、运动养生、国医国学文化体验、户外拓展、三色旅游等9条精品旅游线路。以李时珍品牌为核心和重点,优化完善并构建蕲春特色的中医药健康旅游产品体系,其中核心产品包括特色的养生保健、医疗康复服务、李时珍文化内容展示、祭拜活动、演出、李时珍蕲艾健康文化节及展览、中医药健康养老、中医药服务贸易等。

4. 对发展中医药健康旅游目的和意义的认识创新

(1) 从中医药产业维度看,要实现六个目的

第一,扩大中医药文化科普的展示传播面,寓教于游,推动中医药文化活动、文化鉴赏、文化消费。

第二,拓展中医药健康服务范围,寓养于游,寓医于游,促动中医药时尚化、旅游化、生活化发展。

第三,促进中医药健康服务模式和发展模式的创新,继而带动大中医新业态的构建和发展,适应及引导中医药新业态并使中医药健康综合服务能力大大提高。

第四,激活"中医药五种资源"(卫生资源、文化资源、经济资源、科技资源、生态资源),丰富中医药健康服务内容。

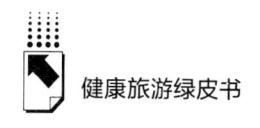

第五，促进中医药文化产业、中医药服务贸易、现代中医药服务业、中医药健康养老服务等新兴产业的发展，带动中医药全面发展。

第六，促进中医药国际化的发展，促进人类健康，还可服务于国家"一带一路"倡议以及作为我国公共外交重要内容。

（2）从旅游业维度看，要实现三个目的

第一，通过挖掘中医药文化内容和激发中医药文化活力，增加旅游文化内涵，提升其产业素质和能级，优化产业结构层次，促使旅游业实现跨越式发展。

第二，丰富旅游产业内容、形态和产品，如老年人旅游产品和四季养生旅游产品，实现全季旅游。

第三，增添引入"中医药五种资源"（卫生资源、经济资源、科技资源、文化资源、生态资源），还有习近平主席于2013年3月22日在莫斯科举行的俄罗斯"中国旅游年"开幕式上的致辞所说的"中医药是得天独厚的旅游资源"。"五种资源"包括在旅游的三大资源之中（自然资源、文化资源、社会资源），总之，中医药健康服务是我国旅游产业发展的重要根基和资源基础，充分发挥我国这一独特的优势，可以形成独具中国特色的健康旅游和生态旅游、休闲旅游，可以大大增强我国国际健康旅游吸引力。

（3）从中医药、旅游两业融合双赢角度看，要实现五个目的

第一，两业彼此再造融合生成一种全新的产业形态，构建大中医大旅游新产业链条并形成多元复合、多重经济属性的产业生态集群。

第二，两业彼此形成共同价值链，丰富高端旅游等的供给，引领健康生活方式，产生更大价值。

第三，两业融合赋能加持形成中国特色的休闲业态和养生旅游。

第四，两业融合促进中医药旅游商品和文创产品的开发和旅游购物消费。

第五，两业融合共同承担中国传统文化、养生文化，传承及环境保护责任。

（4）从促进我国"五位一体"建设维度看有五个意义

第一，对经济建设的意义。发展中医药健康旅游既能引导人们消费结构逐步升级，又是经济结构调整、产业转型升级、转变经济增长方式、提质增效、促进产业跨界融合发展新产业、新业态的重要抓手、重要路径、重要切入口、重要突破口，还能有效促进中医药健康服务供给侧体系的建立。

第二，对政治建设的意义。全面建设小康社会和建设健康中国，实现中华民族伟大复兴和中国梦是中国政治建设的最大目标，发展中医药健康旅游是其重要任务之一，因为它关系民生民意，贴近百姓，因此也是重要的引擎工程。

第三，对文化建设的意义。中医药文化是中国优秀传统文化的最重要的内容，是最民生的、最不可或缺的中国独有的文化，习近平主席说："中医药是打开中国文明宝库的钥匙"。发展中医药健康旅游，通过对文化的激发、创意创新并注入新活力，用文化引领消费，既能传播、弘扬、振兴中华传统文化，有利于我国文化大发展大繁荣、增强国家软实力，又能丰富人们文化生活，满足人们旺盛的精神文化消费需求，提高人们的文化素养和健康素养。中医药文化是灵魂也是内容和诗，旅游是载体是远方。

第四，对社会建设的意义。社会建设包括教育、科技、文化、就业、医疗、卫生等方面，但首要的是社会主义民生建设，最大的民生就是国民的健康利益。健康是社会共同的卖点，最大的公约数。中医药健康旅游是一个综合性极强的产业集群，包含了上述的诸方面，因此，发展中医药健康旅游是社会建设中具有带动性、包涵性的重要内容，能极大满足人们保养生命、健康精神、增进智慧、延长寿命的需求。

第五，对生态文明建设的意义。中医的天人合一观念和整体观，主张自然为本、生命共生、共存共建、和谐发展，它也应当是生态文明建设的思想源泉，是发展中医药健康旅游的指导思想。中医药健康旅游本身就是一种生态旅游，而且是生态旅游的高级形式，是中国特色的生态旅游，主要包括对人的文治教化、修身养性、医疗康复、养生保健等人文生态疗法和自然生态环境疗法及对环境的保护和开发，既讲重人贵生又讲环境伦理，对人们的生

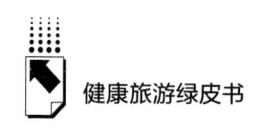

产模式、消费模式、生活方式产生积极的影响，发展中医药健康旅游对当地城市生态旅游形象起到提升作用。

总之，中医药健康旅游是大健康产业和大旅游产业两大国家战略性产业的融合体，是我国"五体一位"建设和"五大发展理念"的具体内容，也是服务于国家"一带一路"倡议及"健康中国"的重要内容，发展中医药健康旅游意义重大。

三 发展中医药健康旅游的战略思考

第一，对中医药健康旅游要统一认识上升高度，从国家层面要把中医药健康旅游纳入健康服务业、旅游业两大战略性产业大盘子之中。建议国家中医药管理局、国家旅游局组织专家解析宣讲《关于发展中医药健康旅游的指导意见》出台相关的标准。地方政府要成立专门的领导班子，出台"关于发展中医药健康旅游的实施意见"及做好当地中医药健康旅游发展规划，制定扶持政策，设立扶持基金。

第二，建立研究机构或设立课题专门研究中医药健康旅游，重点研究创立中医药健康旅游产业共同发展的体制机制。

第三，建设好中医药健康旅游示范区、示范基地以及中医药健康服务主题的景区、园区等集聚区、主题公园、主题小镇。注重策划先行，要突出五大特点，即高层策划、高点定位、高标规划、高效推进、高端协调。本着以中医药文化为根基、以健康维护为目标、以文化创意学为谋略、以现代高科技为支撑的理念，以包容的精神为姿态，融合相关产业，打造国际化的中医药健康旅游目的地。

第四，政府通过购买服务及政府职能转移等方式利用社会智力资源系统研究开发中医药健康旅游体系，如政府引导组建国家中医药健康旅游智库，为政府决策提供服务。

第五，政府出资宣传推广规范化的中医药健康旅游项目，引导消费，引导鼓励旅行社开发中医药健康旅游线路，促使旅游客体、媒体、主体三方共赢，培育其市场。

第六，制定各项监管措施，保障中医药健康旅游规范化发展。

第七，鼓励支持行业协会、联盟等社会组织参与中医药健康旅游的建设，发挥其在政府与企业之间的纽带桥梁作用，组织企业自律维权，为企业提供系统服务，为政府决策提供咨询服务。如在政府的指导倡议和支持下，由北京养生文化创意产业协会联合中医医疗康复养生保健服务机构、旅游企业、旅行社等相关机构组建的首都中医药文化旅游产业联盟、中国中医药健康产业联盟。

第八，加大政府引导性、奖励性基金支持，同时鼓励社会资本共同搭建中医药健康旅游产业投融资平台，创建产业基金。

第九，加强加快相关人才培养工作，在现有中医药大学或旅游学院开设中医药健康旅游相关课程。

第十，走内涵集约式发展的道路，以推动中医药健康旅游业从产业链到价值链的转变为核心，以双赢理念和创意创新思维方式构建中医药健康旅游融合发展机制，建立起相关产业协调机制、相关资源整合机制、项目带动机制。引导、鼓励旅行社开发中医药健康旅游产品。重点与服务贸易、文化创意产业、养老产业、现代服务业等融合发展，创造新业态、新经济。

第十一，加强标准化和诚信化建设，带动市场诚信建设，建立相关企业和从业人员诚信记录，由行业协会、联盟建立自律规则。

第十二，加强网络和信息化建设，发展智慧中医药健康旅游，提升产业核心竞争力，推动行业联动和区域协同。

第十三，加快中医药健康旅游国际化进程，完善和加强相关法律政策。主动与国际健康医疗旅游组织、认证机构合作对接。

第十四，支持举办中医药健康旅游会议会展、节庆、中医药健康旅游商品征集大赛等活动，营造社会氛围，加强软环境建设，达成社会共识，大力宣传推广中医药健康旅游，促进高端中医药健康旅游市场的发展。

第十五，大力研发中医药文化内容的各类旅游商品和旅游文化产品。

第十六，培育扶持推出在国内外有一定影响力的中医药健康旅游和品

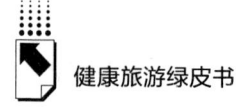

牌、有特色的线路等。

中医药是中国人获得健康的法宝，也将成为世界人民的法宝。以旅游为载体能将这一法宝传送得更广、更快，造福更多人。为此，将世界唯一的"大国医"和世界第一"大产业"嫁接融合，即中医药健康服务+旅游。这两业是人的基本需求，也是天生绝配、天作之合，相互促动可产生叠加效应。大力发展中医药健康旅游是一项有重大意义的伟大工程，会引起全社会的重视。我国是中医药国际健康旅游的发祥地和发源地，也将是中医药国际健康旅游的策源地和目的地。

国际健康旅游篇

International Health Tourism Reports

G.7
中国国际健康旅游产业发展展望

高 星[*]

摘 要： 新冠肺炎疫情全球大流行给世界带来百年未有之大变局，国际健康旅游产业快速增长。世界各国携手推动多样化服务、法制化管理和现代治理体系发展。中国推进健康中国行动，带动旅游产业高质量发展。面对新发传染病疫情，国际健康旅游风险持续攀升，健康旅游资源不足，服务能力薄弱，管理水平低，成为全球公共卫生安全问题。展望未来，中国迈向新发展阶段，应创新发展新体制、新机制和新模式，探索建立规则、标准和品牌体系，加强法制建设，完善国际疾病监测预警网络，开启新时代国际健康旅游产业建设工程新征程，为构建人类卫生健康共同体打好坚实基础。

关键词： 新冠肺炎疫情 健康旅游 健康产业

---

[*] 高星，首都医科大学教授，研究生导师，研究方向为公共卫生管理与政策、健康产业、健康旅游、医药卫生改革、卫生应急管理。

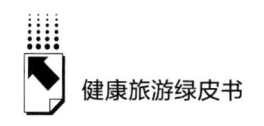

新冠肺炎疫情全球大流行造成世界经济、社会、文化、旅行、宗教等立体性重大灾难。据联合国统计活动协调委员会（CCSA）报告，2020年2月中旬，由于全国性大学和学校关闭，3亿名学习者受到影响，2个月以后，在192个国家受影响学习者增加到16亿，占学生总数的90%。据国际劳工组织报告，由于工作场所关闭，全球各国劳动力数量大幅下降，边境关闭、旅行禁令和检疫措施严重影响旅游业，预计2021年全年国际旅游业规模下降60%~80%，收入损失1.3万亿美元，是2009年金融危机所造成损失的11倍多。与旅游业直接相关的1亿多个工作面临风险。[1] 新冠肺炎疫情给全球发展带来百年未有之大变局，公共卫生安全已经成为影响世界安全的重大问题。国际健康旅游备受国际组织和世界各国的青睐。2020年4月，慕尼黑安全大会首次提出"和平与健康"的发展主题。人类社会因公共健康而更加团结，携手应对全球重大疫情。全球因防控重大疾病和不安全因素而更加寻求和平发展之路。[2] 因此，国际健康旅游凸显推进人类社会经济发展的特殊战略地位和重要作用，正在成为新兴经济的重要支撑、新型服务的增长极、新兴市场的驱动力和现代治理的新引擎，前景无限美好，挑战不断升级。

本文采用文献分析法、现场调查法和领导专家访谈法，对照国际和国家政策制度、规则和标准进行评估，找出存在的问题，明确发展需求，为中国国际健康旅游产业未来发展提出对策建议。

一 深刻认识国际健康旅游产业发展定位和重大意义

（一）公共健康是国际健康旅游新发展方向

新冠肺炎疫情对全球公共健康造成重大危害，非洲贫困及欠发达国家和

---

[1] "How COVID-19 is Changing the World: A Statistical Perspective Volume III," CCSA, 2021.
[2] Ambassador Wolfgang Ischinger, Munich Security Conference 2020, Foreword, pp. 5, 14-16.

地区与欧美等发达国家和地区遭受同样的灾难，凸显疾病全球化特征及对世界安全的整体影响。由于病毒传播力强且不断变异，人群普遍易感，特别是老年和患有基础病或免疫力低下的人群，更易遭受多系统、多脏器损害。此外，特效药物缺乏和疫苗研发上市滞后且不完善，尤其是各国社会制度、治理能力、经济社会发展状况、文化习俗、宗教信仰、行为方式、生活习惯和服务管理水平不同，导致疫情呈现极其复杂化和多样化的表现。[1] 以中国为代表的公有制为主体的国家，采取联防联控、群防群控、专群结合、精准施策等强有力的综合措施，很快控制了疫情，然而，以欧美为代表的私有制为主体的国家，疫情暴发快速、长期蔓延、难以控制，两者形成鲜明的对比。一些发展中国家和医疗卫生系统薄弱的地区，特别是印度灾难更加深重。由此可以看出，全球公共健康与国际经济社会发展密切相关、相互促进、相互制衡。国际健康旅游是公共健康服务的新领域和新业态，也是未来经济社会的新引擎和新的增长点。

（二）全球合作构建人类卫生健康共同体

面对新冠肺炎疫情全球大流行的威胁，联合国、国际红十字会、国际奥委会三大国际组织紧密联合，分工协作，积极采取强有力应对措施。联合国遵循"健康地球上的和平、尊严与平等"的新发展理念，组织WHO、OIE（世界动物卫生组织）、FAO（国际粮农组织）、UNWTO（世界旅游组织）、ICAO（国际民航组织）、ILO（国际劳工组织）、IMF（国际货币基金组织）、UNESCO（联合国教科文组织）等75个国际组织和机构开展统筹协调、技术指导和物资保障支持工作。[2] 国际奥委会传播新理念，通过运动构建美好的世界，实现卓越、尊重、友谊的价值。[3] 国际红十字会积极组织捐赠和援

---

[1] "COVID-19 Clinical Management," WHO, Jan 2021, pp. 13-18.
[2] "Coronavirus Global Health Emergency," https://www.un.org/en/coronavirus, 2021.
[3] "Sport Values: Harnessing the Power of Sport to Teach Respect, Equity and Inclusion," IOC, 7 May, 2021.

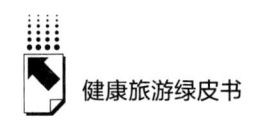

助欠发达国家与医疗卫生薄弱或战争地区，保护和挽救难民生命安全。① 应WHO总干事谭德塞博士邀请，中华人民共和国国家主席习近平在第73届世界卫生大会开幕式致辞，提出维护世界和平、促进世界多极化发展、构建人类卫生健康共同体的美好愿景，为国际健康旅游确立了全球战略方向、发展定位和前进道路。②

（三）中国卫生健康发展的成功经验与模式

中国率先战胜疫情，得益于全面深化改革，确定平安中国、健康中国、美丽中国的发展目标。深化医改十年来，我国实现了国家基本医疗卫生与健康促进、中医药的法制管理；新时代卫生健康工作方针重新确定；多元化、多层次医疗卫生服务体系首次建立；中西医并重、医防融合协同发展、分级诊疗制度逐步推进；多层次医疗保障制度全覆盖，为保障人民健康打下坚实基础；国家卫生健康和中医药"一带一路"国际战略赢得了国际赞誉，为开展国际健康旅游提供有力支撑，也创造了中国经验和中国模式。③

（四）国际健康旅游对增进健康保障与经济社会良性协调发展意义重大

积极借鉴医学国际规则、指南和经验，充分发挥中国国家制度、中医药养生保健调理、体育健身、文化旅游和"儒释道"等多元宗教聚集的特色与优势，积极探索国际健康旅游新发展阶段的新理念、新路径、新动能、新模式，开创新发展格局，对推动全球健康治理体系建设、重大疾病防治、促进人类健康、推动世界经济社会良性协调发展、构建人类命运共同体具有极其重要的意义。

---

① "As if the War was not Enough, Stories of Hardships, Resilience and Change in Times of COVID-19, the Pandemic's Complex Consequences for Vulnerable Communities and Take-aways for the Future," ICRC, 2021.
② 习近平：《团结合作战胜疫情　共同构建人类卫生健康共同体——在第73届世界卫生大会视频会议开幕式上的致辞》，中央广播电视总台，2020年5月18日。
③ 国务院新闻办公室：《抗击新冠肺炎疫情的中国行动白皮书》，2020年6月7日。

二 人类面临百年未有之大变局和严峻挑战

(一)联合国明确世界发展新主题

2015年,联合国颁布《2030年可持续发展议程》,首次确定"健康的地球,健康的人类"世界发展主题。[1] WHO倡导实施全球健康发展战略和行动计划,把健康放在优先发展的战略位置。2020年慕尼黑安全会议确定新时代"和平与健康"的发展主题。由此表明,经济社会发展的永恒目标是要谋健康、谋幸福。习近平总书记明确提出"以人民为中心、以健康为根本"的新发展理念。党的十八大以来,中国统筹推进经济、政治、文化、社会、生态文明"五位一体"总体布局。习近平总书记在73届世界卫生大会上致辞,提出构建人类卫生健康共同体的美好愿景。因此,发展国际健康旅游是促进经济社会良性协调发展的实施路径和最好举措。

(二)国际健康旅游新变化

1. 拉动世界经济社会发展的新动能

国际健康旅游是满足就医者跨国健康医疗服务需求的路径和抓手,是国际旅游发展的新阶段,是精准化、精细化服务的新体现,是高质量发展的新要求。国际健康旅游是近年来国际旅游的新发展方向、新型业态和新的增长点。2015年国际健康旅游会议在希腊雅典举行,会议将国际健康旅游分为8类,即医疗旅游、牙科旅游、温泉旅游、健康旅游、体育旅游、烹饪旅游、访问旅游、协助住宅旅游。[2]

新冠肺炎疫情全球大流行对WHO和ICAO等国际组织和世界各国的国

---

[1] "Transforming Our World: the 2030 Agenda for Sustainable Development," General Assembly, Seventieth Session, UN, 70/1, 21 October 2015.

[2] Luna Santos-Roldán et al, "Sustainable Tourism as a Source of Healthy Tourism," *International Journal of Environmental Research and Public Health*, 17 (15), 2020: 1 – 15.

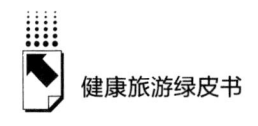

际旅行卫生检验检疫要求更高,对国际旅行健康医疗质量安全管理水平要求更高,对健康医疗需求更迫切。国际旅行者健康素养有了明显提升。全球健康医疗发展跃上新台阶,国际健康管理合作与交流更加频繁,极大地催生了国际健康旅游服务快速发展,带动健康餐饮、健康住宿、健康交通、健康会展、健康娱乐、健康体育、健康购物、健康体检、康复护理,以及医疗与康复器械制造、生物医药制造、健康建筑、健康旅游城市、健康旅游社区、健康旅游园区和健康旅游小镇等全面发展,有力地推动新兴经济增长。

2. 国际化、标准化、智能化进程加快

经济全球化、城市全球化、疾病全球化和人口老龄化的加速,迫切需要加快整合医学和健康科学,以适应人类经济社会持续发展。联合国、国际红十字会、国际奥委会三大国际组织开始将工作重心向全球健康转移。2009年甲型H1N1流感大流行、西非埃博拉大流行和新冠肺炎疫情全球大流行,开启世界"联合团结、共同应对"新征程,更加凸显《国际卫生条例》的重要作用和全球紧密合作的重大价值。[①] 全球健康医疗系统化、整体化、精细化、精准化管理逐步达成共识并付诸实施。健康旅游产业标准化和国际认证、跨境健康旅游国际质量安全管理有序推进,服务标准和服务流程规范,极大地促进国际标准化发展。各国和地区结合实际,创造性地开展疾病防控和健康促进工作,呈现多样化、多层次、个性化、定制化的服务产业特色。大数据、云存储、云计算、人工智能、5G、区块链等新一代信息技术的发展,给国际健康旅游注入了新鲜血液,在构建和运营国际远程医疗与健康诊断、咨询、医疗、康复和护理指导等服务平台方面发挥了重要作用,带来新的生机与活力。

3. 国际健康旅游产业投资贸易平台创新发展

国际健康旅游产业涉及诸多行业和不同利益相关方,应着力携手共进,合作共建。世界医疗旅游协会充分发挥协调沟通作用,搭建健康医疗提供者、医疗保险、健康保险、健康金融、健康基金机构,以及政府和其他医疗

---

① *International Health Regulations*(2005),Second Edition,WHO,2008.

保健购买者在健康旅游、国际就医、医疗保健活动等领域的国际双边、多边合作的交流平台，提供安全、有效、透明、规范、高质量的健康医疗服务，推动全球新冠肺炎疫情下健康旅游产业的复苏与可持续发展，促进共建"一带一路"国家在国际健康旅游产业投资，推动国际贸易合作和高质量发展。

WHO和世界旅游组织等有关国际组织、国家政府、国际医院集团、健康旅游机构、金融投资机构、国际商业医疗保险机构、国际航空企业、国际酒店集团、国际传媒等方面代表作为核心成员和支持者，应用大数据、互联网信息技术，实施线上线下同步运行。国际健康旅游产业投资贸易平台的不断发展，有力推进跨境医疗旅游签证政策、健康旅游产业标准化国际认证、跨境医疗旅游国际质量安全管理、国际健康旅游目的地投资与可持续发展、国际健康旅游数字化转型、大数据与网络信息安全，以及新冠肺炎疫情全球大流行下国际公共卫生行政监管等工作的开展。①

4. 人类面临疾病全球化的严重威胁

城市化、工业化、国际化、人口老龄化的快速发展，在给人类经济社会发展带来繁荣的同时，也产生了大气、水、土壤、生态、生活及工作环境的污染。非传染性疾病、传染病、精神心理疾患、环境污染相关疾病和免疫系统疾病等重大疾病数量明显增加，严重威胁人类健康。人类新发传染病和地震、飓风、海啸等自然灾害，以及火灾、化学中毒等事故灾难频发。进入21世纪以来，全球经历了突发SARS、MERS（中东呼吸综合征）重大疫情、西非埃博拉大流行、新冠肺炎疫情全球大流行和问题奶粉事件、水污染事件，以及日本海啸引发的国际核辐射事件等重大灾难。

此外，一些国家和地区的传染性疾病，由于国际旅行（游）可能对目的地国家和地区的人民产生健康影响。为此，WHO将疟疾、鼠疫、狂犬病、霍乱、结核病、艾滋病、黄热病、拉萨热等传染性疾病纳入国际卫生检疫疾

---

① "Effective Health System Governance for Universal Health Coverage UHC," www.who.int/health-topics/health-systems-governance, 2021.

病管理，并建立全球疾病监测、抗生素耐药性监测和有害病原微生物监测管理，特别是开展季节性流感、流感大流行、SARS、MERS、埃博拉和超级细菌等重大疫情和突发公共卫生事件的监测预警及应对处置。

（三）国际和中国健康旅游相关法律体系逐步完善

1. 国际健康旅游相关法律体系基本健全

联合国及有关国际组织出台了一系列国际法律法规，主要包括《国际卫生条例》《国际职业安全健康公约》《WHO 烟草控制框架公约》《联合国气候变化框架公约》《国际旅游公约》等与国际健康旅游相关的法律，明确了健康旅游国际组织、地区、国家及企业、专业机构、社会团体、非政府组织的义务与责任。

面对新冠肺炎疫情全球大流行的威胁与挑战，《国际卫生条例》在疾病命名、预防、诊断、治疗和康复中发挥了重要作用，特别明确了全球重大疫情和国际关注的突发公共卫生事件的监测预警、健康医疗服务管理、国际旅行卫生检验检疫、隔离、医疗卫生执业人员和旅行（游）者个体防护、环境清洗消毒等相关的法律义务和责任，以及国际旅行其他限制性措施，为有效控制疫情和保护公众健康提供国际法律支撑和依据。

《国际职业安全健康公约》在国际健康旅游的卫生行业职业活动中，重点规范职业安全健康行为，明确职业安全健康质量管理知识、素养和个体防护技能等岗位职责要求，以及作业场所防护管理，为保护职业人群健康安全、有效控制职业病危害因素提供有力保障。①

国际健康旅游工作者是《WHO 烟草控制框架公约》全球健康行动的先驱者和推动者，在自觉规范公共场所控制吸烟行为中起到示范作用。医务人员不仅要认真履行控烟要求，带头做好公共场所控烟工作，营造良好的职业健康环境，而且积极引导健康旅游者尽到自觉维护公众健康的义务，避免受

---

① *Occupational Safety and Health Convention*, ILO, 1981.

到二手烟危害。①

《联合国气候变化框架公约》对做好国际健康旅游至关重要，是提高气候变化公共健康领域适应能力的必然要求。联合国号召各成员国履行应对《联合国气候变化框架公约》的承诺及应尽的义务与责任，积极防范气候变化风险，共同提高气候变化适应能力。国际健康旅游组织主动采取保护环境和适应气候变化的措施，起到了积极的推动作用。②

2. 中国健康旅游全面向法治化轨道迈进

随着中国深化改革开放、经济社会全面发展，卫生健康法律体系正逐步完善，主要包括卫生健康基本法——《中华人民共和国基本医疗卫生与健康促进法》和各专项法律，中医药法——《中华人民共和国中医药法》，卫生检疫与传染病防治法——《中华人民共和国卫生检疫法》《中华人民共和国传染病防治法》，职业健康与职业病防治法——《中华人民共和国职业病防治法》，精神卫生法——《中华人民共和国精神卫生法》，旅游法——《中华人民共和国旅游法》，医师法及医疗机构和护理法规——《执业医师法》《执业医疗机构管理条例》《护士条例》等相关法律法规，为实施中国国际健康旅游法制管理打下了良好基础。此外，中国国际健康旅游应当自觉遵守生态环境、国土资源、城乡建设、改革发展、市场监管等国家相关法律法规的规定。

（四）全球疾病和卫生监测网络建立健全

国际健康旅游迈向旅游高质量发展新阶段。国际健康旅游把旅游与健康医疗服务紧密结合起来，为进一步改善生态环境、提高人的生命质量和生活质量提供新型服务管理支持。同时，我们也必须认识到，国际健康旅游在促进经济社会发展的同时，也面临国际旅游（行）带来的疾病传染、流行和突发公共卫生事件的风险。因此，WHO、ICAO、世界旅游组织、国际海事

---

① Gian Luca Burci, *WHO Framework Convention on Tobacco Control*, UN, 2020.
② "United Nations Framework Convention on Climate Change," http://www.unfccc.int.

组织等紧密合作，依据《国际卫生条例》等有关国际法律建立联防联控机制。WHO作为全球健康技术指导和管理部门，建立和完善国际卫生检疫疾病网和国际监测疾病网、全球气候变化网、空气质量网、水安全网、全球食品安全网、药品安全和健康产品网以及全球突发公共卫生事件应急管理网，并发布了一系列卫生事业战略发展和疾病防控规划、规范性文件与技术指南，为开展国际健康旅游创造了良好的环境条件。

三　新时代中国国际健康旅游产业发展展望

（一）新时代新发展阶段战略发展定位的探讨

随着联合国《2030年可持续发展议程》逐步推进，WHO全球健康行动在各成员国稳步实施，催生健康城市、健康社区（园区）、健康建筑、健康企业、健康医院、健康学校等快速发展。老年病、非传染性疾病、传染病、精神心理疾患、环境污染相关疾病等重大疾病被纳入全球防控计划。国际健康旅游更加受到重视，并得到加强。把国际健康旅游作为构建人类卫生健康共同体的重要抓手和新发展路径，在指导、帮助患者打破国家和地域限制，寻求更好的预防、诊断、治疗、康复、康养等方案，享受国际化健康医疗服务和更优惠的价格等方面发挥了不可替代的重要作用。健康旅游体系建设规划的实施，使国际健康旅游技术服务质量和治理水平得到明显提高。以高新技术引领并抢占国际市场的制高点，对产业发展总体思路、战略定位、目标要求、重点任务、安排部署和实施路径进行全面系统设计。通过多种渠道指导、支持和帮助中国健康旅游机构与国际旅游市场建立广泛联系，使中医药、养生保健、辨证施治、治未病和康复系统整体综合调理的作用得到充分发挥，彰显重大疾病有效防治的应用价值。

（二）总体思路的思考及依据

2021年是中国共产党成立100周年，是全面建成小康社会、开启建设社会主义现代化国家新征程的第一年，处于两个100年的交汇期。党的十九届五中全会通过了《中共中央关于制定国民经济和社会发展第十四个五年规划和二〇三五年远景目标的建议》，提出实行高水平对外开放，开拓合作共赢新局面。在习近平新时代中国特色社会主义思想指引下，我们要坚持"以人民为中心、以健康为根本"的新发展理念，坚持新时代卫生健康工作方针，构建以国内大循环为主体、国内国际双循环相互促进的新发展格局。

按照统筹推进"五位一体"总体布局的要求，保护生态环境和自然资源，传承和创新发展历史文化，整合优化体育健身、健康科学、现代医学和传统医学资源，构建多元利益主体共建共享的国际健康旅游治理体系，充分调动和发挥社会组织、企事业单位、学校、社区等各方面的积极性、主动性、创造性。加快高新科技，特别是新一代信息技术在健康旅游领域中的应用，重塑医药卫生管理和服务模式，创新发展国际健康旅游的新体制、新机制和新模式，探索建立"生态、健康、文化、美丽、幸福"的新规则、新标准及新的品牌体系。加快资源污染型经济向健康服务型经济、知识经济、互联网经济、智慧经济转型升级发展。加强国际健康旅游学科、教育和人才建设，鼓励和支持发展国际健康旅游智库、产业学院、商学院及科研机构，设立国际健康旅游重点学科和人才岗位。在综合性大学开设国际健康旅游专业，实施专项培养计划。

紧密结合《首都功能核心区控制性详细规划（街区层面）（2018年~2035年）》，雄安新区规划纲要，自贸区试验区，粤港澳大湾区、长三角、京津冀等区域协同发展战略和乡村振兴、东北老工业基地振兴战略，开发多样化、多层次的健康旅游城市和服务园区。推动国际健康文化旅游服务贸易交流与合作，促进国际健康文化旅游服务新消费。开拓国际健康文化旅游服务新市场，促进人的身心健康、身心康复。带动文化养生、营养保健、娱乐健身、异国医疗卫生发展，提高国际健康旅游向心力、凝聚力、影响力。

通过发展国际健康旅游产业，有力增进国际政治互信、经济互联、文化贸易互通、医药医疗医保和教育人才准入与评价制度互认，推进全球环境治

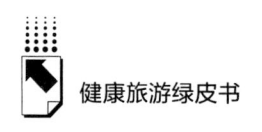

理、生态保护、气候变化适应，预防和控制重大疾病与不安全因素，促进世界和平与安全，积极构建人类卫生健康共同体。

（三）发展目标的提出及依据

党的十九届五中全会确定了建设中国特色社会主义现代化国家的奋斗目标，进一步明确国家"十四五"规划、制度设计和重点建设任务。新冠肺炎疫情全球大流行带来的百年未有之大变局和国际国内形势巨变，也给国际健康旅游带来了新机遇、新挑战和新需求。"十三五"时期，中央确定"健康中国"战略，提出《"健康中国2030"规划纲要》《健康中国行动（2019－2030）》《中共中央 国务院关于促进中医药传承创新发展的意见》《国务院关于促进旅游业改革发展的若干意见》，全国人大颁布了《中华人民共和国基本医疗卫生与健康促进法》《中华人民共和国中医药法》《中华人民共和国民法典》。在应对新冠肺炎疫情全球大流行的过程中，《国际卫生条例》为世界各国人民所熟知，全国人大又及时颁布了《中华人民共和国生物安全法》，为研究制定中国国际健康旅游发展目标提供了法律、政策制度和科学依据。按照习近平总书记健康观和构建人类卫生健康共同体的愿景，把人民健康放在优先发展的战略位置，继续深化医药卫生体制改革，推进治病为中心向人民健康为中心转移，传承和创新发展中医药的理念、基本理论、技术服务、文化与哲学思想及中西医并重的经验与模式，落实"三全"（全人群、全生命周期、疾病全过程）管理的要求，构建国内国际双循环高质量发展新格局，不断增强获得感、安全感、幸福感，确立新时代中国国际健康旅游的发展目标，包括总体目标和阶段目标。

1. 总体目标的构想

建立起以生态环境为依托，以健康为基础，以科技为先导，以文化为引领，以旅游为主线，以经济为支撑的系统完整、结构优化、功能完备、保障有力的中国国际健康旅游产业体系，形成一批具有较强创新能力、国家影响力和国际竞争力的大型企业、产业集群及系统服务链，成为国民经济新兴支柱产业，带动健康美丽城市、健康美丽社区、健康美丽乡村建设。

2. 分阶段目标的思考

按照中央确定的发展目标和国民经济社会发展节点要求，结合国内外发展实际，可以将中国国际健康旅游产业分为四个发展阶段。按照健康中国行动要求，同步确定第一阶段（2019~2022年）；"十四五"规划截止为第二阶段（2023~2025年）；健康中国行动收官之年，也是"十五五"规划截止为第三阶段（2026~2030年）；美丽中国收官之年，即"十六五"规划截止为第四阶段（2031~2035年）。

第一阶段的发展目标。2022年是实现健康中国行动第一个目标之年，是健康融入所有政策理念、健康风险管控机制基本建立之年，也是健康中国建设取得初步成效之年。国家健康旅游示范基地取得阶段性成果，数量和规模进一步扩大。中国国际健康旅游组织网络基本形成，国际健康旅游学科和人才队伍初步建立，相关政策制度和标准规范进一步完善，国际健康旅游产业初具规模。出台一批国际健康旅游试点地区和试点城市。

第二阶段的发展目标。2025年是国家"十四五"规划收官之年，健康中国行动进入中期，健康环境基本形成，公众健康素养普遍提高，健康文化明显提升，健康管理和健康促进取得明显成效，为发展国际健康旅游产业打下良好基础。国际健康旅游产业体系基本建立，国际健康旅游治理体系基本形成，国际健康旅游法制管理取得明显成效，服务能力显著提升。国际健康旅游人数比"十三五"末增加2倍，健康旅游产业规模达到1万亿元，成为国家健康产业的桥头堡和带动休闲旅游的生力军。全国5A级以上旅游城市国际健康旅游实现全覆盖。

第三阶段的发展目标。2030年是全面建成健康中国之年，国际健康旅游活动得到普及、健康旅游服务整体优化、健康旅游保障基本完善、健康旅游环境普遍提升、健康旅游产业发展壮大，带动共建"一带一路"国家发展，国家影响力大幅度增加，为健康旅游国际化发展创造非常有利条件。国际健康旅游成为"一带一路"发展的重要组成部分，健康旅游产业规模达到2万亿元。全国4A级以上旅游城市国际健康旅游实现全覆盖。国际健康旅游管理制度成熟定型。

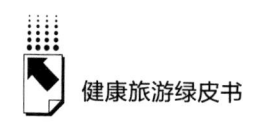

第四阶段的发展目标。2035年中国特色社会主义现代化国家基本建成，美丽中国目标全面实现，与美丽中国相适应的国际健康旅游产业走在世界前列。国际健康旅游学科健全，人才队伍不断壮大。健康旅游产业规模达到3.5万亿元。全国3A级以上旅游城市国际健康旅游实现全覆盖。

（四）重点任务和建设工程内容建议

1. 开创国际健康旅游新格局

一是推进旅游由行政管理向健康旅游现代治理转型发展。面对新冠肺炎疫情全球大流行带来的百年未有之大变局，中央提出构建"国内国际双循环相互促进的新发展格局"，既开发国内市场，又拓展国际市场，两条腿走路，两方面相互促进。要认真贯彻落实《"十四五"文化和旅游发展规划》要求，加快制定和实施《国家卫生健康事业"十四五"发展规划》，完善国际健康旅游战略、规划、法律法规、监管体制、经营资质、质量标准、检验检疫、认证认可、运行管理等各部门、各行业、各系统、各单位、各环节的相互衔接和联动机制，积极推进政策、规则、标准联通，特别要加强国际健康机构、教育、学科与人才培养、服务和管理建设。

二是优化健康旅游市场布局。深化公共卫生、智慧健康医疗、绿色发展、科技教育合作，促进人文交流。构建网格化管理、精细化服务、信息化支撑、开放共享的国际健康旅游管理服务平台。创新区域、国家、国际健康旅游治理，推进区域社会治理现代化。优化健康旅游市场布局、产业结构、合作交流与服务方式，构筑互利共赢的国际健康旅游产业链和供应链体系，坚持"中西医并重"方针，提高传统医学和现代医学服务质量，增加引进优质健康医疗资源，实施健康旅游贸易投资融合工程，构建国际健康旅游物流体系，发挥政府投资撬动作用，激发民间投资活力，形成市场主导的投资内生增长机制。

三是加快发展新型健康文化旅游消费模式。创新发展健康文化旅游企业、健康文化旅游业态、健康文化旅游消费模式。规范发展健康文化旅游产业园区，推动区域健康文化旅游产业带建设，建设一批丰富文化底蕴和优质医疗资源紧密融合的世界级健康文化旅游景区和度假区。打造一批文化特色鲜明的国家（际）级健康旅游休闲城市和街区，发展生态健康美丽乡村旅游。

四是增强获得感、安全感、幸福感。坚持以企业为主体，以市场为导向，遵循国际惯例和债务可持续原则，健全多元化投融资体系。积极发展商业医疗保险，建立和完善国际健康旅游保险制度，拓展健康旅游保险险种。以优质品牌为重点，促进健康旅游消费向安全、绿色、生态、健康、文化、美丽发展，增强获得感、安全感、幸福感，构建人类卫生健康共同体。

2. 探索建立中国国际健康旅游治理体系

随着全球经济社会的快速发展，国际旅游发生了深刻变化，由单纯旅游开始向医疗健康、康复护理、文化养生和休闲度假旅游等融合发展，并成为新兴服务业态，在某些发达国家已经成为支柱产业。此外，各国医疗健康服务管理体制、运行机制、发展模式、相关资源及特色不同，迫切需要建立国际健康旅游治理新体系。WHO、世界旅游组织和有关医疗健康集团、旅游企业紧密合作，建立由智库组织、非政府组织和政府相关部门组成的现代治理结构，统筹推进设计规划、政策制度、运行规则、标准规范、品牌体系、技术合作、产业协同、市场规范等方面的系统化、整体化管理，促进国际健康旅游产业发展。

中国国家卫生健康行政部门与文化和旅游部、国家发改委、工业和信息化部等部门要共同研究制定国家健康旅游产业发展规划，积极借鉴国际健康旅游的治理经验，探索建立中国国际健康旅游治理体系，搭建中国国际健康旅游信息化支撑、精细化服务、网格化管理、共建共治共享的综合咨询评估监管平台，创新区域健康旅游治理体系，推进国际健康旅游治理现代化。

一是探索建立国际健康旅游联动协调机制。明确由国务院常务副总理牵头，形成国家发改委、外交部、工业和信息化部、人力资源和社会保障部、国家卫健委、文化和旅游部、自然资源部、国家市场监督管理总局、国家医疗保障局、国家体育总局等国务院有关部门的联席会议机制。按照中央和国家机构改革分工要求，履行各自职责。健全中国国际健康旅游服务体系，由

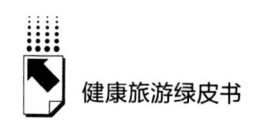

国家和地方卫生健康、文化旅游部门及其行业系统、企事业单位和社会力量协同，开展国际健康旅游相关法律法规、政策制度、战略规划制定，重大问题研究和服务产业发展与市场监管等工作。下设国际健康旅游联动协调办公室，负责统筹协调和日常管理工作。卫生健康行业与文化旅游行业在基层组织和社区要根据政府和市场发展需要，结合广大公众医疗健康的需求，精诚合作，从组织建设、人力资源、运行机制、工作流程、服务规范、市场规则、产业协同、保障措施等方面全面融合，形成紧密型中国国际健康旅游联合体。

二是加强国际健康旅游智库组织建设。贯彻落实中央建设新型智库组织的决策部署，积极组织资深政治思想、战略规划和理论基础扎实且一线实践经验丰富的专家，成立中国国际健康旅游智库。该智库由健康医疗、中医药、公共卫生、食药监管、文化旅游、体育健身、食品营养、经济、政策、规划、法律、标准和管理等领域的专家组成，主要承担国内外健康旅游法律法规、政策制度、战略规划、标准规范和品牌体系等研究工作，推进科技成果转化，搭建政府与专业机构、企业及市场的桥梁，成为引领生产力发展的始动者、宏观政策制度的评估者、战略规划的先导者。

三是健全中国国际健康旅游社团组织。要充分发挥中国在国际健康旅游中的组织制度优势、历史文化旅游优势、传统医学资源和中西医结合优势，完善组织机构，吸收国内外有关方面力量，扩大和凝聚优质资源，壮大高层人才队伍，形成国际健康旅游闭环服务和系统开放式管理，提高运行效率和经济社会效益。要进一步加强中国旅游协会健康旅游分会建设。按照中国旅游协会有关工作部署，加强全国健康旅游行业机构自身建设，协同推进行业自律管理工作，协调推进国家健康旅游治理，增强与世界医疗旅游协会和世界中医药学会联合会组织的联系，促进先进理念、理论、规则、标准、技术服务和管理等方面的合作与交流，加快破除阻碍国际健康旅游发展的藩篱，完善健康旅游市场机制，促进持续协调高质量发展。

四是创建中国国际健康旅游联盟。认真贯彻落实党的十九届四中全会统筹推进国家治理体系和治理能力现代化目标要求，借鉴联合国及WHO健康治理规则与经验，按照"自愿、公平、公正、公开、共建、共享"原则，将隶属于不同主管部门和社会团团体的健康旅游企业、学（协）会、专业机构、金融保险证券机构、文化旅游企业、智库组织、政府部门，以及非政府组织有机地联合在一起，创建全国性、行业性、非营利性国际化产业联盟。该联盟由国际医院集团、健康旅游机构，以及卫生健康、文化旅游、外交等政府部门及行业协（学）会、健康智库和非政府组织等组成。该联盟设立理事会、监事会、会员代表大会。明确主要职责：负责国际健康旅游体系内各联盟成员沟通协调与运行管理，共同研究制定国际健康旅游的规则、标准和品牌体系，统筹推进健康旅游服务产业、市场运行和发展。在联盟内设立秘书处，负责统筹协调和日常事务管理。此外，成立联盟依托的经营管理企业，负责联盟内部商业、经济、财务、安全、后勤保障等运营管理工作。

3. 加强国际和国家健康旅游法律建设

国际健康旅游产业是一项复杂的系统工程，涉及诸多领域，受到世界各国多元法律的约束。随着经济社会快速发展，依法管理的内容和范围还在不断变化。当前，要加快研究制定国际和国家健康旅游相关法律，明确政府、社会、企业、专业机构、社区、个人等在健康旅游中的义务和责任，以及彼此之间的边界和相互联系，进一步完善执法和监督管理工作，努力做到保护好安全红线、守住好法律底线。在此基础上，积极深化改革，不断创新发展，提升健康旅游水平。

4. 完善国际健康旅游疾病监测预警网络

认真履行联合国成员国和联合国安理会成员国国际健康旅游职责。把国际健康旅游公共卫生安全、生命安全和生物安全放在首要位置，健全全球重大疾病监测网络和预警分析系统。按照新冠肺炎疫情防控要求，继续完善新发和再发传染病及其耐药性、群体免疫监测预警系统，包括病原学、症状、确诊病例、疑似病例、无症状病毒携带者、治疗、疫苗接种等系统监测，建立基础监测和暴发、流行、大流行监测及预警模型，确保国际健康旅游良性协调发展。

5. 开启新时代国际健康旅游产业建设工程

一是创建国际健康旅游先行示范区。按照中央新发展阶段的要求，及时

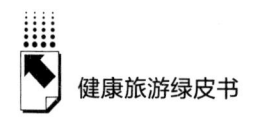

总结我国健康旅游示范基地建设经验和教训，借鉴国际健康旅游的发展模式和管理制度，开展系统评估，提高各级党委和政府以及全社会对发展国际健康旅游重要性的认识，充分调动国际健康旅游各有关单位的积极性、主动性和创造性，研究制定相关管理规则、标准规范和品牌体系，鼓励和支持创建国际健康旅游先行示范区（城市）。破除体制机制障碍，探索建立适应国际健康旅游市场发展需要的新体制和新机制，瞄准全球领先且较为成熟的健康旅游领域，发挥养生保健、预防、医疗、康复、护理在推进经济结构调整、产业转型升级中的基础作用，让国际健康旅游各有关方面都能够及时享受改革发展的红利。同时，加强健康旅游硬件设施建设，加大力度推广新兴技术发展，实施依法科学监管，深化放管服有机结合。充分发挥国家在各省设立的自由贸易试验区（港）的作用，加快利用生物技术、新材料技术、人工智能技术等进行创新产品的研发与临床应用，打造具有国际竞争力的健康旅游城市（地区）品牌。

二是加快建设国际健康旅游幸福园区。按照国家新型城镇化建设、健康中国行动和美丽中国的发展要求，坚持以人民为中心、以健康为根本的新发展理念，整合优化城市和产业健康相关资源和要素，以公共卫生安全为基础，以生态环境为支撑，以医疗健康服务为核心，以文化旅游和体育健身休闲为先导，按照"生态、健康、文化、美丽、幸福"的新标准，用健康旅游产业带动健康建筑、健康园区、健康小镇、健康企业、健康学校建设，推进乡村振兴、新型城镇化、产城融合全面发展，打造全域国际健康旅游幸福园区。

三是加强中国国际健康旅游产业平台建设。在各级党委和政府坚强领导下，注重发挥各级财政资金牵引器和稳定器的作用，鼓励和引导社会力量及国外资源参与国际健康旅游产业平台建设，主要包括产业集群、服务链条、咨询服务、人才交流、科技成果转化、健康金融保险、产权交易、物流保障、运营管理、政策制度支持等有效对接、互换（认）、集成集约，形成闭环与合力运行机制，打破内外环境壁垒，提高工作效率和精细化、精准化管理水平，达到事半功倍的目的。

四是建设国际健康旅游研究院和国际健康旅游产业（商）学院。国际健康旅游是一项新生事物，需要新理念引领、新理论支持、新制度先行，加快推进相关学科、人才、技术、管理协调发展。在我国发达地区和国际健康旅游先行示范区，设立国际健康旅游研究院，建设国际健康旅游智库基地。研究国际健康旅游战略规划、政策制度、法律法规、标准规范、品牌体系、现代管理，以及集成技术、成果转化和市场推广与服务，从理论、科技和政策制度创新破解重大疑难问题，创建新经验和模式，指导和帮助服务能力与管理水平提升。

加强国家级医科大学、健康大学、旅游大学联动合作，共同建设国际健康旅游产业学院和商学院，培养高层次决策、宏观管理、高新技术产业服务与管理的"双高"人才。在国家级综合性大学或地方医学院校、健康学院、旅游学院开设国际健康旅游产业学系和商业学系，设立相关专业，培养健康旅游产业和商业实用型人才。

五是发展国际健康旅游产业集群和系统服务链。国际健康旅游服务是一项集社会、经济、科技、文化于一体的复杂系统工程，需要创新思维、跨界融合发展。按照国家（际）健康产业发展规划及国家（际）标准体系要求，加快推进传统产业转型升级生态健康文化产业，创新发展以健康为核心的国际健康旅游产业集群，主要包括全域生态健康旅游、健康文化旅游、中医药治未病、养生保健旅游、健康养老旅游、营养健康旅游、体育健身旅游、休闲娱乐旅游、医疗整形美容旅游、医疗旅游和智慧健康旅游服务业，以及生物医药、营养保健、康复护理、免疫功能提升、抗衰老与再生医学、健康监护等产品和高端医疗器械研发及制造等产业集成、企业运营管理，促进政产学研服融合发展。在国家医疗卫生服务体系建设和应对新冠肺炎疫情取得阶段性成果的基础上，健全系统、整体、精细、精准的整合型医疗健康服务链，不断完善健康旅游机构和健康旅游跨境服务体系，积极建立航空医学服务和空地一体化国际医疗应急救援体系，创新发展智慧健康旅游服务体系，形成多样化、多层次、个性化、定制化健康旅游服务新业态。

六是发展国际健康旅游产业集团。为整合国际健康旅游优质资源、加大扩容高质量服务、增强国家综合实力、提高集约效率、适应我国发展战略需要，鼓励和支持有条件的地区，优化各类医疗健康相关资源及要素，建设具有国际竞争力的国际健康旅游产业集团，专门从事国际健康旅游研究、开发、转化、生产、服务和闭环管理，包括上、中、下游生产经营企业。上游企业包括原材料、要素和生产型企业；中游企业包括服务型企业和运营管理企业；下游企业包括市场经营企业及服务供应链企业。对集团内的组织机构、人才、资产、信息、技术等要素实行统一规划、统一规范、统一管理，提升多领域、多层级交互叠加的倍增效能，打造国际健康旅游产业主力军。

6. 研究制定国际健康旅游标准体系

积极借鉴国际健康旅游标准体系发展经验，结合我国实际，研究制定符合国际规则的健康旅游基准、分类标准和专项标准，建立中国国际健康旅游标准体系，主要包括国际健康旅游基准和国际健康旅游城市标准、国际健康旅游康养小镇标准、国际健康旅游机构标准、国际健康旅游康养产品标准、国际健康旅游服务标准、国际健康旅游产业标准等。

7. 创建中国国际健康旅游美丽幸福品牌体系

2016年，习近平总书记在全国科技创新大会上发表建设世界科技强国而奋斗的重要讲话，强调发展人文科技观，双翼齐飞共创人类美好未来，让人文与科技接轨，让科技闪耀人文之光。[①] 发达国家在医院建筑、康复机构、康养基地设计融入文化艺术美学的表现形式和医疗健康服务软实力提升等方面的经验与模式，值得学习和借鉴。2020年，习近平总书记在科学家座谈会上的讲话，强调"四个面向"：面向世界科技前沿、面向经济主战场、面向国家需求、面向人民健康。打造国际健康旅游美丽幸福品牌是构建人类卫生健康共同体的迫切需要，是建设社会主义现代化国家的必然要求，是高质量发展的集中体现。因此，要把研究制定健康旅游美丽幸福品牌管理制度放在重要位置。创新发展国际健康旅游管理规则和标准体系，建设国际健康旅游城市品牌、国际健康旅游康养小镇品牌、国际健康旅游机构品牌、

---

① 《习近平的人文科技观：双翼齐飞共创人类美好未来》，中国青年网，2016年6月4日。

国际健康旅游康养产业（品）品牌、国际健康旅游服务品牌和专业队伍品牌。

8.建立健全国际健康旅游金融保险新机制

国际医疗保险制度和卫生金融财税制度是医学国际化与全球健康的重要支撑和保障。发展国际健康旅游必须与国际医疗保险制度和国际健康保险制度紧密结合，积极开拓国际健康旅游保险新品种，扩大医疗保险向健康旅游保险、康复保险、护理保险等险种拓展。完善国际医疗旅游目的地国家就医结算互认机制和国际健康旅游财税投入与有效支出机制。为此，要按照国家（际）健康产业金融政策和健康保险制度要求，学习借鉴国际健康旅游投融资和健康保险管理经验及政策，加强健康文化旅游贸易投资融合工程建设，加快补齐公共安全、生态环保、公共卫生、民生保障等领域短板，扩大健康医疗服务产业投资，推进重大生态系统保护修复、公共卫生应急保障等一批强基础、增功能、利长远的重大项目建设，有序扩大健康旅游服务对外开放，依法保护外资企业合法权益，健全促进和保障境外投资法律、政策和服务体系，坚定维护中国企业海外合法权益。

展望未来，在习近平新时代中国特色社会主义思想指引下，中国开启建设中国特色社会主义现代化国家新征程。在新发展阶段，要牢固树立"以人民为中心，以健康为根本"的新发展理念，积极探索适应国内国际双循环高质量发展的新路径，开创国际健康旅游产业新格局，为构建人类卫生健康共同体而努力奋斗。

# G.8
中国打造国际健康旅游目的地发展思考

张 瑾[*]

摘 要： 本报告以国际健康旅游服务机构为研究对象，梳理已有探索和存在的问题，并总结出打造国际健康旅游目的地的概念模型。目前公办和民营医疗机构都在积极开展国际健康旅游业务，中医药的显著疗效和达到世界领先水平的中西医分工协作疗法得到国际患者的认可，但仍存在公立医院优质医疗资源集聚与特需服务占比不能超10%、民营医院优质医疗资源相对缺乏、医疗服务理念无法满足国际健康旅游需求、产品定位不清晰、市场监管有待加强、医疗与旅游部门没有形成紧密协作关系等亟待解决的问题。打造国际健康旅游目的地，就必须具备核心的竞争力，提供两种优质服务，提升三项管理能力，拥有四个基础条件，给予五个政策支持，打造六个获客渠道。

关键词： 国际健康旅游　国际医疗旅游　目的地

健康产业被认为是继IT产业之后的财富第五波，"健康旅游"又称为"医疗旅游"或"健康医疗旅游"。新冠肺炎疫情引起了人们对健康更深层次的关注，健康旅游需求将大增，将成为危机中谋求转型的重要市场。国际健康旅游是健康服务和国际旅游融合发展的新业态，带火了韩国和瑞士的医

---

[*] 张瑾，博士，中国国际经济交流中心研究员，研究方向为大健康事业和产业规划。

疗美容、德国的抗衰老服务、日本的血液清理和美国的肝癌手术等服务项目。当前抓紧建设满足全球健康和医疗需求的健康旅游产业，打造国际健康旅游目的地具有重要意义。国际健康旅游目的地可以是一个国家、一个示范园区，也可以是一个医疗机构，国际健康旅游目的地的打造需要医疗机构的优质医疗技术和服务，本研究以打造有核心竞争力的国际健康旅游服务机构为研究对象，梳理已有探索和存在的问题，并总结运营模式。

一 中国打造国际健康旅游目的地的积极探索

国家政策的支持和倡导为发展国际健康旅游创造良好环境，大量的公立医院和民营医院都积极开展国际健康旅游项目，现代医学的肿瘤治疗、具有独特优势的中医药慢病调理项目和中西医结合的现代医学某些领域已达到世界领先水平，受到国际患者的认可。

（一）公办医疗机构积极开展国际健康旅游业务

在北京、上海、广州等地区，国际高端健康医疗旅游服务逐步发展，医生设置、医疗资源整合、流程规范化和制度建设等已日益完善。部分公立医院建立了国际医疗服务部，开设的国际医疗业务在满足高端服务需求方面发挥了重要作用。中日友好医院国际部、广安门医院国际医疗部、暨南大学附属复大肿瘤医院、北京语言大学医院国际医疗部等多家机构都开展了国际医疗旅游服务项目。

比如，北京中日友好医院国际部，国际患者来自153个国家和地区，占到门诊量的20%，该院国际部主要面向各国驻华使馆与领事馆官员及家属、外资与合资企业的企业家及家属、来华学习工作的外国专家及家属、观光旅游的外宾、国际医疗保险客户、国内商业健康保险客户，提供保健、门诊及住院医疗服务。来自87个驻华大使馆工作人员在国际部就诊，俄罗斯、日本、澳大利亚、巴基斯坦、乌克兰、尼泊尔、蒙古国等驻华大使均在国际部就诊，同时开展商保服务，为日本国际学校、美国使馆等高端消费群体查

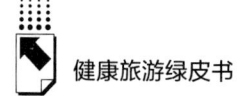

体，被北京市交通管理局指定为外籍驾驶员定点体检单位。大量患者专程从国外前往中日友好医院寻求医疗服务。医院严守护理质量与安全的关卡，畅行"温暖医疗"的理念，近4年各项医疗指标快速增长、患者满意度提升，业务量和业务收入增幅显著。2018年10月，中日友好医院通过 ISO 9001 认证，建立风险识别与防范机制，保障了医疗服务质量和患者的合法利益。国际部为全院各专业科室打造国际医疗及医疗旅游的服务平台，为来自全球的患者提供优质、便捷的医疗服务。

2017年5月30日，首批中医药国际医疗旅游项目被北京市中医管理局批准，包括头痛针灸和失眠中医综合治疗等30项，首都医科大学附属北京中医医院、中国中医科学院广安门医院等15家被指定为服务包单位。[1] 比如，北京中医药大学东直门医院国际医疗部，依托东直门医院丰富的中医特色服务项目和强大的专业团队，在国际医疗部设置了针刺、艾灸、推拿、中医体质辨识、熏蒸、药浴、刮痧、名老中医门诊、保健茶体验、传统饮片调剂等旅游体验项目，这些项目以中医养治为核心，并根据游客和合作方需要，在不影响疗效的基础上进行适当调整。提供的有代表性的服务项目包括，魅力与健康之旅——减肥与降脂中医养治，达到减肥与美体、降脂与健康双重功效；唤醒活力之旅——亚健康状态中医养治，达到改善其自觉症状，使其恢复活力等疗效。

（二）民营医疗机构积极开展国际健康旅游业务

中国健康旅游发展还在起步阶段，健康旅游市场主要分布在北京、上海、广州等医疗技术先进的地区。民营医院因其全科的专业化医疗背景、外籍医师、市场化运作及与国际保险公司合作更灵活等优势吸引了一批外籍患者。一些具有知名度、美誉度的民营医院技术达到世界一流水平，比如，暨南大学附属复大肿瘤医院建立了多学科肿瘤治疗体系，在传统手术、放疗、

---

[1] 《北京发布首批30个中医药国际医疗旅游服务包项目》，中国政府网，2017年5月30日，http://www.gov.cn/xinwen/2017-05/30/content_5198250.htm。

化疗基础上开展特色治疗技术——冷冻治疗、肿瘤消融治疗技术、介入治疗技术、疑难肿瘤手术治疗、光动力治疗术、经皮化学消融疗法、中医药疗法，以减轻肿瘤患者的痛苦，费用不及发达国家1/3，取得较好的疗效和口碑。管理团队独创包括基本服务、预期服务和惊喜服务在内的BEU服务模式，给患者提供入院前到出院后细致的服务，让患者感受到体贴温暖的人文关怀。精湛的技术，真诚的服务，吸引了来自美国、英国、日本等100多个国家和地区的外籍病人，外籍病人约占住院病人50%。据徐克成院长介绍，该医院从2004年接受国际患者，到2019年底，共有18950人入院治疗，住院34508人次，患者来自110个国家和地区，主要分布在共建"一带一路"国家，有皇族成员、王子、部长、将军和富商等高端消费群体。

（三）中医有效药物和疗法得到国际健康旅游患者的认可

中医药在糖尿病、心脑血管病、恶性肿瘤等慢性疾病防治中能够发挥重要作用。中医药价格低廉，在治疗慢性疾病、疑难病及西药不能治疗或疗效不理想的情况下，具有不可替代的优势。比如，目前全球约4.15亿人患糖尿病，其中Ⅱ型糖尿病占90%以上，国际糖尿病联盟预计到2045年，将有近7亿糖尿病患者。糖尿病会引起失明、血管病变、肾脏损伤、神经病变等并发症，对个人、家庭和社会造成巨大经济负担，2015年11.6%的全球医疗消费6730亿~11970亿美元用于糖尿病治疗。[1] 贵州百灵投入巨资挖掘民间苗族中医药秘方，研制的糖宁通络对糖尿病并发症治疗取得西药无法达到的显著疗效。按照秘方生产的糖宁通络获得省药监局临床批件，301医院临床试验证明糖宁通络胶囊能够显著改善Ⅰ型和Ⅱ型糖尿病及其并发症，[2] 对服药时间超过3个月的患者治疗结果显示：一是糖化血红蛋白水平和空腹血

---

[1] 国际糖尿病联盟（IDF）：《糖尿病地图》，2019年4月5日，https://www.360kuai.com/pc/9fb345e25ff9160b7?cota=4&kuai_so=1&tj_url=so_rec&sign=360_57c3bbd1&refer_scene=so_1。

[2] 《贵州百灵首次发布解放军总医院临床试验成果证实糖宁通络安全有效》，东方财富网，2020年9月1日，http://finance.eastmoney.com/a/202009011616099173.html。

糖显著降低；二是糖尿病患者的多食、多尿、多饮等中医症候显著减轻，部分患者临床治愈；三是干预并发症有一定作用，性功能障碍、视网膜病变、糖尿病足患者出现明显好转。贵州百灵将"糖宁通络胶囊"的临床试验业务委托给日本国际商务株式会社，国际商务株式会社协同日本世界健康医术学会，委托日本大学医学部相关医院及合作医院开展的临床试验结果显示，糖宁通络胶囊总有效率为71%（其中糖化血红蛋白改善率达56%）。[1] 日本、中国香港以及新加坡等东南亚的许多患者到贵州百灵的糖尿病医院住院调理，良好的细胞修护和降糖效果得到了患者的好评。

（四）中西医分工协作疗法达到世界领先水平吸引国际患者

中西医分工协作治疗方式具有国际领先水平。中国在某些领域的治疗水平达到了国际一流水平，而价格比欧美等发达国家更具竞争力，性价比很高，对国际患者极具吸引力。比如，中关村肿瘤微创治疗产业技术创新战略联盟的肿瘤微创消融手术技术和中西医结合肿瘤微创诊疗整体解决方案，处于国际领先水平，肝肿瘤精准微创消融及中心型肺癌和纵隔肿瘤精准微创消融术，已获得优于传统治疗的效果。肿瘤微创消融手术，无须对患者进行全身麻醉，局部麻醉下即可实施手术，影像引导消融针直达病灶，做到亚毫米水平精准定位和精准治疗，术中影像增强扫描，精确评估治疗效果，确保无痛、精准、安全、有效去除肿瘤。通过这种微创治疗技术，医生几分钟内就可以完成对早期肝癌、肺癌的治疗，患者从进入手术室到离开手术室往往只需半个小时的时间，这种微创消融手术可以使肿瘤治疗成为日间诊疗。微创消融大幅减少手术时间，费用低、创伤极小，更大程度地保留了人体组织器官、生理功能和免疫功能，一旦出现复发情况，还可以重复应用。这种技术不仅适用于早期和中期肿瘤的治疗，而且对晚期肿瘤治疗效果也很好，真正做到了复杂手术简单化，难治肿瘤变得易治疗，不可治疗的肿瘤变成可治

---

[1] 《贵州百灵糖宁通络胶囊在日本完成临床试验糖尿病并发症显著改善》，21财经，2018年12月25日，https://m.21jingji.com/article/20181225/herald/ebd1037ecee7d67dc421207301a9c346.html。

疗，这是一类全新的颠覆性手术治疗模式。同时配合中医对患者的全面调理方案，可以帮助患者提升免疫力，治疗效果得到了海外患者的高度评价和认可。

二 中国打造国际健康旅游目的地存在的问题

（一）公立医院优质医疗资源集聚与特需服务占比不能超10%的矛盾

国际健康旅游主要面对国外高端市场，提供特需医疗服务，中国90%的优质医疗资源集聚在公立医院，公立医院具有人才、技术和品牌优势，有能力提供高品质医疗服务。公立医院在政策范围内有序开展特需医疗，可以更好地在新医改中发挥技术服务引领作用。特需医疗可以为医务人员提供更加合理阳光的收入渠道，体现其技术劳务价值，提高其工作积极性和主动性。但国家层面多个文件明确提出"公立医院在有效保障基本医疗的前提下开展国际特需医疗，提供特需服务的比例低于全部医疗服务的10%"，[①]医生提供高端医疗服务被约束，如很多医院规定，医生必须完成教学和科研任务、手术量和门诊量等基本医疗服务后，才能出特需门诊，这些规定主要是考核基本医疗履行情况，防止过高的特需服务偏离公益性。相关规定约束了公立医疗机构开展国际健康旅游的服务空间。

（二）民营医院优质医疗资源相对缺乏与满足国际健康旅游高端需求的矛盾

2015年国务院印发了《关于促进旅游业改革发展的若干意见》，鼓励形成一批健康旅游服务产品。2020年9月上海市卫生健康委发布首批10家国际医疗旅游试点机构名单，2021年四川省卫健委出台文件，鼓励公立、民

---

① 《新医改规定公立医院提供特需服务的比例不超过全部医疗服务的10%》，全程导医网，2009年4月7日，http://www.qcdy.com/html/news/jdnews/200904/17751.html。

营医疗机构合作开展国际高端医疗服务。各地政府都积极鼓励公立医院和民营医院开展国际健康旅游服务，国际高端医疗对医疗技术和医疗服务质量要求较高，国际医疗客户更加喜欢民营医院便捷的服务流程和舒适的服务环境，但中国民营医疗机构在品牌信誉、患者体验、经营管理、人才技术、质量安全、学科建设等方面整体提升缓慢。根据国家卫健委发布的《2019年中国卫生健康事业发展统计公报》数据，截止到2019年底，中国医院共34354家，民办医院22424家，占比65.27%，医院卫生工作人员数共计778.2万人，民营医院178.1万人，占比22.89%，民营医院就诊数5.7亿人次，庞大的民营医院数量，提供的社会医疗服务比重仅占14.8%。① 大部分民营医院医疗技术水平和综合实力不及公立医院，尚不具备满足国际游客日益增长的特需医疗服务的需求。长期以来，大部分民营医院医生主要是退休医生和小医生，主要依靠公立医院的医生多点执业和服务溢出来满足国际患者的需求，多点执业医生的争夺战激烈，同时遭到大医院管理者的拦截。招来了优秀人才但留不住人才正成为中国民营医院的主要痛点之一，顶级的医疗技术人才大多还是聚集在公立医院，科研领域民营医疗机构劣势明显，因此民营医疗还是会走差异化发展道路，弥补公立医院服务体验的短板和市场空缺，向国际化、高端化、专业化和特色化发展，获得国际患者和优质医生资源是不少民营医院需要攻克的难题。

（三）医疗服务理念无法适应国际健康旅游需求

国际健康旅游的患者有着不同的心理和语言需求、民族信仰和社会角色；具有较强的经济能力和较高的社会地位，服务要求高；在就医、体检、接受健康管理时，对医疗护理质量水平和医疗环境等方面，与普通患者相比，更期望差异化的医疗服务，需要较高的就医体验。医疗机构的高端服务包括优质就医服务、高品质医疗技术和高度安全服务三部分，国际健康旅游

---

① 国家卫健委：《2019年卫生健康事业发展统计公报》，2020年6月6日，http://www.nhc.gov.cn/guihuaxxs/s10742/202006/632278fb44a34bcfbb440a7dd5642c1d.shtml。

患者首先看重的是疗效，同时对就医时间、流程、环境等需求高端化和多样化，为了能够享受更优质、更便捷的医疗服务，愿意支付一定的费用。高端医疗服务以全方位、高品质和便捷的服务满足国际需求。中国医疗机构的医疗技术服务和医疗安全水平较高，国内高水平的医疗机构在检查检验能力、设备配置、医疗技术等方面不低于国外知名医疗机构，在有些领域优于国外医疗机构。但国内医院的国际医疗服务水平还存在较大差距，缺失优质就医服务。出现"三长一短两差"的现象，检查预约时间长、候诊时间长、排队时间长，医生沟通时间短，体验差，服务态度差，无法满足国际健康旅游服务的需求。

（四）中国国际健康旅游产品定位不清晰

中国已形成多类型特色旅游产品，但产品吸引力较弱且未形成品牌优势。国际健康旅游典型国家具备医疗服务定位清晰、品牌特色突出的特征。比如，泰国的很多医院通过了 JCI 国际认证，医生大多获得了欧美的执业执照，在慢性肾病、肿瘤、试管婴儿、心脏病等领域的医疗水平与欧美持平，2019 年 320 万外国患者到泰国就医。[①] 大量印度医生到美国留学，学成后回到印度执业，在整容和牙科、神经和脊柱外科、心脏和矫形术等专科领域具备优势。新加坡的医生在肿瘤、骨科、神经学、胸外科等领域水平领先。目前我国的健康旅游项目特色不鲜明，定位不清晰。四大"先行区"强调引入国际先进医疗机构，提供的医疗服务规模大、业务全面，但业务能力并不强。中医药旅游主要采用特色中成药购买、养生知识讲座、中医药参观、康复疗养等模式，同质化严重，核心竞争力不突出。中国虽拥有特色中医，但难以大批量吸引国际游客，北京 30 个中医药国际医疗旅游项目，2017 年 5～12 月，半年诊治国际患者 1700 人次。[②]

---

① 《泰国 4 月无外国游客入境去年同期约 320 万人次》，手机网易网，2020 年 6 月 1 日，https：//3g.163.com/dy/article/FE1U8KB20519C6T9.html。
② 《中医药国际医疗旅游服务包获赞　外国人受惠中医药游》，新华丝路，2018 年 1 月 15 日，https：//www.imsilkroad.com/news/p/79269.html。

（五）国际健康旅游市场监管有待加强

国内部分跨境医疗服务机构在对接海外医疗资源、收费水平、患者服务等环节存在不规范现象。目前中国还没有保障国际健康旅游消费者权益的具体法规，没有专门的医疗签证、翻译助理及医疗纠纷调解仲裁员以保障游客权益，没有权威机构对健康旅游项目的推荐和评价，健康旅游业因涉及"健康"因素，会产生较高消费，如果在健康旅游过程中产生经济纠纷，消费者权益难以保障，亟须建立严格和完善的行业准则和监管制度。中国现阶段实行双轨制管理，卫生行政部门管理医疗机构，国家旅游部门管理旅行社，缺少整合资源的机构和部门。现阶段中国健康旅游激励或监管措施还不完善，体现在行业准入制度、产业监督管理和专业人才培养等方面。

（六）医疗与旅游部门没有形成紧密协作关系

国际健康旅游是新兴业态，医疗和旅游亟须深度融合，共同开展国际市场营销和开发产品。但当前中国的医疗和旅游是"两张皮"，未能有效整合资源，市场对接能力不强，大多数医院国际健康旅游的服务能力较低，运作经验缺乏。高度整合国际健康旅游资源的服务公司数量少，旅游服务公司没有完备的健康旅游经营体系。调研发现，中国十大入境业务旅行社极少有入境医疗产品，旅游机构业务推广热情不高，因为国内优质医疗资源稀缺，知名医院挂号难，国际健康旅游市场尚需要培育。医疗和旅游机构的收益分成和商业模式不清晰，医疗旅游合作项目落地较困难，医疗旅游产业链尚未形成。现阶段国内对健康旅游的宣传力度稍弱，旅游中介大多是推送境外健康旅游信息，而对国内健康旅游项目的推送力度不大。

三 中国打造国际健康旅游目的地的途径和建议

医疗旅游项目正处于市场的价值蓝海，除了把握先机，还需要政策支持、市场认同、机构推进、部门合作等多方协同，归根结底想清楚：做什么？怎么做？凭借什么可以吸引国际患者来消费？医生、技术、患者、服务、管理等方面要素的高效精准匹配是成功的基础。打造国际健康旅游目的地的总体目标是建设一流国际健康旅游目的地，打造卓越的国际健康旅游品牌，核心竞争力来自疗效显著的医疗产品和高品质的医疗服务，同时管理能力建设、基础条件完备、获客渠道打造和政策支持也非常重要，共同形成国际健康旅游目的地的123456概念模型（见图1）。

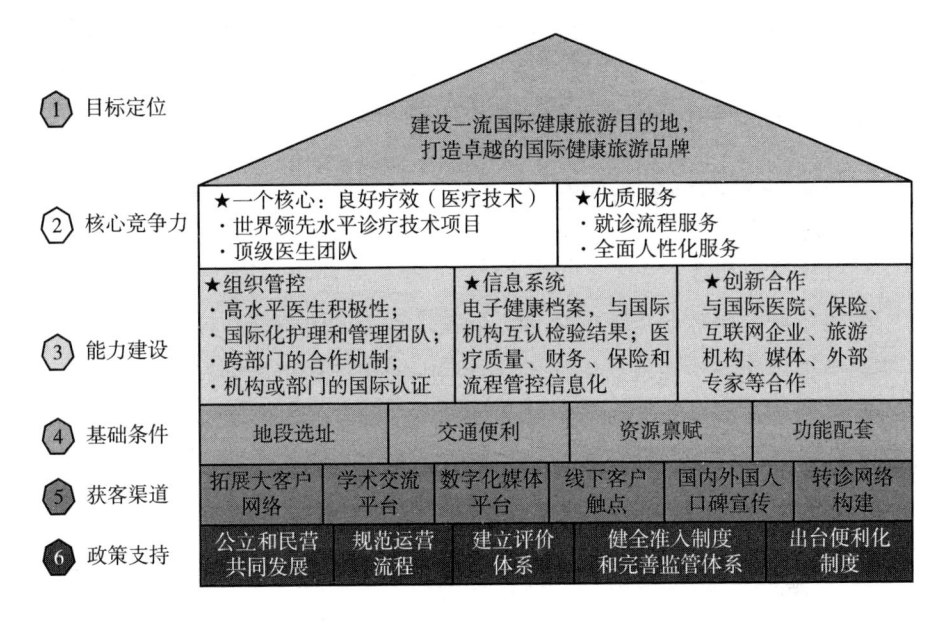

① 目标定位	建设一流国际健康旅游目的地，打造卓越的国际健康旅游品牌				
② 核心竞争力	★一个核心：良好疗效（医疗技术） ·世界领先水平诊疗技术项目 ·顶级医生团队		★优质服务 ·就诊流程服务 ·全面人性化服务		
③ 能力建设	★组织管控 ·高水平医生积极性； ·国际化护理和管理团队； ·跨部门的合作机制； ·机构或部门的国际认证	★信息系统 电子健康档案，与国际机构互认检验结果；医疗质量、财务、保险和流程管控信息化		★创新合作 与国际医院、保险、互联网企业、旅游机构、媒体、外部专家等合作	
④ 基础条件	地段选址	交通便利		资源禀赋	功能配套
⑤ 获客渠道	拓展大客户网络	学术交流平台	数字化媒体平台	线下客户触点	国内外国人口碑宣传	转诊网络构建
⑥ 政策支持	公立和民营共同发展	规范运营流程	建立评价体系	健全准入制度和完善监管体系	出台便利化制度

图1 国际健康旅游目的地概念模型

（一）具备核心竞争力

医疗技术是国际健康旅游的核心竞争力，医疗旅游客户群体最关注的是疗效和体验，优秀顶尖的医疗团队和服务团队是必备条件。治疗效果包括良好的疼痛管理、提高手术成功率、加速预后康复和延长生存期等多个方面。应充分立足资源条件和客群特点，分析细分市场需求，深入打造具有竞争力的核心特色医疗产品。在中国，辅助生殖、产科、医疗美容科、口腔科、减肥塑形占据国际特需医疗的大头，泌尿外科、神经内科、消化内科、肾内科

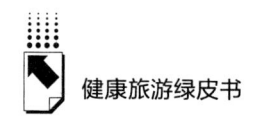

则紧随其后。中医院的骨科、疼痛科和理疗科，西医院的肿瘤治疗、中西分工协作的肿瘤微创治疗等科室和特色疗法世界领先。应以中医为特色"入口"，走中西一体兼容模式。打造中医特色慢病防治综合诊疗项目，培育达到国际一流水平又具价格优势的中西医合璧型诊疗项目，培育肿瘤类治疗、生殖辅助和复杂疾病治疗等达到世界一流水平的诊疗项目。为了更有效地实现市场预期目标，需要有准确的市场趋势认知和精准的客群判断，市场拓展的方向优先在共建"一带一路"国家，重点面向对中医药立法的国家推广，重点扩大港、澳、台市场，拓展欧、美、澳市场，稳定东南亚市场，巩固俄、韩、日市场，开发中东和西亚等市场。

（二）提供两种优质服务

1. 就诊流程服务

量身定制的医疗服务更能体现高端医疗服务的价值所在。改善医院预约的流程，提供便捷快速的就医通道，对国际健康旅游患者做到信息透明、便捷；优化院内就诊流程，做到"零排队"；改善诊室病房环境；做好与医保商保对接，提供便捷支付，试点"先就诊后支付"。

2. 全面人性化服务

人性化全程陪护，注重隐私保护，让客户享受到管家式服务。配备较高的床护比，培训并提供国际化高品质的服务；围绕患者及家属需求，建设软硬件设施，改善就医体验；建立机制及时听取患者反馈并改进。在选择服务机构的时候，跨境医疗患者会重点考虑提供后续治疗方案这个因素，应采用院外延伸+院内闭环的方式，院前预约、院中照护、院后随访延伸，建立全程一对一陪诊服务，由专人负责。

（三）提升三项管理能力

1. 组织管控

通过多种途径调动高水平医生积极性，能够吸来高水平医生，而且能够留住人；拥有一支具备国际化水平的专职护理和管理团队，进行职业素养、职业技能、形象设计和礼仪等培训和督导；建立跨职能部门的合作机制和文化，快速满足国际健康旅游消费的要求；机构或者部门通过权威的国际认证，保障医疗服务的国际化水平；引入质量管理体系，为就诊者提供流畅、舒适、高效、安全的就医体验。

2. 信息系统

依托5G网络、大数据、人工智能等新一代信息技术的支持，扩大数字贸易、远程医疗服务能力，提高信息化管理水平。以远程视频会诊方式，为患者节约就医成本，及时地给患者提供确诊和相关诊疗意见。推广电子病历，实现无纸化办公；建立国际健康旅游消费者的个人健康档案，与国际机构互认检验结果；支持医疗质量、财务和流程管控，通过大数据追踪保障服务质量；保险直营直付信息化。

3. 创新合作

与国际医院合作改进流程服务；与保险、互联网企业、旅游机构合作打造新模式；与媒体合作加大宣传力度，扩大影响力；借助外部专家持续推动医疗技术和服务改进；与海外健康领域的相关产业开展跨界合作，获得海外高端用户关注。与国际医疗中介服务机构合作，患者病症复杂性和不同语言增加沟通难度，使有购买能力的患者的跨境医疗服务需求被限制，为了增加跨境医疗的便利性，提高医患供需匹配度，需要专业性较高的中介机构为患者精准推荐和匹配国内专家和医院。

（四）拥有四个基础条件

1. 地段选址

地段、产品、服务都非常重要，地段不好拼产品、产品同质拼服务。根据客户集聚情况来分析，选址在国际游客人口密集区可以提供常见病的治疗，可以接受大医院的医生和病源外溢，如果是远离闹市区，需要提供的是专病服务，医院要有自己的优秀专家团队。

2. 交通条件

基础设施的通达便捷性是决定项目盈利能力的关键，包括高铁、飞机等

基础性旅游要素需要具备，方便国际健康旅游的消费者快捷到达和返回。为国际健康旅游目的地拓展国际航线，可以破解入境医疗旅游发展的空中交通"瓶颈"。

3. 资源禀赋

自然资源和人文条件优越，如水、空气、山海林湖及文化资源、历史资源等旅游要素较为丰富的区域，有利于身、心、灵的康复。

4. 功能配套

增加衍生消费的现金流，包括旅居度假型消费、康复疗养消费、文化艺术消费、商业购物消费、商务会务消费、衍生旅游服务消费、其他健康服务消费等。

（五）给予五个政策支持

1. 推动公立医疗机构和民营医疗机构共同发展入境医疗旅游业务

公立医院具备医疗技术和专家资源优势，是高端客户和大型保险公司的首选，可在保障基本医疗服务每年按一定比例增长的前提下，适当放宽对高端医疗服务量的限制。把民营医院培育成为国际健康旅游的供应主体，对有能力提供国际医疗服务的民营医院给予政策扶持，在购买医疗设备时给予税收减免，为民营医院提供土地和水电优惠，激励其提高医疗质量。

2. 规范运营流程

国际健康旅游服务是一项较为复杂的、涉外的高端服务，包括医疗机构基本服务和运营，还包括国际化服务和非医疗服务。要建立健全国际医疗服务指南和服务标准等相关制度，依据制度规范指导医疗机构开展国际医疗服务。文旅部和国家卫健委需要建立合作机制，共同推动国际健康旅游业务的开展，明确旅游部门和医疗机构的分成机制，建立健康医疗产业和旅游产业科学互补的体系。

3. 建立评价体系

制定中国的国际医疗机构评价体系，开展国内外多元化评价与认证，实行第三方评价认证制度，依托国家认证领域相关法律、法规和强大的专家技术团队，站在公正的立场，以科学的手段、严谨的态度，建立高质量的认证评价体系，开展国内提供国际健康旅游服务机构的认证服务。培育中国的第三方评价认证机构，并与国际标准接轨。

4. 健全准入制度和完善监管体系

研究制定不同类型健康旅游服务机构标准，明确市场主体准入制度和条件，规范医疗机构审批程序和基本标准，加强服务指导和开办支持，纳入医疗机构统一准入管理。健全完善健康旅游相关法律法规，重点解决医疗行业监管和责任划分等问题。依法规范健康旅游服务机构及医护人员从业行为，强化市场日常监管和服务质量监管，严肃查处无证行医等违法经营行为，保障消费者生命安全和健康权益，营造公平竞争的环境。

5. 出台便利化制度

发放国际健康旅游签证，提高境外患者和陪护人员医疗签证办理效率，不断完善国际健康旅游签证制度，在国家层面开辟多种渠道帮助中国医疗机构与国际市场建立广泛联系，助推中国健康旅游走向国际市场。旅游组织和卫生医疗机构合作建立官方旅游网站，为国际消费者提供价格比较、医疗水平优势、旅游路线推荐等权威数据，为境外游客提供多语言翻译服务。

（六）打造六个获客渠道

1. 拓展大客户网络

与跨国公司等大型机构建立高管健康服务合作；参加使馆活动宣传国际医疗；接待驻华使馆官员及外资企业家参观洽谈，提供使馆区的家庭医生服务。重点为皇族成员、王子、部长、将军和富商等高端消费群体提供健康管理服务。

2. 学术交流平台

在海外开展学术讲座交流、举办科普活动、组织海外义诊活动、出版专著让海外患者感知先进医术、利用学术成果进行发布会宣讲。通过学术交流获得患者需求信息。

3. 数字化媒体平台

建立国际业务挂号 App 平台，优化国际医疗微信公众号，主办外语健康宣教精品课程，与商保公司、旅游部门合作宣传特色国际健康旅游项目。

4. 线下客户触点

制作特色专科和专家宣传片，面向海外对特色专科和知名专家进行推广和介绍，开展各种健康讲座和义诊。对海外病患进行愈后回访，开展个性化随访，进行日常健康恢复、保持或改善指导，完善其健康档案。提供"家庭医疗旅游"套餐，满足全方位、多层次的健康需求。

5. 国内外国人体验后口碑宣传

对在中国境内的使馆工作人员和家属、留学生、外国工作人员，保障其常见病、多发病、慢性病的诊治，让他们体验中国的医疗服务，产生信任的口碑，通过他们向本国扩大宣传。

6. 转诊网络构建

与海外知名高端医疗机构建立绿色转诊通道，为在海外接受治疗回国休养康复的高端客户群体提供健康服务；与商保公司建立国际医疗转诊、会诊通道；与国际医联体建立转诊通道。

参考文献

曹建华：《中医药服务贸易砥砺前行》，《国际商报》2017年12月29日。

冯永康、薛镭：《我国高端医疗发展的国际经验借鉴与实施建议》，《现代医院》2020年第6期。

高鹏：《新乡南太行地区发展健康旅游业的SWOT分析》，《市场研究》2017年第12期。

黄水清：《传统中医药秘方保护的现代与对策研究》，《中医药管理杂志》2003年第2期。

李红、程静、罗晓、薛琦：《涉外与特需医疗精细化顾客服务模式的探讨与实践——以河南省人民医院国际医疗中心为例》，《现代医院》2020年第10期。

李劼：《社会办医门槛再降，民营医疗业迎来拐点》，《南方日报》2019年1月18日。

李芳晨：《做最有温度的国际医疗中心》，《中国医院院长》2017 年第 15 期。

刘永生、刘庭芳：《中国国际医疗旅游服务相关宏观政策研究》，《中国医院》2016 年第 5 期。

刘瑞琦、刘庭芳：《中国国际医疗旅游服务机构评价体系构建研究》，《中国医院》2016 年第 5 期。

罗洋：《推进国际高端医疗服务工作的调研与思考》，《基层医学论坛》2020 年第 7 期。

马行舒、刘庭芳：《中国国际医疗旅游准入制度构建研究》，《中国医院》2016 年第 5 期。

王奕又：《公立医院开展高端医疗服务的必要性与对策建议》，《中国医院》2020 年第 9 期。

吴凤清：《县级医院领衔公立医院改革》，《中国医院院长》2011 年第 7 期。

崔笑天：《数量超 6 成，服务比重仅占 2 成 2.1 万家民营医院如何破局?》，《华夏时报》2019 年 9 月 23 日。

薛国峰、刘庭芳：《中国国际医疗旅游服务运营与流程构建研究》，《中国医院》2016 年第 5 期。

闫磊：《业界呼吁推动跨境医疗服务标准化》，《现代养生》2019 年第 20 期。

赵珊：《健康旅游激发万亿市场的新业态》，《人民日报海外版》2017 年 12 月 22 日。

周义龙：《海南发展入境医疗旅游的对策建议》，《海南日报》2020 年 2 月 19 日。

朱笑笑、钱爱兵、刘军军：《中国健康旅游发展现状及国际竞争力分析》，《产业与科技论坛》2019 年第 24 期。

G.9
中国国际健康旅游与商业健康保险研究

胡志 颜理伦*

摘 要： 随着我国社会经济的发展，国际健康旅游服务产业快速发展。国际健康旅游和商业健康保险作为健康服务产业的重要组成部分，呈现融合发展态势。本文采用文献研究、分析比较等方法，分析两大产业的发展现状、存在问题和发展趋势，提出融合发展的路径，即营造国际健康旅游和商业健康保险两大产业融合发展的政策环境，促进行业融合发展；构建国际健康旅游和商业健康保险融合的综合监管体系，推动行业健康发展；加大国际健康旅游与商业健康保险融合发展的宣传力度，提高品牌知晓率；培养国际健康旅游与商业健康保险融合发展的专业人才，增加行业发展潜力。

关键词： 国际健康旅游 商业健康保险 融合发展

国际健康旅游是健康产业和旅游产业融合发展的一种新的业态，是面向国内外医疗与健康市场，以健康为目的开展的旅游活动，包括疗养旅游、康养旅游、医疗旅游等。为了促进国际健康旅游产业的常态化和可持续发展，商业健康保险顺势而为，成为国际健康旅游新业态发展的

---

* 胡志，博士，二级教授、博士生导师，安徽医科大学卫生管理研究所所长，研究方向为卫生事业管理；颜理伦，安徽医科大学卫生管理学院讲师，研究方向为医疗保险。

重要依托和支撑。国际健康旅游和商业健康保险融合发展新业态作为我国健康产业的重要组成部分，虽然近年来得到比较快的发展，但总体规模、发展路径和相互融合发展方面仍存在诸多不足。本文主要探索国际健康旅游产业与商业健康保险业发展的内在逻辑关系，剖析我国商业健康保险发展的现状，探索中国国际健康旅游产业与商业健康保险业融合发展的路径。

一 中国国际健康旅游与商业健康保险融合发展

（一）国内外健康旅游与商业健康保险融合发展简况

改革开放以来，我国社会经济快速发展，生活水平不断提高，幸福指数不断提升，因此促进了旅游业的发展，以及旅游与健康的融合。由于人们对旅游的需求不断增加，健康旅游市场也在不断成熟完善，特别是高速增长的出国（境）旅游[1]推动了国际健康旅游产业的发展。根据携程旅游网数据，2016年中国赴海外健康旅游达到50万人次，是前一年的5倍。[2] 其中赴韩国"健康旅游"超过10万人次，到海外进行全身健康检查、早期防癌检查、心脏检查、全基因检测等体检的占50%以上，赴海外就医的危重患者人数也在增加。因此，国际健康旅游市场的蓬勃发展催生了专业的海外健康旅游机构的发展。目前，我国有千余家海外健康旅游机构，按照服务特点可分为"陪诊服务"、"转诊服务"和"深度服务"机构，其中，"陪诊服务"机构一般提供健康旅游过程中的预约、翻译等服务；"转诊服务"机构往往具有与海外医疗机构的转诊合作协议，常常与"陪诊服务"机构合作，为客户提供医疗健康方面的服务；"深度服务"机构一般在海外健康旅游目的地设立服务机构，直接与当地医疗机构或临床专家建立合作关系，最大限度

---

[1] 2018年，我国出国（境）游达到1.5亿人次。
[2] 黑启明、向月应：《健康旅游学》，人民卫生出版社，2020，第25页。

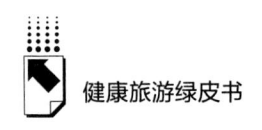

地满足客户的医疗需求。海外健康旅游目的地主要有美国、日本、韩国、泰国、瑞士、日本、印度、匈牙利等,服务项目包括抗衰老、辅助生殖、高端体检、癌症以及疑难症的治疗等。

世界经济发展的不均衡也导致各国医疗技术水平发展的不均衡,发达国家拥有先进的医疗技术和设备,吸引了医疗资源落后的国家具有一定经济实力的人群去发达国家求医问药。20世纪中期出现的美国"管理式医疗"的健康保险模式,推动了全球医疗技术及管理模式的标准化,使国际健康旅游的费用保障成为可能并不断发展完善。JCI是著名国际医疗机构认证组织,它隶属于国际医疗卫生机构认证联合委员会(Joint Commission on Accreditation of Healthcare Organizations,JCAHO),是专门对于美国以外医疗机构进行认证的附属机构,目前,JCI已经为世界40多个国家的公立、私立医疗卫生机构和政府部门进行认证和评审,13个国家(包括中国在内)的89个医疗机构通过了国际JCI认证。新加坡、泰国、印度等亚洲国家的一些医院在通过JCI国际认证的同时,医生的国际化程度也不断提高,医疗技术水平与发达国家接轨,医疗服务价格却比发达国家和中东国家便宜40%~70%。美国一些商业健康保险公司,安排患者到亚洲国家看病的同时,也提供旅游服务,加起来的总费用往往比美国本土医疗费用还要低很多。此种就医选择成为保险公司提供理赔服务费用的选择之一,客观上推动了国际健康旅游的发展。据此表明,商业健康保险为国际健康旅游提供了支持和保障,促进了相关产业的发展。

(二)国际健康旅游与商业健康保险融合发展的内在逻辑分析

中国国际健康旅游和商业健康保险作为我国健康产业的两大重要组成部分,两者存在相互促进、相互融合发展的趋势。

1. 国际健康旅游与商业健康保险相互提供客户来源

国际健康旅游和商业健康保险两大产业的内在特征互为对方提供了稳定优质的客户来源。国际健康旅游业的快速发展,形成了各具特色的健康旅游产品,构建了丰富的和优质的医疗服务资源和完善的医疗服务网络。依从性和稳定性高的高端客户为商业健康保险提供了优质的准保户；商业健康保险的高端客户对保险的需求也不仅仅是医疗费用保障，他们更多的是追求最新、效果更好、服务更完备的全生命周期的医疗与健康服务，拥有这些需求的保户则成为国际健康旅游潜在的客户来源。

2. 商业健康保险为国际健康旅游业的发展提供充足的资金

保险业是现代国民经济中重要的产业，保险投资是保险业经营发展的重要内容。保险投资指保险企业在经营活动过程中，将积聚的各种保险资金包括资本金、准备金等加以运用，使资金保值增值的活动。安全性、流动性、收益性是保险投资遵循的主要原则和依据。保险资金的投资渠道主要有存款、债券、股票、抵押贷款、不动产投资、基础设施项目投资、保险配套服务项目投资等。国际健康旅游作为新兴的产业形态，其发展前景、营收模式及增长空间值得期待，特别是健康体检、康复旅游等产品符合寿险特别是健康保险的健康管理、降低风险的需求，符合保险资金的投资偏好，保险资金可为国际健康旅游提供充足发展资金，促进国际健康旅游快速、全面发展。

3. 国际健康旅游为商业健康保险的风险管理提供有效手段

随着社会经济的发展，商业健康保险公司的经营理念也在不断更新，已逐步从原来的单纯地控制疾病补偿转向疾病预防从而降低保额赔付率进而实现经营安全。21 世纪初，健康管理的理念传入中国，各家保险公司纷纷建立健康管理部门或是和专业的健康管理机构合作，为保户提供多层次、多形式的健康管理服务，包括健康体检、健康风险评估、健康风险干预等。商业健康保险公司通过健康管理等附加值服务实现降低赔付率、提升保户延续性的作用，国际健康旅游完备的医疗服务网络、完善的就医服务、全周期的健康管理理念恰恰满足商业健康保险公司的经营需求。

（三）国际健康旅游与商业健康保险融合发展的实践

国际健康旅游与商业健康保险的融合发展起源于美国的"管理式医疗"，

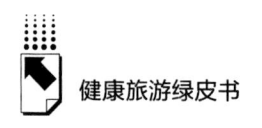

美国的非营利性健康保险机构如 HMO（Health Maintenance Organization）、PPO（Preferred-provider Organization）允许其参保户选择特定的海外医疗服务。这些海外医疗机构都通过 JCI 认证，其提供的医疗服务具有优质、安全、稳定且价格低廉的特点，符合商业健康保险公司的利益。从保险客户的角度来看，在享受了优质高效的海外医疗服务的同时，还能享受优质的旅游服务。因此，商业健康保险推动了国际健康旅游的发展，并在欧美和亚洲形成了各具特色的健康旅游目的地。

近年来，国际健康旅游与商业健康保险的融合已经在中国兴起，我国在宏观政策上进行了大力扶持，北京、上海、广州、杭州、济南、成都、武汉、南京、长沙等一、二线城市均制定和实施了健康产业的战略规划，布局了各类健康产业园区，先后设立了海南博鳌乐城国际医疗旅游先行区、北戴河生命健康产业创新示范区，涌现了中国平安保险公司、万欣和（MSH）、保柏（Bupa）、和睦家等一批专业的高端医疗保险服务机构。

目前，我国保险市场上形成了多种高端医疗保险产品形式，体现了健康旅游与商业健康保险融合发展。一是专业的商业健康保险公司，如中国平安保险公司、信诺保险公司等，它们既有自己成熟保险销售渠道，同时也建立了相对成熟的医疗服务网络。二是专业健康保险公司，如大地保险公司、永安保险公司、安盛天平保险公司等，有自己的保险销售渠道，但医疗保障服务由第三方提供。三是专业的医疗保障服务机构，如 MSH、Bupa、和睦家医疗集团等，它们不是专业的健康保险公司，因为它们在中国没有取得保险牌照，同时也不是一家简单的第三方管理（Third Party Administrator，TPA）的公司，它们只专注于保险中某一个板块的服务，比如万欣和（MSH）的形式比较类似于 MGA（Managing General Agency）。一般这样的公司有经营保险业务的整体能力，但由于经营业务体量较小，因此在经营形式上往往没有成立保险公司实体，而是用租用的形式为相关保险公司提供专业的保险相关服务，如设计商业健康保险产品、构建医疗及理赔服务网络等。

万欣和（上海）企业服务有限公司（MSH）是万欣和在中国设置的区域总部，该公司成立于1974年，是国际健康保险设计和管理方面的领军者，目前在法国巴黎、加拿大卡尔加里、中东迪拜设置了区域总部。在国内合作的保险公司有大地保险公司、永安保险公司等。Bupa是一家医疗保健公司，1947年在英国成立，目前在全球拥有120万家包括医院、护理院、初级护理中心、牙科诊所等形式的医疗机构，为190多个国家3200万客户提供适当的护理服务和卓越的医疗保障。2006年设立中国代表处，2011年与永诚保险达成战略合作伙伴关系，永诚保险作为承保方为客户提供完善的保险计划和保障，Bupa作为管理方为客户提供优质的医疗服务。2015年永诚保险通过Bupa与恒生（中国）成功建立银行保险渠道合作关系，形成永诚保险承保、Bupa环球承保、恒生银行渠道分销的稳定架构。

我国保险市场上有多家保险公司提供的多种形式的高端医疗保险产品，如永诚保险公司的个人全球医疗健康保险附加扩展不孕不育检查保险、安盛天平个人综合医疗保险、MSH 2020精选个人全球医疗保险计划等；高端医疗保险和普通医疗保险不同之处在于扩大了理赔的范围，涵盖了社会医疗保险和普通医疗保险没有的特殊疾病或医疗服务，包括特殊的药品（如新药、特效药）、检查服务（如PECT、健康体检等）、医疗项目（如牙科、产科、精神类疾病等）、特殊费用（如护理陪护费、交通费等）；高端医疗保险产品提供优质的医疗服务资源服务保险客户，通过整合国内外高端的医疗服务机构为保险客户提供更加便捷、人性化的医疗保障服务。

商业健康保险和国际健康旅游的融合发展也得到了医疗机构的配合。目前国内多家知名的医疗机构都设置了诸如国际医疗部等部门，如北京协和医院、中日友好医院等，专门接收商业保险公司承保的高端医疗业务。这些部门往往集中了医院的优势力量，形成了专业的高端服务体系，有些医院甚至形成了独特的医院文化。

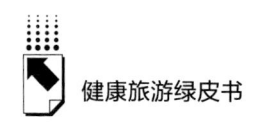

二 中国商业健康保险的发展现状

商业健康保险作为我国保险业务的重要组成部分，近年来得到快速发展，市场主体、保费规模、保险险种、经营水平均得到快速增长，一定程度上为国际健康旅游新业态的发展提供了保障。2018年，我国商业健康保险原业务保费收入达到5448.13亿元，同比增速24.12%；2019年原业务保费收入达到7066亿元，同比增长29.70%（见图1）。目前，健康险市场的主力产品为重疾险和医疗险，经营主体仍以人身险为主，行业集中度高。从市场反应看，重疾险产品是保险公司新增业务价值的重要贡献来源，但是随着市场主体和产品的竞争加剧，诸多业务面临产品责任和费率等方面竞争的天花板；医疗险能够填补社会基本医疗保险和重疾险之间的保障空白，越来越受市场青睐（见图2）。从市场主体分布来看，传统的人寿保险公司仍是健康保险的主力军，如中国人寿、中国平安等（见表1）。作为多层次医疗保障体系的重要组成部分，健康险近年来快速增长。展望未来，随着人口老龄化加剧、社会医疗保险支付压力增大、明确的商业健康保险发展政策导向等利好支撑了我国健康保险市场的广阔发展空间。

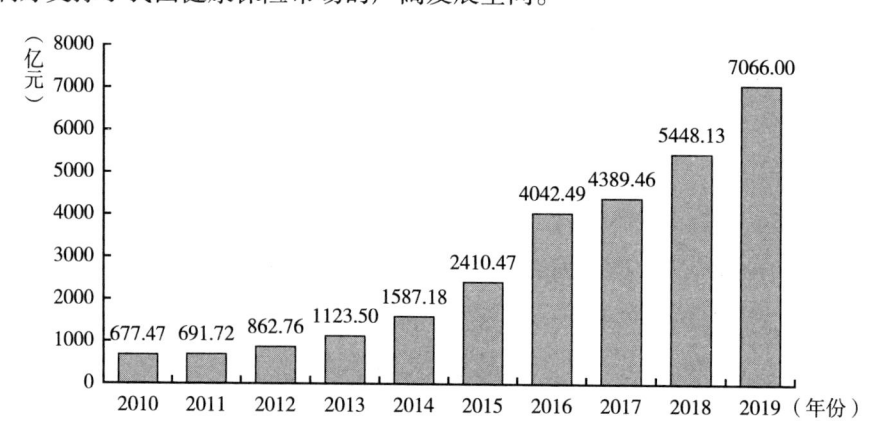

图1 2010~2019年我国健康保险原业务保费收入

资料来源：中国银保监会官方网站。

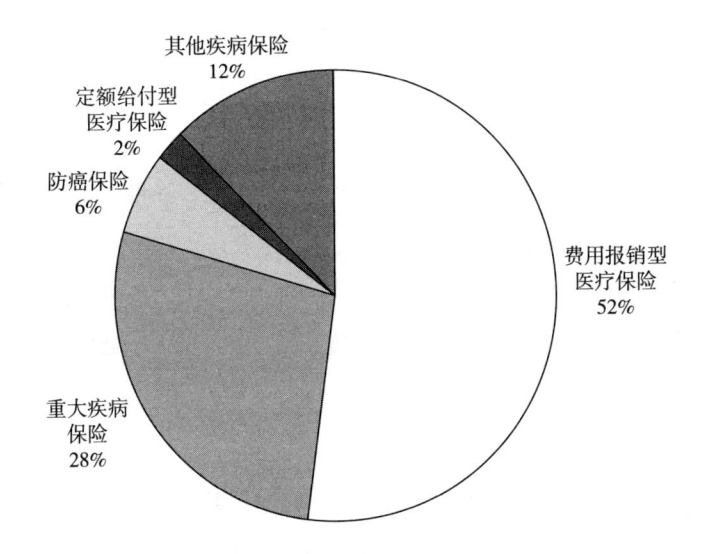

图 2　2018 年中国互联网健康保险行业市场结构占比统计

资料来源：2018 年中国保险行业协会，《2018 年中国商业健康保险报告》。

表 1　2017 年健康险行业按保费规模划分

第一梯队	第二梯队	第三梯队
● 健康险保费规模大于 600 亿元 ● 平安和国寿，保费总收入 1454.32 亿元，占整个市场 33.4%	● 健康险保费规模大于百亿元 ● 共九家保险公司（剔除和谐健康），其中财险公司为泰康在线和人保财险。健康险保费总收入 1933.9 亿元，占整个市场 44.6%	● 健康险保费规模低于百亿元 ● 其他保险公司，保费总收入 947.45 亿元，占整个市场 22%

资料来源：公开资料整理。

（一）我国商业健康保险的发展过程

1. 1995~2008 年：起步及规范阶段

这一阶段，由于居民保险意识不足及收入较低，健康保险行业尚处于初步发展阶段。1995 年，我国保险行业开发了重大疾病保险产品，但最初只是作为寿险产品的附加险，疾病覆盖面窄，一般只包含七种重大疾病；1996

年，保险行业推出保障终身责任的健康险主险产品。商业健康险全面发展始于1998年，国家全面建立城镇职工基本医疗保险制度，商业保险经营主体不断增加，个险代理人的发展等利好因素均促进了健康险发展。[1] 2005年，我国第一批专业健康险公司如人保健康、平安健康、和谐健康和昆仑健康等相继成立，商业健康保险开始走向专业化经营道路。2007年，《重大疾病保险的疾病定义使用规范》规定重疾产品必须包含常见25种疾病。这一时期我国商业健康保险处于起步阶段，国际健康旅游也处于萌芽时期，两者互不影响，各自按照自然状态发展。

2. 2009~2017年：快速发展阶段

2009年，《中共中央国务院关于深化医药卫生体制改革的意见》发布，统称"新医改"正式拉开序幕。国家层面利好政策密集出台，将商业健康险定位为医改"生力军"，健康险步入快速发展阶段。由于重大疾病保险对于保险公司而言价值率高，对于销售人员而言件均保费合适，消费者更容易接受，因此重疾险得到快速发展。"新医改"实施以来，商业健康保险公司配合国家医疗体制改革，积极参与社会医疗保障体系建设，开办城镇职工补充医疗保险业务并经办政府举办的大病保险，积极参与新型农村合作医疗的经办试点工作，取得了很好的社会效益和经济效益。这一时期我国商业健康保险与国际健康旅游处于"犹抱琵琶半遮面"状态，两者在各自政策环境里不断发展。

3. 2018以来：竞争加剧阶段

2018年以来，我国商业健康保险进入竞争加剧阶段。具体呈现以下特点：商业健康保险公司的健康险产品同质化程度较高，个性化、多样化、定制化设计凸显不足；商业健康保险主体在不断增多，大量中小公司涌入行业，价格竞争加剧；新的销售渠道特别是互联网保险份额不断提高，如众安在线、泰康在线等互联网财产险公司大力发展百万医疗险。[2] 这一时期我国

---

[1] 鲍勇、周尚成：《健康保险学》，科学出版社，2015，第4~5页。
[2] 王和：《保险的未来》，中信出版集团，2019，第217页。

商业健康保险逐步成长，与国际健康旅游业两者互为促进，并逐步融合成为一种新业态。

（二）我国商业健康保险发展存在的问题

近年来，我国商业健康保险业得到快速的发展，但是，应该看到，目前我国商业健康保险业还存在专业化程度较低、风险控制能力薄弱、外部经营环境有待改善等问题。

1. 我国商业健康保险在国家多层次医疗保障体系中地位尚需提高

国外发达国家商业健康保险发展规律显示：随着经济发展水平的提高，健康保险的保险深度和保险密度得到很大提升，健康保险已经成为人们应对疾病风险的重要手段之一，是国家医疗保障体系的重要组成部分。美国的商业健康保险已达到80%的高普及率，一些发达的高福利国家如瑞士、法国和荷兰等，普及率已接近100%的高水平，这些国家商业医疗保险费用占医疗卫生总支出的比重多数都在10%以上（瑞士略低，但超过5%），美国更是超过35%。与此形成鲜明对比的是，我国商业健康保险费用占卫生总费用的比例虽有较快增长，但一直低于4%的水平，最近几年一直在较低水平徘徊，使商业健康保险在国家多层次医疗保障体系中发挥的作用有限。

2. 政府宏观支持商业健康保险发展的政策需进一步完善

商业健康保险涉及国计民生，国外政府一般都实施支持和促进健康保险业发展的优惠政策。但是，在我国对专业健康保险公司发展的支持政策还不够，主要表现在三个方面。一是商业健康保险业务体系尚未实现专属经营，保险监管部门也没有形成完善的商业健康保险专业化监管体系。二是国家对商业健康保险税收优惠政策力度不够，对我国健康保险发展的引导和促进作用尚未显现。我国以前对个人购买商业健康保险的保险费都是在税后列支，不享受所得税减免，不利于鼓励个人为自己的健康投资；虽然在2015年中国保监会开始个人税率优惠型健康保险业务的试点，但从目前实施的效果来看，并没有达到预期的目标；对雇主为雇员投保的团体医疗费用保险所缴付的保费给予了一定的税收优惠政策，但范围不广，力度不够。目前，商业健康保险需求端（大众）的税优政策已逐步推出，但是供给端（保险企业）的政策支持仍然缺失，仅针对大病保险有免除营业税的政策，其他健康保险产品优惠政策稍显不足。三是政府相关部门对经办业务缺乏配套的支持政策。"新医改"方案鼓励商业保险公司经办包括社会基本医疗保险在内的各类医疗保障管理服务。通过社会基本医疗保险经办业务和补充医疗保险业务的一体化管理，专业健康保险公司既可为参保群众提供"一站式"医疗保障服务，也可对医疗机构诊疗过程形成实质性监督，有效控制医疗风险，但是，政府相关部门配套的可操作性实施细则仍然不完善。

3. 商业健康保险市场竞争行为不规范

我国商业健康保险市场竞争仍存在许多不规范行为。目前，市场上财险、寿险公司以及健康保险公司均可开办健康保险业务，不少保险公司将健康保险业务作为"敲门砖"，往往实行低价竞争的经营策略。专业健康保险公司成立时间短、实力弱，在财险和寿险公司的恶性价格竞争下，处在"做业务亏本、不做业务不能发展"的境地，生存和发展面临严峻挑战。

社会医疗保险的补充保险等政策性业务，属于社会敏感性强的准公共产品领域，政府和民众都特别关注。一些保险公司将该类业务作为开拓其他业务的"敲门砖"，导致业务处于亏损状态，甚至出现个别公司因业务亏损而不得已单方中止履行合作协议的现象，这种行为既损害了参保群众利益和政府信誉，也损害了保险行业的形象，破坏了健康保险资源，值得警醒和防范。

4. 商业健康保险公司风险管控能力薄弱

由于众多原因，我国医疗资源分布严重不均，信息不对称性也限制了保险公司与病员充足的大医院的谈判能力，很难建立可以影响医院医疗行为和医药费用的深层次保险合作机制。目前，保险公司还主要依靠报销病人的医疗单据的形式进行理赔服务，尚未实现对医院的医疗费用的直接结算，没有形成"风险共担、利益共享"的利益联系纽带，因此很难控制不合理医疗行为和医疗费用。从现实情况看，我国经营商业健康保险的保险公司尚未建立覆盖广、效率高、可控制的合作医院网络体系。近年来，个别保险公司也在尝试涉足医疗服务体系建设，如通过收购医院的股权或建立新的医疗机构等方式，通过资本纽带加强对医院的控制以达到控制医疗费用目的，但效果尚未显现。

5. 商业健康保险业务数据基础建设相对滞后

商业健康保险专业化经营依托诸多经验数据的积累。经验数据缺乏是限制我国商业健康保险发展的瓶颈问题。主要表现为：一是保险公司缺乏风险发生及管控数据，二是保险公司对数据积累和数据分析的能力不足。主要原因是，一方面，目前我国的医疗机构和保险公司各自的数据信息管理平台不兼容，相关的系统多、接口多、标准不统一，造成了大量的"信息孤岛"，商业医疗保险领域未形成全行业的数据信息系统和行业信息系统。在疾病发生率、医疗费用支出率、平均余命等风险相关统计资料积累不全情况下，保险公司很难全面了解既往病史以及医疗费用的开支，极易导致保险公司产生经营风险。另一方面，保险行业无法获取医疗数据，商业保险和社会保险之间数据不共享，这些都制约了保险机构数据分析能力和效果的提升。同时由于核保核赔力量薄弱，保险公司对于患者是否存在带病投保行为、医生能否因病施治而减少医疗资源浪费等问题，进行有效的核定和控制的能力不足。因此，加强商业健康保险数据建设应在建立科学的编码系统数据、完善专业数据信息系统、建立健全数据管理制度等方面继续完善。

6. 商业健康保险公司经营理念和经营环境有待改进

健康保险是保障人民疾病风险的，近年来，健康保险的保费年均增速一直远远高于人身险保费和行业保费的整体增速，因此，这也被认为是人身保险业务发展不断改善的证据，但是通过分析几家专业健康保险公司的年报发现，健康保险原保险费中有相当比例是理财产品的保费收入，健康保险保费存在"注水"现象。以人保健康保险公司和和谐健康保险公司为例，2015年，人保健康的健康保险原保费为151亿元，其中销量最多的产品为"福利双全个人护理保险"，当年保费收入达83.51亿元，该产品定义为护理保险，但保险责任主要是意外护理保险金和疾病身故保险金，此类风险发生的概率很低，该产品通过银保渠道销售，其主打的卖点也不是护理保障，而是

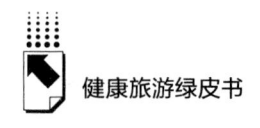

年均3.5%的收益,所以该产品实质上是理财型产品。和谐健康2015年销量前五名全是护理保险,其实质均为理财型产品。保监会公布的数据显示,2015年全国健康保险原保费收入2410亿元,而仅人保健康及和谐健康销量第一的两款产品合计贡献了391亿元,占比16%,这意味着至少16%以上的保费收入为理财型产品,所有的这些造成了目前健康保费快速增长的"虚假繁荣"。造成这种情况的原因是多方面的,笔者认为主要是健康保险的经营理念及经营环境原因,健康保险公司缺乏对医疗过程的监控,使客户对医疗保障产品使用频率高,加上个人商业医疗险逆选择往往比较高,医疗保险产品处于亏损境地。另外,伴随着投资收益率的提高,资产驱动负债型险企崛起,作为人身保险公司的一种,专业健康保险公司自认难挡其中的诱惑,把护理型险种开发成理财产品。从客户的角度来看,现在的人们普遍缺乏风险保障意识,热衷于投资理财,健康保险公司的转变也是为了迎合客户的需求。种种原因导致专业健康保险公司目前开展的业务有些名不副实。

(三)我国商业健康保险发展的趋势

一直以来,我国的商业健康保险被定位为社会医疗保障体系的重要有益补充,政府、市场等各方也一直在探索如何促进其发展。在我国社会医疗保险建立和改革的初期,商业健康保险的定位主要体现在填补社会医疗保险覆盖的空白区域及其保障水平的不足,当前,我国社会医疗保障制度进入"全民医保"时代,社会医疗保险的保障能力得到较大幅度的提升,商业健康保险这一发展空间受到了限制,因此,商业健康保险未来发展的趋势应是转变发展理念,拓展新的发展空间,深入地融合到我国的医疗保障体系建设中去,通过不断提升自身的专业服务能力和品牌效应,为参保人提供多样化的健康保障服务,寻求利润空间。同时,商业健康保险自身应不断摸索我国商业医疗保险市场规律,加强多样化产品的研发,满足不同的市场需求,走差异化发展道路。因此,我国商业健康保险未来发展的方向应该:①紧随国家医疗卫生服务体制改革的步伐,积极深度参与国家医疗保障体系建设;

②不断完善自身经营理念和经营手段,开发和完善符合我国国情的健康保险产品,进一步加强风险管控,建立和完善商业健康保险监控体系。

三 中国国际健康旅游与商业健康保险融合发展路径

2017年,国家卫生计生委、国家发改委、财政部、国家中医药管理局、国家旅游局等五部门联合印发的《关于促进健康旅游发展的指导意见》(简称《指导意见》)提出,到2030年,国家基本建立比较完善的健康旅游服务体系,满足群众个性化、多层次健康服务和旅游需求。《指导意见》指出,积极发展商业健康保险,包括加强适应人民需求的商业健康保险产品的研发、完善和提升健康保险服务水平等,特别是鼓励商业健康保险公司提供与健康旅游服务相适应的多样化、多层次、规范化的产品和服务。同时,探索和建立商业健康保险公司与医疗、体检、护理、养老等机构的合作机制,尝试提供与商业健康保险产品相结合的疾病预防、健康维护、慢性病管理、健康养老等健康管理服务。《指导意见》还支持商业保险机构与健康旅游产业链的整合,可以采取股权投资、战略合作等方式开展合作。

在"健康中国"战略背景下,促进健康产业的发展,实现国际健康旅游与商业健康保险的融合发展,需要营造良好的发展环境,出台支持鼓励政策;增强行业综合监管,实现高效发展;加大宣传力度,提高品牌知晓率;培养融合发展专业人才,增强行业发展潜力。

(一)营造国际健康旅游和商业健康保险融合发展的政策环境,促进行业融合发展

我国的国际健康旅游产业和商业健康保险都处于起步阶段,不论是产业规模还是发展质量都有很大的上升空间。[1] 促进两大产业的融合发展,宏观

---

[1] 刘庭芳、焦雅辉等:《国际医疗旅游产业探悉及其对中国的启示》,《中国医院》2016年第13期。

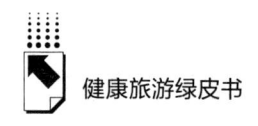

政策导向上应走"提质增量、创新发展、融合集聚、优化环境"之路。发展国际健康旅游，需要推动优质医疗资源的扩容，依托现有的医疗机构，鼓励和支持建设一批高水平临床诊疗中心、高层次的人才培养基地、高水平的临床科研平台，支持优质的社会办医扩容，规范推广中医养生保健、"治未病"等服务，提升中医药疾病诊疗和康复能力，提高科研转化能力，特别是支持拥有核心技术发明专利且具有重大临床价值的创新医疗器械注册申请列入特殊审评审批程序，予以优先办理，推动中医药成果转化和应用，建立国际中医药标准，打造具有国际影响力的中医药品牌，鼓励扶持一批中医药健康旅游目的地，在世界上形成中国品牌。[①] 根据市场需求增加健康保险供给，进一步引导和支持健康保险公司开发覆盖特需医疗、前沿医疗技术、创新药、高端医疗器械应用以及疾病风险评估、疾病预防、运动健身等干预性服务的医疗险产品；政策上鼓励和促进健康保险业与健康服务产业融合，鼓励和支持健康保险公司开展管理式医疗试点，探索建立覆盖健康保险、健康管理、医疗服务、长期护理等服务链条的健康管理组织，推动健康服务模式的变革。搭建高水平公立医院及其特需医疗部门与健康保险公司的对接平台，鼓励和促进医、险定点合作。

（二）构建国际健康旅游和商业健康保险融合的综合监管体系，推动行业健康发展

加强对国际健康旅游与商业健康保险融合的监管，一是对国际健康旅游医疗服务机构的监管，加强对医疗服务机构综合业务审核，强化从业人员执业行为监管，加强防范无证行医。加大医疗卫生行风建设力度，控制医疗费用不合理增长。二是加大对商业健康保险公司监管，实现从产品设计、销售渠道、保单服务、理赔服务等全流程监管，切实维护保户利益，实现商业健康保险行业良性发展。三是加强协同监管，探索建立适应健康产业发展的新

---

① 刘华云、侯胜田：《北京市实施中医医疗旅游发展战略存在的问题及对策》，《医学与社会》2014年第27期。

技术、新产品、新业态、新模式包容有效审慎监管制度，推动由分散多头监管模式向综合协同监管模式转变。重点完善对新兴融合业态监管，各新兴融合业态相关负责部门应合理界定监管边界，建立部门间协作机制。四是加强诚信治理，逐步建立以社会信用代码为索引的健康产业机构和管理相对人信用档案，依法推进相关信息公开，接受社会监督，依法依规建立医疗卫生和药品流通行业黑名单制度。深入开展对医疗卫生领域无证行医、欺诈骗保等严重失信行为的专项治理，持续加大对虚假违法医药广告等违法行为的打击力度。建立医疗卫生机构和医务人员不良执业行为记分制度，加强完善以执业准入注册、不良执业行为记录为基础的医疗卫生行业信用记录数据库。

（三）加大国际健康旅游与商业健康保险融合发展的宣传力度，提高品牌知晓率

国际健康旅游和商业健康保险都是新兴的健康产业形态，专业性强且体系复杂，社会大众不甚了解，因此，加大两大行业融合发展的宣传势在必行。加强宣传应强调政府的主导性，调动相关部门的积极性，在经费和人力等方面给予必要的支持。加强国际健康旅游和商业健康保险的市场调研，把握市场发展方向，开拓有针对性的发展市场。创新宣传形式，采取线上线下相结合模式，开展多种媒介相结合的宣传，提高健康旅游和商业健康保险有效结合的品牌效应。

（四）培养国际健康旅游与商业健康保险融合发展的专业人才，增加行业发展潜力

国际健康旅游与商业健康保险融合发展涉及临床医学、中医药学、旅游学、金融学、健康管理学等多学科知识，需要复合型专业人才。[1] 加强国际健康旅游与商业健康保险融合发展的人才培养模式，首先应加强相关院校专

---

[1] 刘庭芳、苏延芳、苏承馥：《亚洲医疗旅游产业探悉及其对中国的启示》，《中国医院》2009年第1期。

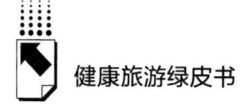

业化教育，制定和完善健康旅游和商业健康保险专业人才培养引导性专业目录，调整优化相关院校教育专业和课程结构，加快这一紧缺人才专业化培养。同时，国内相关院校应加强适合国际健康旅游与商业健康保险融合发展的实用性人才培训，有条件的院校应深入推进产、教、研融合发展，提高融合发展成果的实际转化能力。国家应同时制定相关政策，建立国际健康旅游和商业健康保险人才激励机制，支持国际健康旅游和商业健康保险领域人才的职业化发展。

比较与借鉴篇

Comparison and Reference Reports

G.10
国际健康旅游产业发展经验总结及对中国启示

向月应 白科阳*

摘 要： 受新冠肺炎疫情影响，各国采取隔离措施，出入境政策收紧，严重影响了国际健康旅游的发展。随着疫情的缓解和疫苗的顺利接种，许多国家的出入境政策在不断调整，以兼顾防疫和经济发展，防疫常态化与国际正常交流成为各国的选项。后疫情时代，在大健康产业新机遇与新挑战、新冠肺炎疫情常态防控与双循环新模式背景下，我国国际健康旅游将如何发展，是本文思考的问题。文章回顾了国际健康旅游产业发展历程，对国际健康旅游目的地发展概况进行梳理，总结其发展经验，重点提出了我国发展健康旅游产业的建议和

---

* 向月应，主任医师、教授、博士生导师，研究方向为医院管理和整体医疗理论与实践、健康旅游与健康产业、健康管理教育与创新、军队医院区域一体化卫勤保障；白科阳，桂林理工大学特聘导师，研究方向为健康旅游教育、健康旅游产业转化与应用。

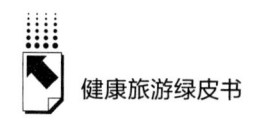

发展思路。

关键词: 国际健康旅游　发展历程　人才培养

健康产业与旅游产业融合发展,已成为现代服务业重要的经济增长点。后疫情时代,在国家深化"供给侧、需求侧"双侧结构性改革,构建国内国际双循环相互促进的新发展格局下,通过积极推动新型全球化,充分发挥我国超大规模市场优势和内需潜力,抓住国际社会对健康的重视和关注,以及未来健康旅游快速增长的机遇,大力发展面向国际市场的健康旅游服务,对优化国内产业结构,带动大健康、大卫生、大医疗、大旅游产业发展,解决社会就业,提升经济动能等均有重大意义。

当前,世界上健康旅游发达的国家,如泰国、印度、新加坡、韩国、日本、匈牙利、瑞士等,其健康旅游产业发展已逐步走向成熟,健康医疗技术发达、健康产品丰富、专业人才队伍完备、旅游服务能力品质高,而我国健康旅游产业处于发展的初级阶段。鉴于此,本文通过研究国际健康旅游产业发展的成熟经验,解析我国当前健康旅游发展困境,从成熟的国际健康旅游市场汲取经验,为我国的健康旅游产业发展提供有益的借鉴,从而推进中国健康旅游业快速发展。

一　国际健康旅游产业发展历程

自20世纪70年代开始,现代意义上的健康旅游渐露端倪,这种新型的旅游方式,主要是依靠专业的医学人才、发达的医疗技术、完善的医疗设备和低廉的医疗费用等优势,吸引患有某种疾病的患者前往这些医疗旅游目的地开展诊疗、康复活动,这一模式渐渐成为这些国家提升入境市场吸引力的重要手段。

到20世纪80年代,健康旅游在一些国家受到重视,逐渐作为一种主打的旅游项目向境外推广。当代意义上的国际健康旅游起源于1989年,这一年，意大利、英国、西班牙有 2.5 万～3 万人出于治疗疾病的目的到法国治病旅游，从此开启人类历史上，或者是医学史上健康旅游的新篇章。20 世纪 90 年代以后，随着汇率有利变动，被称为"婴儿潮"的一代，由于其支配收入的能力增强、跨地区运输成本的降低、互联网营销的大发展，极大地推动了健康旅游，特别是医美整形、癌症治疗、牙科等项目的发展，部分国家先后制订计划来提高相关服务水平。

国际健康旅游产业演变大致经历了三个阶段。

第一阶段是欧美发达国家凭借先进的医疗技术、一流的医疗设施、密集的医院布局、良好的医疗信誉、可靠的医疗服务，吸引大量欠发达国家、收入较高的人群前来就医旅游。在很长一段时间内，美国一直是国际健康旅游的主要目的地之一，发展中国家的富裕阶层更加认可美国的医疗水平，自身也有经济实力到美国接受高品质、高质量的服务，加拿大等发达国家的病人，因其本国医疗选择的局限，纷纷前往美国接受治疗。

随后，因留学潮兴起，发展中国家学生纷纷前往美国，接受高等医学教育，学成之后回国发展，同时，发展中国家从发达国家进口最先进的医疗仪器设备，使这些国家的医疗水平得到了明显的提高，特别是随着美国医疗费用的增加、预约等候时间较长等原因，国际健康旅游的风向开始向不利于美国的方向倾斜，原本前往欧美等发达国家的患者逐渐流失，转而选择那些更具有价格优势、医疗水平先进的发展中国家开展医疗旅行。这些发展中国家，除了医疗水平与欧美国家相当外，还拥有舒适的医疗和疗养的环境，因而成为医疗旅游的新目的地。[1]

第二阶段，健康旅游的流向，一改之前的单向"由技术落后区向技术先进区流动"（第一阶段的特点），医疗技术先进国家的游客向技术相当但服务与环境优质的国家流动，这主要是由发展中国家医疗技术的不断提升（部分国家与发达国家相当）与人们对医疗服务质量的要求提高促成的。

---

[1] 黑启明、向月应：《健康旅游学》，人民卫生出版社，2020，第 21 页。

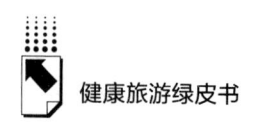

第三个阶段是发达国家与发展中国家的健康旅游者相互流动,目前正处于第三阶段。

中国健康旅游产业虽然还处于初级阶段,中国距离成为国际健康旅游目的地的目标还有一段距离,但是我们也有自身的优势,应抓住全球人民对健康需求逐年增加的这一机遇,充分发挥我们国家在中医(包含蒙医、藏医、苗医、瑶医等民族医)、中西医结合、细胞和基因治疗等领域的特色和优势,面向国际市场,有针对性地进行产品定位,用产业化的思维布局这一新兴产业,实现我国在国际健康旅游产业中的突破。

二 国际健康旅游目的地产业发展概况

当前,国际健康旅游产业发展已初具规模,许多国家和地区成为国际健康旅游的胜地,如亚洲的日本、韩国、中国台湾、中国香港、泰国、印度、新加坡、约旦、以色列、沙特阿拉伯、马来西亚、阿联酋、黎巴嫩等;欧洲的瑞士、德国、西班牙、匈牙利、英国、土耳其、立陶宛、保加利亚、塞浦路斯、拉脱维亚等;拉丁美洲的墨西哥、阿根廷、巴西、哥斯达黎加、古巴等,以及非洲的南非,并且这些国家和地区的健康旅游项目,各具特色,如以心脏外科、眼部手术擅长的印度;以羊胎素—抗衰老技术闻名的瑞士;以牙科治疗见长的匈牙利;以生殖治疗受到关注的以色列;以变性手术、心脏外科、美容外科、牙科及生殖等多方面有优势的泰国……

全球范围内,健康旅游市场正以每年15%~20%的速度进行扩张(Patients Beyond Borders 数据),2017 年年产值已达 7000 亿美元,已经成为全球增长最快的一个新兴产业。亚洲是领头羊,受到来自北美、欧洲、中东、大洋洲等游客的追捧。据世界卫生组织相关数据,全球前 14 位国际健康旅游目的地国家中,亚洲占 7 个,[①] 分别是:泰国、印度、新加坡、马来西亚、菲律宾、韩国,亚洲已成为全球"国际健康旅游中心"。

---

① 赵影:《中国发展国际医疗旅游的机遇和挑战分析》,《对外经贸实务》2019 年第 8 期。

在整个亚洲市场，健康旅游仍处于一个上升的趋势，在全球 1100 万医疗游客中，有 1/3 是来到东南亚的，东南亚是国际健康旅游的中心之心。泰国健康旅游产业发展始于 20 世纪末。自 2004 年开始，泰国实施了一项为期五年的国家计划，由泰国卫生部门牵头，整合医疗服务、健康保健服务、传统草药产业三个板块，力推泰国成为"亚洲健康旅游中心"；2005 年，大约有 100 万人次的外籍病患到泰国私立医院，接受医疗诊断与治疗，由此衍生的相关医疗收入总计达 230 亿泰铢；2006 年，泰国外籍病患人数较上一年增加了 40 万人次；2007 年，泰国的健康旅游开始呈阶梯式发展；2010 年，赴泰国接受诊疗的国际病患达 200 万人次，相关医疗收入则达 800 亿泰铢；2011 年，赴泰医疗旅游的国际病患达 224 万人次，创收 978 亿泰铢（约 31 亿美元）；从 2015 年开始，泰国健康旅游产值超过 45 亿美元，年增长率达 18%，每年有超过 300 万人次国际病患到泰国看病，人数最多的客源地依次是日本、美国、英国、中东地区和澳大利亚。

除泰国外，邻近的几个国家，如印度、马来西亚、新加坡，国际健康旅游业发展也实现了质的跨越。印度也是全球健康旅游目的地，人们为了满足各类医疗保健需求前往印度，包括癌症治疗、移植、心脏手术等。印度医生以接受过高质量的医疗培训闻名，他们很多都是海外学成归国的印度人，类似于 Apollo 等大型医院集团已成为国际品牌，并与梅奥诊所等高收入国家的优质医院品牌建立了战略伙伴关系。印度在先进医疗设施、医疗保健专业人员、优质护理设施和传统医疗保健疗法（如瑜伽和阿育吠陀）方面表现出色，同时，可以以低成本提供符合国际标准的医疗和保健服务。2015 年，印度医疗旅游业产值 30 亿美元，排名全球第三，持医疗签证入境的外国游客接近 23.4 万人。到 2017 年，人数增加了一倍多，接近 50 万人。

近些年，马来西亚健康旅游访客人数直线上升，2016 年，该国共计有 90 万名健康旅游患者到来，给政府带来了 10 亿林吉特的收入；2017 年，超过 100 万的患者带来了超过 13 亿林吉特的收入。2019 年为马来西亚医疗领域带来逾 17 亿林吉特的收入，包括试管婴儿、整形、心脏病、牙科等热门医疗项目在内。在中东，具有"中东地区最好的医疗服务提供者"的约旦，

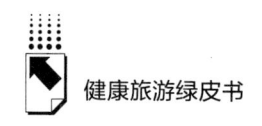

每年平均接待逾20万名医疗游客，外国患者最需要的治疗包括心脏病、骨骼和脊柱手术、癌症和肿瘤、牙科手术、眼耳感染和不孕不育，以及世界上最受欢迎的死海皮肤病治疗方法。世界银行最近的研究报告将约旦列为阿拉伯地区最大的医疗旅游提供者，世界排名前五。伴随着朝圣旅游的兴旺，沙特阿拉伯健康旅游也随之兴盛起来，健康旅游项目包括美容、牙科等。阿联酋将健康旅游产业视为实现经济多元化的重要支点，国际医疗研究中心发布"2020~2021年全球医疗旅游指数"，迪拜和阿布扎比在阿拉伯地区居前两位，在全球46个健康旅游目的地中的排名分别上升10位和16位，列第6位和第9位。据统计，阿联酋目前有各类医院154家，2018年接待病患共计4910万人次，住院病人789198人次，手术119897起。迪拜政府目标为到2020年吸引50万医疗游客。以迪拜为例，2016年，当地政府启动"迪拜健康战略2021"，发布未来五年健康医疗产业发展规划，鼓励公共部门与私营部门合作，共同推动医疗健康行业发展，将迪拜打造成为国际医疗旅游目的地。数据显示，2019年迪拜医疗游客人数已达35万人次，其中牙科、皮肤科和整形外科最受欢迎。[1]

欧洲国家一直都重视健康旅游产业的发展，如瑞士、德国、匈牙利、立陶宛、西班牙、拉脱维亚等国，都是有名的国际健康旅游接待中心。其中，匈牙利的牙科诊疗举世闻名，其牙科的教育水平，也是处于世界前列，该国拥有许多技术精湛、经验丰富、服务优良的牙科医生；在牙科诊疗费用方面，其治疗和服务的费用要比西欧国家便宜50%~75%。目前，匈牙利是接待来自欧洲各国牙科患者人数最多的欧洲国家，欧洲的患者超过40%选择到匈牙利就诊看牙，其中来自英国、法国、奥地利、德国和意大利的为最多，在匈牙利境内，可接待外国患者的牙医诊所有近500家；匈牙利政府高度重视牙科人才与牙科旅游业的发展，专门为发展牙科旅游划拨10亿福林（约合444万美元），用于提高牙科诊所的服务水平、更新诊所设备，并通过医疗旅游局为其进行国际宣传和市场开发。西班牙发展健康旅游拥有得天

---

[1] 《阿联酋努力发展医疗旅游》，《人民日报》2020年10月13日。

独厚的优势，其医疗资源十分丰富，包括优质的医疗系统、高水平的医疗技术和设备、完善的私人医疗体系、细致人性化的医疗服务、合理的医疗收费、充足的医疗资源、多语言的翻译服务等，该国实施辅助生殖手术数量居世界第3位，仅次于法国和德国；实施美容整形数量居全球第4位，仅次于美国、巴西和委内瑞拉，而在健康旅游业中占据最重要的服务恰恰就是美容整形和辅助生殖，2013年专门成立了医疗旅游业联盟，还设有专门机构或平台对医疗旅游进行推广和宣传，目前，西班牙主要健康旅游项目包括抗衰老、温泉度假、减肥手术、整形手术、生育治疗、心脏病治疗、皮肤病治疗、治牙、体检、康复治疗、癌症治疗等。瑞士是健康旅游业的先驱，是最早、最热门的健康旅游目的地，医疗技术卓越，其护理因最安全、质量最高而闻名，是健康与旅游相结合的典范，最著名的健康旅游项目当属抗衰老。研究显示，每年有3万名游客到瑞士接受医疗服务，《国际医疗旅游杂志》数据也表明，瑞士每年国际健康旅游收入大约在30亿瑞士法郎（约合203亿元人民币）。

近些年，拉美、南非等地健康旅游业也取得了长足的进步。健康旅游方面，墨西哥牙科护理、整容手术、减肥疗法等备受美国客人的追捧，每年接待20万~110万美国人进行医疗护理，其治疗费用比美国的类似服务低40%~60%。巴西健康旅游产业以美容外科而闻名，吸引了世界各地的游客，已经成为美容手术的中心之一，是全球第二大整容市场，仅次于美国，巴西最大的城市圣保罗，拥有世界上条件最好的几所医院，不仅有高端的医疗器材，更有医术精湛、经验丰富的医生和护理人员。

三 国际健康旅游产业发展经验分析

（一）政府积极推动，政策不断完善

随着健康旅游业蓬勃发展，各国为吸引更多游客前来治病以及观光旅游，均制定了促进健康旅游发展的国家政策，成立专门的健康旅游负责机

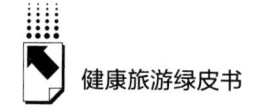

构,推动健康旅游业发展。在印度,为促进健康旅游的发展,政府从2002年起,逐步采取一系列的政策与措施,吸引国际健康旅游者。印度国务院贸易产业部专门制定了2002国家健康政策(*The National Health Policy 2002*),积极促进医疗健康产业的发展,主动削减了医疗设备进口税,降低医疗机构的成本,这些措施有效地激励了私立医院进口医疗设备和仪器的动机和行为,促进了更多的印度医疗机构在硬件设备上达到世界先进水平;2015年7月宣布设立国家医疗保健旅游局,旨在保障海外游客的治疗质量。该部门的任务包括提供无障碍入境,也会简化跨境货币交易流程(这个流程非常麻烦,尤其是对于来自中东和阿富汗地区的病人,涉及大量文书),这一举动使国际患者到印度治病旅游数量大幅提升。在泰国,2004年政府开始推动医疗旅游发展,由泰国体育与观光部和卫生部牵头,整合医疗服务、健康保健服务、传统草药产业三个板块,先后提出了把泰国打造为"世界保健中心""亚洲健康旅游中心""亚洲SPA中心"的战略计划;同时,在诊疗与旅游期间,政府为游客提供安全、卫生、服务及品质管理方面的保证,通过品质管控的介绍、注册、认证、章程立法以及保证市场定价等方式,确保执行,以使游客信任泰国所提供的健康旅游产品。

(二)具有先进的医疗技术、高素质的人才和基础设施

当前,亚洲是国际健康旅游业发展水平较高的地区,以泰国为例,泰国作为全球十大热门旅游目的地,也是全球健康旅游首要目的地,健康旅游规模位居世界第一。2019年"全球卫生安全(GHS)指数"显示,泰国医疗在亚洲排名第一,泰国拥有27367家医疗保健服务商,1073家公立医院,386家私立医院,68家JCI认证医院,医疗游客年均350万人次,医疗旅游消费达6亿美元。约翰·霍普金斯大学的研究人员报告显示,其已经将泰国列为全球最强大的医疗健康保障国家之一,泰国医疗在全球195个国家和地区中排名世界第六,并且在全球最佳医疗保健服务质量排名中,泰国在健康护理基础设施中拿到92.58分的高分,医疗费用获得96.22分,政府准备状况则获89.91分的高分,由此可见泰国的医疗已经获得世界认可。根据*The*

Thaiger 的消息，2018 年泰国 3500 万游客中，9% 是医疗游客，其中很大一部分是中国游客。据估计，泰国每年接待 35 万名医疗游客，在全国的医院和诊所平均花费 1700 美元，年产值近 40 亿美元。在人才培养方面，泰国政府通过一系列促进创新人才培养的政策，为将泰国打造成为医疗产业枢纽和医疗设备出口基地提供强有力的人才支撑。泰国的医学教育属于精英教育，品学兼优的学生往往会选择医疗行业，泰国政府通过世界一流的医疗院校建设，强化医疗人才培养，目前在医疗联合会注册的会员医生有 6 万余名；此外，搭建产学研平台，通过奖学金制度培养本地的医疗研发人才，并且建立各类医疗研发机构，营造创新环境，助力医疗产业枢纽建设。为建设医疗设备产业基地，泰国还革新人才培养方式，加强职业院校与市场联系。通过出台减免企业所得税的政策，鼓励企业与技术院校建立长期实习合作关系，培养"实用性、技能型"人才，同时创新技术院校教学方法、改革教育模式，鼓励技术院校进行工学合作，这些措施有利于强化职业院校学生的综合能力，培养学生具备更广阔的视野，通过专业培养方案将企业需求与人才建设衔接。

作为健康旅游业发展水平较高的新加坡，医疗服务是非常优质和高效的，以一流的医疗保健而闻名，政府致力于为其国际认可的医院投入资源，因此，彭博社将新加坡列为世界上最有效的医疗保健系统之一。WHO 发布了 2020 全球最佳医疗保健排名，对各国的医疗体系进行了评比，其中新加坡排名全球第六。新加坡凭借其一流的医疗水平、显著的治疗效果和闻名遐迩的医疗体系，与发达国家的医疗机构实力相当。各大医疗康养机构与世界其他地区的高端医疗中心也建立起了合作关系；在医疗研究领域，新加坡医生拥有许多世界领先的技术，新加坡还建立了一套完善的医疗保健机制，病人们随时随地都能享受到全面周到、费用合理的医疗服务，每年前往新加坡求医问诊的病患超过 40 万人次。新加坡的医疗服务优质而高效，病患可以选择各种不同类型的医院，新加坡已有 13 家医院和医疗机构获得 JCI 认证，目前新加坡有 15 家公立医院，其中包括 6 家急性综合医院、一家妇幼医院、一家精神病医院，还包括 6 家国家专业中心和一家多学科医疗中心、21 家私人医院和专科诊所。此外，新加坡拥有 2000 多名全科医生。

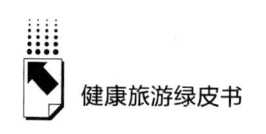

四 国际健康旅游产业发展对中国的启示

(一) 构建合法有序的监管通道，建立专门的健康旅游组织机构

各国为吸引更多游客前来治疗、康养，均建立了专门的健康旅游负责机构，推动健康旅游业发展。

构建健康旅游监管通道，预防国际健康旅游纠纷风险。建议政府出台健康旅游的行政、刑事等方面的法律法规，加大对健康旅游业的监管惩处力度，最大限度地保护境内、境外健康旅游者的消费权益；制定健康旅游服务机构评价指标体系标准，提高行业准入门槛，要求机构必须具备相应的资质与牌照，包括入境游资质、医院授权书、航空服务资质、转诊资质等，禁止低质医疗中介和旅游机构参与经营；规范健康旅游从业人员的执业资格、各旅游点的服务标准和收费标准等，保障海外游客治疗、康复质量；明确划分中介机构、客户以及医疗机构的责任，进一步规范签证代理、医疗诊治、术后随访等环节的操作流程，有效控制入境医疗纠纷风险；建立环境质量体系认证，寻求可持续发展；建立强有力的医疗旅游安全预警系统，预防医疗纠纷及其他风险。

在组织架构上求创新，可在国家卫健、文化与旅游、交通、发改、保险、公安、外交、商务、医疗协会、旅游协会等众多政府部门和相关组织机构之间建立协调机制，成立由国家发展和改革委员会负责的国际健康旅游发展委员会，与相关部门配合开展工作，协同解决健康旅游发展中遇到的种种问题，如国家卫生健康委员会负责医疗机构、医护人员及健康食品的品质把控，交通运输部负责国内外交通运输问题，外交部负责健康旅游签证，文化和旅游部、商务部负责产业规划设计、市场监管、对外推广宣传等。从政府、学界和产业三个维度将国际健康旅游提高到战略层面；尽快落实健康旅游签证政策，与国际接轨，建立跨国医疗保险合作机制，弥补价格优势的缺失。在客源地国专门设立跨境健康旅游办事处，为外国游客赴华就医、疗养提供前期健康准备信息和远程问诊服务；在国际机场设立专柜，专门接待前来进行健康旅游的游客。

（二）构建中国特色的健康旅游人才培养模式

1. 长效机制与短平快机制相结合

发展中国特色的健康旅游产业，需长效机制与短期培养机制相融合，协同发展。健康旅游人才的培养，既要培养学术性的人才队伍，也要培养应用性的专业人才，二者要同步发展。

学术性人才的培养方面，建议采取长效机制。①多层次培养，其学历涵盖中专、大专、本科、硕士、博士等各个层次。以桂林旅游人才培养为例，桂林作为第一批国家健康旅游示范基地，重点发展健康旅游业，为保障该产业的持续发展，需要各层次人才的支撑，经广西壮族自治区政府批准，教育部备案核准，专门成立了一所具有独立颁发国家承认学历的全日制普通医药类高等院校——桂林生命与健康职业技术学院，以培养中西医结合大健康应用型人才为目标，开设中药学、中医康复技术、中医养生保健、医学营养、康复治疗技术、健康管理、医学美容、幼儿发展与健康管理、家政服务与管理等课程，2018～2019级在校生有1700多人，2020级新生4000多人。学院实训基地——崇华中医街为国家中医药健康旅游示范基地，学院依托崇华中医街汇集全国名中医的优势，由国际知名专家、国医大师、国内各学科优秀带头人组成专家团队，采用传统职业技术教育与"中医师承制"相结合的教育培养模式，切实培养"懂中医、爱中医、实践中医"的技术型人才，优先满足桂林乃至全国养生养老、医养结合健康产业的需求，并与一大批国内外医疗养老机构及健康产业的企业签订合作协议，提供人才输出。②多渠道培养，学生既需要在课堂上进行理论学习，还应深入相关政府职能部门、企业等机构进行见习，增加学生实践机会，边培养、边实践，强化实操能力，在实践中提升理论水平。同时，应鼓励学生积极参与创新创业孵化项目，学以致用，将理论知识与实践能力在项目中进行验证，以项目促学习，培养"双生型"学生（学生＋见习生）。

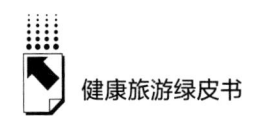

应用性的人才培养方面，无论是数量，还是规模，远远高于学术性人才，也是目前市场最急需的人才方向。这一类型的人才不需要追求高精专，要短平快，需要掌握最实用的知识和技能，培训后要上手快、见效快，能及时满足市场和用人单位的需要。培养方式可采取定向式的培养，开设各类短期培训班、实训班，比如针对政府或社会企业，开展定向人才培养。不同机构，培养的内容有所区别，如面向政府职能部门，应加强健康旅游政策/法规、健康旅游发展机制建设、健康旅游管理等方面的学习与培训；面向社会企业，应侧重健康旅游产业发展规划、健康旅游产品设计、健康旅游市场运营、健康旅游服务与管理等方面，以便健康旅游人才在各自岗位发挥所学技能。

2. 逐步建立健康旅游师职业工种

健康旅游是健康服务业和旅游业融合发展的新业态，既是民生项目，也是新经济，是面向健康人群、亚健康人群、患病人群等全人群，提供预防保健、疾病治疗、康复疗养、休闲养生、健康促进等一体化、全方位服务，实现游客在快乐的旅游中增进健康的新型服务模式，因此，能够承担这一新型服务模式的工作人员，势必要成为一支新型的职业工种。

3. 同城协同发展与多元化教学相结合

实施开展同城协同培养模式机制，按照"优势互补、共谋发展、互惠互利、合作共赢"的原则，根据地方区域条件，协同"政府—企业—高校—医院"等多方力量，培养健康旅游专业人才，培养复合型的健康旅游人才。以首批国家健康旅游示范基地中，单独地以全市作为示范单位的两个城市——桂林市、三亚市人才培养为例。[1]为适应桂林市经济社会发展需求，结合桂林市的区位优势、产业优势，桂林市以健康产业为发端，联合政府、军队健康管理研究机构、企业及多家高校等力量，军民融合发展，成立广西师范大学健康管理学院，创始院长由中国人民解放军原第一八一医院院长向月应教授担任，充分发挥广西师范大学、桂林理工大学、桂林电子科技大学、桂林旅游学院等高校在科学研究、技术转移、人才培养等方面的优势，吸收桂林高校培养复合型的健康旅游人才，开创政、军、产、学、研办学模式,建立健康旅游人才培养市场化、社会化发展机制。②三亚学院健康产业管理学院为适应中国健康旅游发展,在学科专业建设上,构建"一体两翼、四梁四柱"的规划,"一体两翼"中"一体"指以健康医学院为平台建设,整体融合发展,"两翼"指以健康为核心的学科专业群建设、以新医科理念构建医学学科专业群建设,"四梁四柱"中"四梁"指以健康管理、健康旅游、健康养老、健康科技为引领对接产业和社会尤其是海南建设自由贸易港的区域需求,"四柱"指以"医(衣)、食、住、行"为专业支撑开展人才培养、科学研究及社会实践活动;为响应海南省委省政府"聚四方之才建设海南的百万人才引进计划",学院设立"健康医学学科博士科研工作站",全球招聘医疗健康高层次人才,积极推动健康医学学科融合发展。

加强地方旅游院校(系)与医学院、健康管理学院、养生康复学院、中医药大学等机构合作,积极开展"校校合作"的培养模式,在原有旅游专业基础上,开设康复、养生、中医、运动、营养学、健康管理等课程,或者在健康管理学院、养生康复学院引入旅游专业课程,实施跨学科交叉教学,探索健康与旅游的融合培养机制/模式,提升与完善现有的旅游+健康培养模式。①

4. 全面的平台化建设

健康旅游人才培养,应与各类实训基地相结合,为学生提供理论学习和实操的平台,进入医疗与旅游相关政府部门、AAAA/AAAAA级景区、休闲养生中心、康复疗养中心、高端医疗中心、三级甲等医院、体检中心、整形美容中心、保险公司、国家科技产业园、创新创业孵化中心等。②

(三)提升高质量标准化的医疗技术服务

近些年,随着中国医疗卫生事业的不断发展,我国的医疗技术、人才储

---

① 黑启明、向月应:《健康旅游学》,人民卫生出版社,2020,第278~279页。
② 黑启明、向月应:《健康旅游学》,人民卫生出版社,2020,第279页。

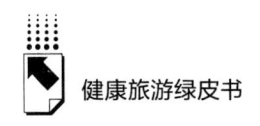

备和服务水平有了很大程度的提高，但与国际上健康旅游发达的国家相比仍存在差距。

例如，在日本，日本每万人拥有高端医疗设备数量居世界第一，并拥有世界最多的急症床位数量，这是日本医疗旅游发展较快的关键因素之一。①在印度，其大部分私立医院的条件不比欧美大城市医院差，甚至还有所超越，如著名的阿波罗医疗集团，被称为亚洲医疗服务的领导者，阿波罗医院是印度首家获得 JCI 认证的医院，已经经过了五轮标准认证。该医疗集团在印度乃至亚洲都处于医疗科技的领先地位，提供完整的最新诊断设备、内外科设备设施为患者治疗，其医院、药房、初级保健和诊断诊所有非常高的知名度和影响力；医生资源方面，60%的医生拥有国际行医资质，在国际上有很高的认知度。同时，手术成功率也是印度医院的一个标杆。在阿波罗医院实施的心脏外科手术中成功率达 98.5%，骨髓移植手术成功率达 87%，肾脏移植手术成功率达 95%。②印度医生医术十分精湛，在心脏病、整形外科手术、关节复位等治疗方面，已经达到了国际一流的水准。

因此，应大力鼓励我国非公立医疗机构积极与国际上著名的医疗机构、医学研究机构、医学院等建立友好合作关系，执行国际同等标准，使国内健康旅游医疗服务水平达到国际化水准，提供符合国际标准的诊断和治疗服务；提高创新科技成果用于临床的效率，简化市场准入行政审批流程，让健康旅游消费者及时享受科技创新的红利，推动我国临床水平早日与发达国家接轨；同时，加强硬件医疗设施建设，加大力度推广基因治疗、新型放疗、干细胞治疗等新兴技术的发展，做到科学监管、管放结合；尤其要加快我国生物技术、新材料技术、人工智能技术创新产品的研发创制与临床应用，以高新技术引领并抢占国际健康旅游市场的制高点。

---

① 曹洋：《亚洲国家医疗旅游业的发展及其启示》，《三峡大学学报》（人文社会科学版）2020 年第 5 期。
② 任冲：《印度医疗旅游业的全球竞争模式及启示》，《河北经贸大学学》2015 年第 3 期。

参考文献

刘永生、刘庭芳:《中国国际医疗旅游服务相关宏观政策研究》,《中国医院》2016年第5期。

任冲:《印度医疗旅游业的全球竞争模式及启示》,《河北经贸大学学报》2015年第3期。

G.11 欧美国际健康旅游产业发展现状与发展战略研究

蒋 锋[*]

摘 要： 本文对美国、英国、瑞士、德国、匈牙利、土耳其、比利时、波兰、西班牙、乌克兰等欧美国家的国际健康旅游目的地的发展现状、特色产品、发展战略等方面进行系统综述，在此基础上，结合中国国际健康旅游的现状提出发展建议，包括政府高位推动、开设医疗签证、制定推广预算、列为经济增长极、加强服务监管、提供人才保障等方面政策建议，以期助力中国国际健康旅游的快速健康发展。

关键词： 健康旅游 医疗旅游 发展策略

一 欧美国际健康旅游产业发展的总体概况

（一）发展规模

健康旅游（health tourism）被称为一般旅游业的一个蓬勃发展的子行业，对于其定义，学术界尚未取得完全的一致意见。健康旅游有许多定义，通常我们将健康旅游定义为："以身体健康为中心的旅游形式，同时也能改

---

[*] 蒋锋，博士，上海交通大学健康长三角研究院医疗管理与评价研究中心执行主任，研究方向为健康旅游、医院管理、医药卫生体制改革、公共精神卫生等。

善精神健康，提高个人满足自身需求和更好地在环境和社会中发挥作用的能力。"[1]

康养旅游（wellness tourism）被定义为人们前往不同的地方，积极主动地从事维护或增进个人健康和福祉的活动，以及寻求在家中无法获得的、具有独特的经验或疗法的人所提供的服务。与之相关的是温泉旅游（SPA），旅游者的目的是通过泡浴温泉来达到放松或美化身体的作用。

医疗旅游，则被定义为："人们从通常居住的国家或地区前往另一个国家或地区的现象，其明确目的是获得治疗。"

在这几者中"健康旅游"的定义与内涵最为宽泛，而温泉旅游拥有最长的历史。随着社会的发展与进步，健康旅游日渐兴起，市场规模逐渐扩大。

根据欧洲旅游发展局的统计，2014年，欧盟28国健康旅游市场的总规模为5600万人次国内游客和510万人次国际游客。健康旅游游客占欧盟28国游客总数的4.3%，占国内游客的5.8%，占国际游客的1.1%（见表1）。欧盟28国的健康旅游总收入约为469亿欧元，占所有旅游收入的4.6%，占欧盟28国国内生产总值的0.33%。据预测，到2020年，欧盟的健康旅游市场的总规模大约为7911万人次游客和608亿欧元。[2]

表1 2014年欧盟28国健康旅游人次和份额

项　　目	所有行程	国内	国际
总行程（百万）	1361	900	461
健康旅游人次（百万人次）	61.1	56.0	5.1
健康旅游占总出行比例（%）	4.3	5.8	1.1

资料来源：根据公开资料整理。

---

[1] 李鹏、赵永明、叶卉悦：《康养旅游相关概念辨析与国际研究进展》，《旅游论坛》2020年第1期。
[2] 刘永生、刘庭芳：《中国国际医疗旅游服务相关宏观政策研究》，《中国医院》2016年第5期。

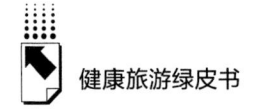

由于可用数据有限且零散,且不同来源的定义范围广泛(且常常重叠),很难区分欧盟健康旅游(医疗、康养和温泉旅游)三个市场的规模。例如,奥地利的一项研究根据每个细分市场的企业/设施数量来估计健康旅游市场规模,但它将侵入式医疗旅游视为一个单独的市场。根据这项研究,2014年,康养旅游在奥地利占主导地位,占所有健康旅游的76%,其次是温泉旅游占13%,医疗旅游占11%。①

2014年,欧盟28国的健康旅游总收入为469亿欧元,占所有旅游收入的4.6%,占欧盟28国国内生产总值的0.33%。欧盟健康旅游收入的3/4以上来自五个国家:德国、法国、波兰、意大利和瑞典。预计到2020年,健康旅游的收入占所有旅游收入的比重将达到17%以上。

在美国,由于医疗费用及医疗等候时间的问题,部分患者会选择出境就医。根据美国医疗旅游协会的预测,到2017年共有2300万美国人选择海外医疗旅行,年费用达到795亿美元。

同时,美国先进的医疗技术常常能吸引外国的重症患者赴美国接受高质量和专业化的医疗护理服务,其中较为著名的机构有梅奥诊所、约翰霍普金斯医院、波士顿儿童医院、麻省总医院、MD安德森癌症中心、克利夫兰诊所等。这些入境医疗游客通常是自费患者,他们为这些拥有专门的国际中心的美国医院贡献了高达10%的总收入。②

(二)发展原因

健康旅游具有悠久的历史,西方有关"健康旅游"的概念最早产生于古希腊社会。与"健康"概念相比,"康养"更强调心理、精神和身体的平衡,与医疗旅游所驱动的出境行为不同,康养旅游往往与人们的日常生活密切相连。康养旅游的理念起源于古罗马时代的温泉疗法和温泉浴。

---

① 刘永生、刘庭芳:《中国国际医疗旅游服务相关宏观政策研究》,《中国医院》2016年第5期。
② Vequist D., Valdez E., Morrison B., "Medical Tourism Economic Report: Latin America Vs Asia," *Medical Tourism Magazine* 10, 2009: 38–40.

欧美国际健康旅游产业发展现状与发展战略研究

医疗旅游较康养旅游出现更晚。随着现代社会人们对健康的关注度的提高，以及技术革新和全球化，越来越便宜的交通、医疗成本的高涨以及发达国家的老龄化进程，导致跨国寻求优质医疗服务的需求与日俱增。医疗旅游的需求最初来自富裕国家，比如北美、西欧、中东等。这些国家之所以产生巨大的跨境就医人群，是因为国内的高手术成本和长时间的等待。

良好的自然环境和优良的医疗服务为欧美国家的健康旅游产业的发展奠定了基础。欧洲健康旅游对高质量的环境和自然资源的强烈依赖可以激励人们对自然资源进行保护，促进可持续发展。欧洲长期以来都有健康旅游的传统，许多典型的健康和温泉度假区，在草药和植物医药方面有着悠久的历史，加之气候宜人、自然环境优美，健康旅游因而得到良好的发展。

在大多数欧盟成员国，医疗保健的质量都很高，而且其他国家的医疗游客也都认可这一点。同时，对于世界大多数地区的游客来说，欧洲的健康旅游目的地都是很容易到达的，交通的便捷性成为欧洲健康旅游的另一个优势。

欧洲的健康旅游呈现多样化的特点，其核心的特色服务内容包括重症医疗旅游（例如德国的医疗旅游）、美容整形医疗旅游（例如瑞士的抗衰老和匈牙利的牙科医疗）、温泉水疗旅游（例如克罗地亚的水疗旅游）等。

在美国，健康旅游则呈现两种发展趋势，一种是美国国内的患者由于医疗费用和等候时间的压力，走出国门到国外，特别是到新兴的亚洲地区寻求医疗服务；另一种是美国的发达医疗技术，吸引了全球的重症患者赴美治疗。例如，在中国，恶性肿瘤患者的五年生存率平均是30.9%，而美国的五年生存率平均是66.9%。[1]

---

[1] Marc Piazolo, Nurşen Albayrak Zanca, "Medical Tourism-A Case Study for the USA and India Germany and Hungary," *Acta Polytechnica Hungarica* 1, 2011: 137-160.

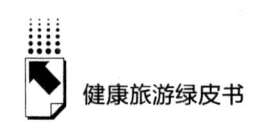

二 欧美国际健康旅游产业的发展现状与发展战略

（一）美国

1. 发展历程与概况

尽管寻求治愈的旅行并不是什么新鲜事，但新奇的是，越来越多的人为了寻求负担得起的及时医疗而长途旅行。此外，旅行的方向正在改变。美国拥有强大的制药工业和高水平的医院，历来是医疗游客的目的地。据估计，每年约有50万人赴美国寻求肿瘤、辅助生殖等方面的医疗服务。但近年来，美国的病人出现了相反的趋势，他们出国寻求更便宜、更豪华的医疗服务。据估计，每年有150亿美元的收入离开美国，因为美国人前往世界各地进行医疗旅游，主要是为了更便宜的选择性治疗。这促使美国的医院重新思考其经营方式。在美国，其先进的医疗科技和优质的医疗服务所带来的强大吸引力，使全球的重疾患者及高端人士趋之若鹜。

美国医疗保健体系只有覆盖到更广泛的社会阶层，并提供高效的服务和友好的价格，才能在消费者驱动的国际医疗旅游市场中有效竞争。例如，堪萨斯州威奇托市的加利西亚心脏医院（Galichia Heart Hospital）决定，进入这个由海外医院垄断的市场，为国内患者提供更便捷的优质服务。通过降价，该医院每周可以吸引两名跨州的医疗旅游病例，每年约有100例，每年增加收入100万美元。美国其他州也正在推广国内医疗旅行。俄克拉荷马州正在将自己定位为美国肿瘤治疗的医疗旅游目的地，明尼苏达州和密苏里州正在寻求吸引来自邻州的医疗游客进行治疗。

另外，由于美国医疗系统的自身特点，一些手术可能需要等待一年或更长，而且需要支付高昂的手术费用。这就导致美国患者的反向医疗旅游。对大多数美国患者来说，真正吸引人的是价格。印度、泰国或南非的手术费用只有美国或西欧的1/10，有时甚至更低。心脏瓣膜置换术在美国需要花费20万美元以上，而在印度，包括往返机票和短暂的休假时间，一共要花1万美元；在美国，一次整容需要花费2万美元，在南非大约要1250美元。表2显示了与美国相比，在不同国家就医的成本节省估算。

表2　美国与其他国家比较的医疗服务成本节约

单位：%

国　家	治　疗	预计节省
安提瓜（圣约翰）	成瘾与康复	40
巴巴多斯（布里奇敦）	生育/试管授精	40~50
巴西（圣保罗、里约）	整容手术	20~30
哥斯达黎加（圣何塞）	牙　科	30~70
匈牙利（布达佩斯）	牙　科	40~75
印度（新德里、孟买、班加罗尔）	骨科、心脏科	50~85
以色列（耶路撒冷、特拉维夫）	生育/试管授精	30~50
马来西亚（吉隆坡、槟城）	健康筛选	70
墨西哥（蒙特雷、蒂华纳、华雷斯）	牙科学、减肥学	30~60
新加坡	癌　症	30~40
南非（开普敦、约翰内斯堡）	整容手术	40

资料来源：darkdaily.com/Medical。

2. 国际健康旅游特色产品与服务

近年来，美国医疗旅游服务的一个发展方向是，形成目的地医疗社区（DMC）。其中具有代表性的是梅奥诊所和明尼苏达州罗切斯特市社区之间的合作。位于明尼苏达州罗切斯特市的梅奥诊所，为了与约翰霍普金斯医院和克利夫兰诊所等竞争对手抗衡，正在开发这种雄心勃勃的新模式，力图使其成为医疗旅游的最佳目的地。一般来说，从DMC的服务中获得最大价值的患者/访客是来自250英里以外的医疗游客，他们最有可能住在酒店、在餐厅用餐、寻求娱乐，并且需要交通服务。在梅奥诊所，DMC创造一个个性化的医疗客人体验，为病人和家庭成员带来一个功能性和积极的医疗访客体验。

3. 发展战略与推广措施

由于美国国际健康旅游的特点与定位，其产品多通过相关的中介进行宣

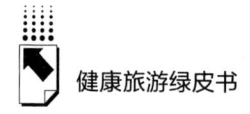

传与推广。例如哈佛大学麻省总医院、布莱根妇女医院、梅奥诊所、约翰霍普金斯医院、MD 安德森癌症中心等全球著名医疗机构与跨境就医的辅助机构签约，通过辅助机构来筛选潜在的患者。

（二）英国

1. 发展历程与现状

在英国，出境医疗旅游增加的趋势非常明显。超过半数的英国患者前往欧洲其他地区接受治疗，法国是英国患者最受欢迎的目的地国。随着时间的推移，英国的医疗旅客也很青睐波兰和匈牙利。其主要目的是美容、牙科和生育治疗。同时英国的医疗旅客也开始青睐东亚的医疗旅行。例如，2010 年之前，在所有寻求国外治疗的英国患者中，70% 前往欧洲，而在 2010 年，这一比例已降至 58%。2010 年是一个转折点，在这个转折点上，英国成为医疗保健服务的净进口国，考虑到出境医疗旅客的年龄（其中最大比例为 25～34 岁），以及入境医疗旅游总体上略有下降的态势，这一趋势可能会继续发展下去。

同时，英国也是入境医疗游客的一个目的地国，据报道，每年约有 5 万人赴英国寻求心脏、肿瘤、神经等专业方面的医疗服务。大量的入境医疗游客赴国际知名的大型医院接受治疗，其中最主要的是 Great Ormond Street 医院。入境医疗游客每年为该医院贡献超过 2000 万英镑的收入。[①] 整体上，入境医疗游客占英国患者总数的 7%，但是为医疗系统贡献了近 25% 的收入。这表明，入境医疗游客的开支远远高于当地居民，前往英国的入境医疗游客寻求的是高端的专家和昂贵的医疗服务。根据现有数据推断，入境医疗游客每年为英国贡献 3.97 亿英镑至 5.44 亿英镑的收入。这确实是一个相当大的市场，而且很有可能继续增长。

2. 国际健康旅游特色产品与服务

在英国的入境国际健康旅游中，哈雷街医疗中心（The Harley Street

---

① DeMicco F. J., *Medical Tourism and Wellness*: *Hospitality Bridging Healthcare* (Apple Academic Press Inc, 2017).

Clinic）是许多国外患者的目的地。哈雷街医疗中心是国际先进医疗和护理技术的世界级医疗中心，主要治疗心脏、神经、癌症等疾病，患者从婴幼儿到成人都有涉及，中心尤其擅长癌症的诊疗，且在抗癌药物研发项目上拥有世界级的医疗设备和设施。哈雷街医疗中心还精通幼儿心脏手术，并且被当地医疗保健委员会称为"伦敦顶尖的心脏手术中心"。

伦敦哈雷街拥有3000多名医疗专业人员，同时还有许多私人诊所。病人可以去那里寻求从整形手术到癌症治疗的多种医疗服务。在哈雷街设有办事处的医生提供广泛的服务，包括精神病学、牙科、产科护理、外科、儿科和其他各种专科，除了被英国公民所利用，哈雷街还受到世界各地患者的欢迎。

3. 发展战略与推广措施

为了推广医疗旅游服务，英国国民保健服务机构（NHS）做了大量的工作。首先，NHS在培训、教育和咨询方面与临床医生合作，建立了合作临床医生网络，NHS还通过信托机构，采用一系列的商业模式和方法来向国际患者提供服务。其次，一些伦敦专科医院在中东开设了分支机构，与该地区的医疗保健机构发展合作。例如伦敦帝国理工学院糖尿病中心在阿布扎比开设了专门从事糖尿病治疗、研究和培训的机构；Great Ormond Street 医院在迪拜健康城开设了一个区域办事处；Moorfields 眼科医院在迪拜健康城开设了一家机构，作为该医院的海外分支机构运营。最后，国家医疗服务体系通过为病人提供高端私人服务来吸引国际医疗游客。包括使用共享的剧院、私人手术室空间和病房设施等。

（三）瑞士

瑞士是医疗旅游发展较早的国家，拥有高级的水疗中心、健康中心以及私人诊所。同时，瑞士拥有完善的酒店加医疗合作模式，为医疗旅游的发展奠定了良好的基础。瑞士以酒店管理著称，瑞士的私立医院除了先进的诊疗技术外，干净的设施、五星级以上酒店标准的个性化服务也是其特色。把疾病的治疗变成快乐和放松是瑞士医疗旅游的最大特征。

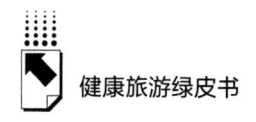

例如，巴德拉格兹大度假村就是一个综合性的先进医疗旅游胜地。它将医疗保健与奢华完美融合，将度假胜地与医疗设施连接起来。度假村在疗养病人的护理方面有着悠久的经验，该度假村的根源是1242年发现的药用温泉。巴德拉格兹大度假村集团在其成立于1957年的医疗保健中心延续了这一传统，为门诊诊断、预防、治疗和康复领域提供连续性的服务。在新开的诊所里，度假村的患者可以享受一流的住院康复和独家五星级护理服务的独特组合。住院康复部位于水疗套房的一至三层，由26张床位组成，可根据患者的需要进行调整。

巴德拉格兹大度假村的康复服务领域包括：肌肉骨骼康复、内科康复、身心康复。此外，医疗中心还为患者提供以下医学领域的服务，包括风湿科和骨科的诊治，肾脏、皮肤科、妇科、眼科、牙科的检查与诊断治疗，营养、锻炼和代谢优化方面的医学咨询，心理健康和补充医学等方面的服务。

在度假村里，患者可以得到全面、优化和个性化的定制康复服务。个体医疗专家、护理人员和治疗师之间的跨学科合作为康复提供了最佳框架。合格的护理人员保证24小时的个人护理。患者可以在自己的房间或在大度假村的五家餐厅之一享用早餐、午餐和晚餐。餐厅每天提供三份菜单，其中一份基于度假村自己的烹饪健康品牌"烹饪平衡"。度假村有18个豪华水疗阁楼配有宽敞的阳台和流动的热水，可满足住院康复患者的需求。度假村除了拥有水疗中心外，还有两个高尔夫球场和四个网球场。这对患者的好处是显而易见的，正是由于高素质的医疗团队和专业的护理团队，每个患者都能得到最佳、个性化和持久的服务。

同时，"Hospitel"这一概念，由hospital和hotel两个词组合而成，在这里得到发展和壮大。度假村不仅可以提供医疗服务，还可以提供高度专业化、关于客房住宿和远足的建议。此外，它们还可以帮助提供翻译。患者将能够体验瑞士风景秀丽的自然风光和完善的设施。因此这种模式被称为酒店衔接医疗保健模式（Hospitality Bridgeting Healthcare），或者称为H2H模式，如图1所示。

瑞士蒙特勒基于世界著名的抗老化专业机构——静港医疗中心，提供抗

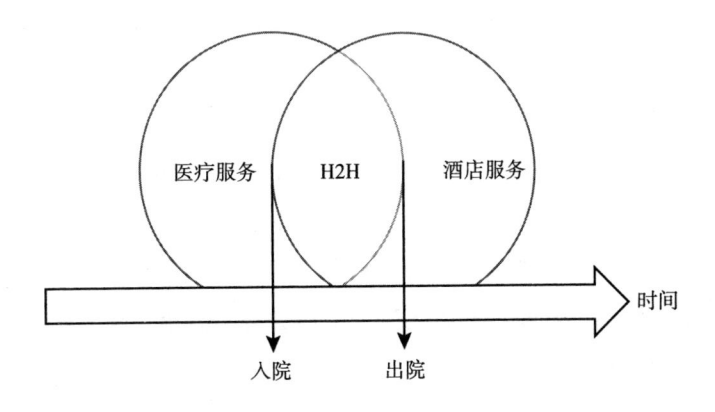

图 1　H2H 模式

衰老健康诊断、细胞活化治疗等高端医疗美容服务。在这个地区有 11 家高级私立医院、74 家酒店和很多民宿。医疗机构的建设与城市自然风光和人文资源交相呼应，形成了抗老化、养生、休假全套服务链，充分满足了高端市场的需求。为了推动瑞士健康旅游的发展，瑞士贸易促进中心和瑞士旅游局共同成立了瑞士健康协会，进行广泛的宣介，即瑞士具备自然之美和高效的健康医疗服务。它们把主要客户锁定在俄罗斯、远东和高速发展的国家。

此外，瑞士还成立了优质医院联盟，这是一个独具特色的瑞士私立医院联盟，成员医院都拥有悠久的历史。联盟的主要目标在于实现顶级品质的医疗服务、先进的基础医疗设施以及高水平的私人医护服务的最佳组合，从而使病患可从中获得明显的附加值。

（四）德国

德国的优质医疗系统和相对便宜的医疗价格受到邻国、富裕的阿拉伯湾国家以及俄罗斯、美国等海外患者的青睐。因此，德国国家旅游局将德国定位为向全世界患者提供专业治疗服务的医疗目的地，通过放宽入境政策，提高服务质量，支持国际医疗旅游机构的设立，建立政府官方医疗旅游网站，加强宣传推广高品质的观光景点等措施，促进医疗旅游的发展。德国旅游局网站专门开辟"医疗旅游"一栏，介绍两种医疗旅游项目。第一种是健康

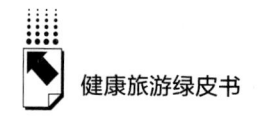

旅游类，包括一系列高水准的健身美体机构、健康饮食和有机酒店。第二种是康复休假类，德国国内有300多种康复和高级温泉度假区。德国旅游局在阿联酋、俄罗斯等主要旅游客源国设有医疗旅游宣传点。在中国北京、上海、广州的签证处分发宣传册，这充分展示了德国政府宣传医疗旅游的决心。

由于健康旅游人数和消费额持续上升，因此德国政府开始挖掘健康旅游的潜力，相继推出了健身、美容SPA、医疗健身、健康食品、矿泉浴场、疗养地等一系列医疗旅游产品。

（五）其他国家

1. 匈牙利

匈牙利素有"世界牙科之都"的美誉。该国因其在牙科方面的优秀服务、充沛的牙科医师和富有竞争力的服务价格，得到广大国际医疗旅游患者的认可。此外，生育旅游也是匈牙利的一个特色领域。匈牙利关于试管授精（允许植入4个胚胎）的相关规定被认为是对生育旅游的一个主要拉动因素。同时，匈牙利还是欧洲温泉和热水集中度最高的国家，温泉疗养也是其重要特色产品。

虽然匈牙利的个人医疗服务机构很多，但是匈牙利政府的作用不容小觑。匈牙利卫生部积极推行医疗旅游战略，希望将该国打造成为国外患者的首要目的地。英国则被视为这一战略的主要目标市场。同时，匈牙利政府看到了该国医学教育的良好声誉与医疗旅游业的增长之间的联系，因此大力发展医学教育，以便为国际健康旅游服务提供智力支持。

2. 土耳其

土耳其医疗旅游业是一个越来越具有全国性的产业，小型和大型诊所与政府以及准政府机构一起招揽国际医疗旅游患者。规模较大的诊所，通常是"一站式"诊所，可以进行各种各样的手术，这些诊所正在积极向高端手术方向发展。为此，土耳其诊所正积极寻求与欧洲和中东的医疗保险公司建立伙伴关系。尽管各个诊所之间存在竞争关系，但它们都同时团结在旨在将土耳其打造成"东西方交汇处"的医疗旅游热点的国家计划之中。土耳其对外经济关系委员会和健康旅游商业委员会合作组建了土耳其卫生组织，该组织和土耳其医疗保健发展理事会等组织代表着土耳其医疗旅游提供商的松散联盟，它们统一支持国内的医疗机构，使更广泛的医疗旅游客源被吸引到土耳其。同时这些组织与土耳其政府的旅游和文化部保持着密切的联系。

3. 比利时

比利时的医疗旅游以小型的独立诊所为主，从事的治疗领域主要有减肥手术、整容手术和生育手术。尽管比利时的便宜价格吸引了其他欧洲国家的公民，但其在整容和减肥手术方面的医疗水平也是值得称道的。同时比利时旅游和住宿的费用通常较欧洲的其他国家更为便宜。

4. 波兰

波兰的牙科和整形外科的医疗旅游市场比较成熟。波兰的医疗旅游活动常常通过个人公司和医疗诊所来实现。其中，很多医疗诊所是国家所有的，不仅对本国的居民，也为前来医疗旅游的患者提供服务。波兰政府设立了波兰医疗旅游商会，希望通过与波兰医疗旅游协会的合作，挖掘医疗旅游市场的潜力。

5. 西班牙

西班牙的医疗旅游业有着悠久的历史，其发展建立在低成本和活跃的旅游业之上。西班牙的医疗旅游业主要服务于欧洲大陆。西班牙的医疗旅游主要是在大型多功能诊所或医院内进行，这些诊所或医院通常会开展一系列的治疗活动。虽然有一些较小的独立的专科诊所也开展国际健康旅游业务，但还是大型综合医院主导了西班牙的整个国际健康旅游行业。最主要的例外是生育旅游业务，因为生育旅游主要由一些小诊所和大诊所来开展。

6. 乌克兰

乌克兰是少数赞成代孕的国家。自由立法、廉价代孕成本使乌克兰的"生殖旅游"更有魅力。在乌克兰，对于海外客户来说，一次的代孕费用在3万~4.5万美元。其中，1万~1.5万美元将支付给代孕母亲。乌克兰是欧洲最贫穷的国家之一，居民年平均收入不到3000美元，代孕生产的一次收

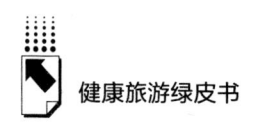

入是平均工资的3倍以上。很多乌克兰女性都因为经济因素而成为代孕母亲。因此，乌克兰已成为"代孕生育之都"，吸引了世界各地寻求代孕生子的游客。

尽管商业代孕在乌克兰是合法的，但并不意味着乌克兰对代孕没有任何限制。在乌克兰，只有健康生过孩子的女性才能成为代孕母亲，只有合法结婚的夫妇才能委托代孕生子。代孕母亲对代孕婴儿没有任何的潜在权利。这些法律规定，为商业代孕业务的发展提供了一定的保障。

三 欧美各国国际健康旅游产业发展策略的比较研究

（一）欧美各国国际健康旅游产业政策与推广机制的比较分析

在欧盟，有许多国家将健康旅游视为一种战略旅游产品和优先发展机会。一些国家在其国家卫生政策中也提到了健康旅游。阿尔巴尼亚、安道尔、波斯尼亚和黑塞哥维那、保加利亚、克罗地亚、塞浦路斯、希腊、爱沙尼亚、匈牙利、爱尔兰、拉脱维亚、立陶宛、马其顿、摩纳哥、黑山、波兰、葡萄牙、罗马尼亚、塞尔维亚、斯洛文尼亚、斯洛伐克和土耳其等国的国家旅游政策中始终高度关注健康旅游的重要性。虽然目前的欧盟成员国和候选成员国的健康旅游政策存在差异，但大多数国家对发展特定类型的健康旅游业表现出战略雄心。例如，塞浦路斯和希腊等一些国家已经制定了具体的国家健康旅游战略。

在整个欧洲层面，健康旅游法律框架（更具体地说是跨境医疗）已在关于跨境医疗中患者权利应用的第2011/24/EU号指令中作出了规定。[1] 2011年4月24日生效的该指令旨在制定规则，促进欧盟获得和提供安全和高质量的跨境医疗服务，确保患者的流动性符合欧洲法院制定的原则，并促进成员国在医疗保健方面的合作。其主要关注点是患者流动性（患者的事

---

[1] 刘永生、刘庭芳：《中国国际医疗旅游服务相关宏观政策研究》，《中国医院》2016年第5期。

先授权和报销)、国家联络点和跨境合作(电子健康和欧洲参考网络)。尽管这项立法仅适用于受监管的患者流动,这意味着它不包括"自费医疗旅游",但它可以作为一个很好的实践来了解患者流动的状态,以促进医疗的私有化和商品化。

在国家和区域一级,欧洲的健康旅游政策相当普遍。其中许多政策的主题包括:保证并提高健康旅游的质量、支持有关行动者之间的合作、制定和实施宣传活动、注重区域专业化、制定和调整立法、有效分配健康旅游项目的政府预算(例如在塞浦路斯,卫生部和规划局之间形成和发展对话机制,确保健康旅游的资金提供),以及利用健康旅游在淡季来刺激旅游业的发展。

在国家层面上,保加利亚的《国家旅游法》侧重于关注健康活动。该法第138条明确规定了在健康中心提供的水疗与健康服务应具有的规范、提供服务应该具备的证书以及对员工能力的具体要求。

克罗地亚制定了"2020年前克罗地亚共和国旅游业发展战略",健康旅游被其认定为具有独特增长潜力的旅游产品。其发展重点是市场开发、商业化和专业化、网络化。具体措施包括:①建设现代化诊断和治疗中心,提供高标准的酒店住宿;②制订健康旅游发展行动计划(由卫生部和旅游部制订),以确定现有目的地/机构提供/服务现代化的优先事项,并确定开发该服务的优先地点;③为保健中心、健康旅游中心制定最低标准,包括设施、设备、安全、服务质量和无害环境的"绿色"贸易标准,已提出和采用的质量标准包括技能发展方案、检查标准、许可和认证、国际认证,以及顾客满意度评价;④与竞争圈内国家(奥地利、意大利、德国、匈牙利和斯洛文尼亚等)的健康旅游服务提供商建立战略联系和网络;⑤国家健康旅游协会的专业领导作用,包括市场研究、信息、教育、游说和会员资格管理。

在波兰,健康旅游,特别是温泉旅游,被认为是"2020年旅游发展计划"的优先领域之一。波兰重点关注对健康旅游和温泉旅游感兴趣的目标消费者群体的需求。波兰政府通过体育和旅游部与卫生部,同地方政府以及

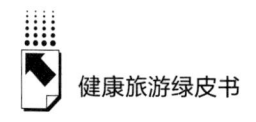

旅游部门组织之间加强合作来加速健康旅游业的发展。波兰建立了健康旅游集群和网络，参与者包括：中央和地方当局；医院、诊所、医生、医学院；研究机构；旅行社、酒店、餐厅；设备供应商；经济经营者等。这些集群和网络主要致力于共同促进健康旅游和提高质量。

在葡萄牙，健康旅游被确定为整个国家的战略旅游产品。为了确保竞争性地开发这种产品，葡萄牙在这一领域制定了国家战略参考框架和旅游业干预方案。其中的重要行动包括：①根据健康饮食的提供、健康专家的可及性以及所提供设施的健康理念水平，对提供医疗旅游服务的酒店进行评估；②由多个国家部门，包括国家旅游局、卫生部、市政府、区域旅游局、旅游区和区域旅游促进机构、商业协会、旅游行业协会等来综合协调，共同促进健康旅游业的发展。

在土耳其，健康旅游被确立为"国家健康战略"的目标之一。其内容包括：①宣传和创建健康旅游景点。其宣传措施包括印刷材料和印刷广告、电子促销、研讨会和大会、宣传大使、合作网络，以及创建企业健康旅游形象。其他措施还有，在国际博览会上开展健康旅游宣传活动；与国际航空公司合作，推广健康旅游；政府相关部门间建立合作关系，将健康旅游与其他旅游服务结合起来。②提高健康旅游的服务质量。增加提供健康旅游服务的卫生设施，对健康旅游设施进行检查。加强培训，提高从业者的技术能力。③扩大健康旅游的服务范围，确定健康旅游的服务标准。④加强对健康旅游的管理。设立科学咨询委员会，确保健康旅游活动与循证医学实践相结合。在健康旅游的框架内，继续在投资、规划和奖励方面与各部门合作。确定从事健康旅游服务的中介/支助人员的教育标准，并与教育部和高等教育委员会合作提供他们所需要的教育。⑤鼓励健康旅游的投资。通过促进手段来鼓励私营部门采取行动，积极投资健康旅游领域。

（二）欧美各国国际健康旅游产业发展对中国的启示

从对欧美各国国际健康旅游产业的案例研究和政策分析，可以获得中国发展国际健康旅游产业的一些启示。

1. 政府高位推动

在国家层面上，成立相关的委员会，综合协调各个政府部门的职责，促进国际健康旅游产业的快速发展。建议在国家层面上成立国际健康旅游产业发展指导委员会或领导小组，由卫健、旅游、商务、保险、发改、外交、公安等相关部门共同参与，构建整合、统一协调的办事机构，改变现行的低层级、孤岛式、碎片化、低效率的运行态势。[①]

2. 开设医疗签证

需要通过跨部门协调，完善国际健康旅游签证制度，尽快与国际接轨，提高境外患者及其陪护人员医疗签证办理效率。

3. 制定推广预算

在政府财政中，制定健康旅游推广的相关预算，保障推广活动的开展。通过政府、协会与商业公司等方面的密切合作，加大中国国际健康旅游产业的国际宣传。建议主管部门联合旅游主管部门、健康机构及相关政府部门加强宣传，积极运用国际上先进的营销手段，按市场规律，通过媒体和舆论导向促进我国国际健康旅游产业的快速发展。

4. 列为经济增长极

将国际健康旅游产业定位为绿色经济的一个增长点，利用健康旅游业的发展来发展经济，提升劳动力的质量和水平，为经济的可持续性发展做出贡献。[②] 同时，将其作为一种业态来增加国内旅游，促进旅游业的可持续发展。鼓励民营医院积极开展国际健康旅游服务，以推动我国国际健康旅游产业迈开坚实的一步，将民营医院大力开展国际健康旅游服务作为我国新的经济增长点。

[①] Lunt N., Smith R. D., Mannion R., et al., *Implications for the NHS of Inward and Outward Medical Tourism: A Policy and Economic Analysis Using Literature Review and Mixed-methods Approaches* (Southampton UK: NIHR Journals Library, 2014).

[②] Illario M., De Luca V., Leonardini L., et al, "Health Tourism: An Opportunity for Sustainable Development," *Translational Medicine @ UniSa* 19, 2019; Kaixin W., "Analysis on the Development Demand and Influence of Domestic Health Tourism Industry Market," *International Journal of Intelligent Information and Management Science* 3, 2020.

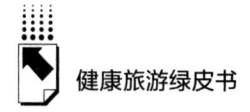

5. 加强服务监管

规范医疗旅游中的服务程序，提升医疗服务质量，防止不良事件的出现，因为这会产生负面新闻，并给医疗旅游带来负面影响。

6. 提供人才保障

对健康机构、旅游部门相关服务人员开展业务培训和语言培训，为国际健康旅游服务提供人力资源上的保障。

G.12 亚洲国际健康旅游产业发展现状与发展战略研究

张 丹*

摘 要： 健康旅游已跻身全球最具发展潜力的新型产业行列，目前全球健康旅游中心已转移至亚洲，新加坡、泰国、印度、马来西亚等国家经过多年努力已经发展成为世界健康旅游强国。本文将通过文献分析法，对新加坡、泰国、印度、马来西亚、日本、韩国、以色列、迪拜等8个亚洲国际健康旅游目的地的发展历程与现状、特色产品与服务、发展战略与推广措施等方面进行综述与比较研究。在此基础上，结合我国健康旅游发展现状进行深入研究，在明确我国健康旅游需求的基础上，提出建立多部门合作共管协调机制和专管机构、加强人才队伍建设、加大中国健康旅游的宣传力度及打造具有中国特色的医疗旅游品牌等方面的相关对策建议。

关键词： 亚洲国家 健康旅游 医疗旅游

一 亚洲国际健康旅游产业发展的总体概况

（一）发展规模

随着健康旅游的发展，全球健康旅游者的流向也发生着转变。18世纪

---

* 张丹，博士，清华大学医院管理研究院、清华大学深圳国际研究生院讲师，研究方向为医院质量管理、健康旅游、社区卫生管理等。

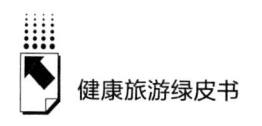

发展中国家富裕阶层到发达国家寻求优质医疗，20世纪90年代发达国家居民到发展中国家寻求高性价比的医疗和健康服务，再到目前，各国健康旅游者相互流动，寻求的服务内容和形式也都增加了新的内涵。

发达国家病患不堪国内过高的医疗费用和过长的排队等待时间，借助全球化在便捷交通、医疗技术同步发展和文化意识互通互融等方面为国际健康旅游可行性和可及性提供的助力，前往发展中国家寻求质优价廉的医疗服务，既解决了自身就医困境，又作为外部因素促进了发展中国家医疗服务水平的提升，且为相关国家带来了很好的经济效益。在有些亚洲国家，尤其是新加坡、泰国、印度和马来西亚，健康旅游已颇具规模，成为这些国家第三产业中不可或缺的一部分。其他亚洲健康旅游国家，如菲律宾、以色列和阿联酋，正奋起直追，希冀赶上健康旅游发展步伐，占据部分市场。鉴于此，健康旅游业在亚洲乃至全球面临的激烈竞争可想而知，且形势会愈加激烈。MTA（Medical Tourism Association）、IMTJ（International Medical Travel Journal）、Patients Beyond Borders、Bookimed等国际健康旅游权威机构对全球健康旅游目的地的排名近年来呈现巨大的变化。

Medical Tourism Association（MTA），世界医疗旅游协会，是一个面向健康旅游的全球性非营利性行业协会，与各国政府、国际顶尖医院及医疗保健者、保险公司、行业促进者等各相关利益方开展合作，发布医疗旅行行业分析报告，即Medical Tourism Index（健康旅游指数，MTI），在提高消费者健康旅游认知、传递最佳服务经验上影响力巨大，权威性得到全球100多个国家认可。

2020年，MTI通过对全美年龄、性别、受教育程度、居住地不同的3000多名民众进行调查，从健康旅游环境、产业、设施与服务质量三个维度，对全球最受欢迎的46个健康旅游目的地进行评估，得出综合排名，并于同年7月发布最新指数报告——*Medical Tourism Index 2020-2021*，提供了全球健康旅游最新动向，目的地概览、排行榜前15名及亚洲上榜目的地分别如图1、图2所示。亚洲均分远超其他四个地区，总分比美洲稍低0.04分，成为全球目的地中心是事实。MTI排名前15个目的地中亚洲国家及地区共8个。值得注意的是，在上一次MTI排名中，本研究的8个目的地中进

亚洲国际健康旅游产业发展现状与发展战略研究

前10榜单的依次为新加坡（第4名）、印度（第5名）、韩国（第8名），而最新的指数中新加坡已冲到第2名，日本升至第3名，迪拜和以色列发展势头也很迅猛，而传统医疗旅游发展较好的国家韩国、泰国和马来西亚均掉出前10名，其中原因值得深入分析（见表1）。

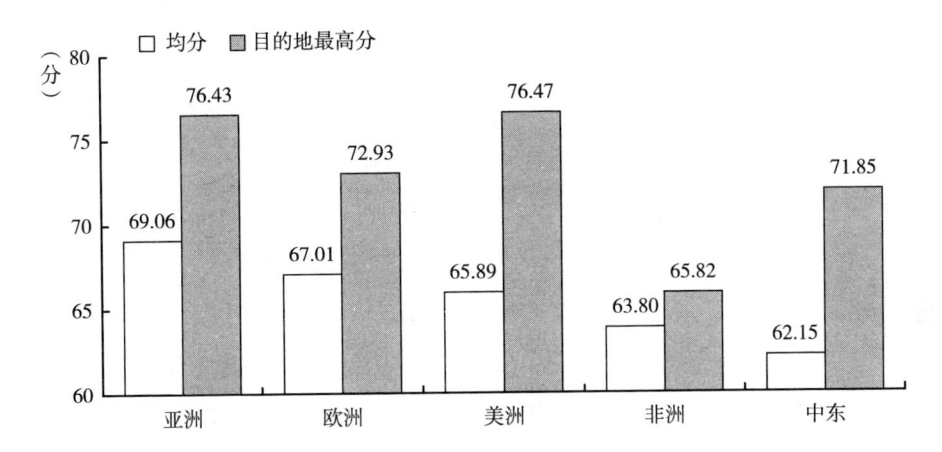

图1 MTI全球健康旅游目的地得分

资料来源：MTI等，2020。

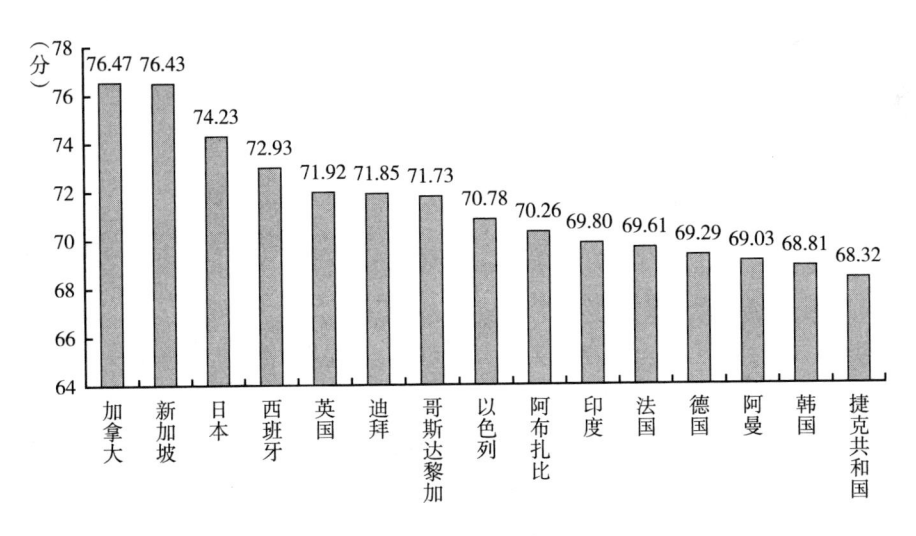

图2 MTI 2020~2021全球健康旅游最佳目的地前15名（得分由高到低）

资料来源：MTI等，2020年。

203

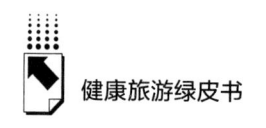

表1　8个亚洲国家和地区MTI全球旅游目的地排名

目的地	排名	目的地	排名
新加坡	2	印　度	10
日　本	3	韩　国	14
迪　拜	6	泰　国	17
以色列	8	马来西亚	—

数据来源：MTI等，2020。

除了前文提到的发达国家病患出于价格和服务的原因前往亚洲求医，还存在另一条与之不同的患者流向：医疗水平相对较低国家的患者前往医疗相对发达的国家进行治疗。在亚洲内部，健康旅游需求者主要来自印度尼西亚、越南、斯里兰卡等国家富裕阶层，目的地国家主要包括新加坡和马来西亚。这部分患者在亚洲健康旅游中占据一定规模，但相关统计数据较稀缺。

"9·11"事件也在亚洲健康旅游的发展中发挥了一定的促进作用。美国在此事件后严加管控签证，中东国家病患申签难度增加，致使求医无门的患者转向他国，包括其他欧美发达国家和亚洲国家。阿拉伯美国总商会对此损失做过估计，每年因中东健康旅游患者被动减少，美国经济损失约5亿美元。

根据2019年健康旅游权威机构Patients Beyond Borders的研究估算，2020年全球健康旅游人数将达到2100万~2600万人，人均健康旅游消费支出约为3550美元，健康旅游消费总额达740亿~920亿美元。保守估计，未来健康旅游市场将以每年超过15%的速度发展，到2030年市场规模将达到3000亿美元，具有规模大、增速快、发展空间广阔的良好势头。

起初，健康旅游主要出于疾病治疗的目的，也更符合"医疗旅游"这个定义，但在治疗之外，也会伴随目的之外的即兴旅游活动。但当前，健康旅游者的心态和需求已经发生了变化，寻求服务的目的已从单纯的疾病治疗，扩大到体验高科技支撑的治疗方式，以及领略世界各国风土人情、美食美景，故"医疗旅游"活动中健康保健、旅游养生的内容逐渐增加，用"健康旅游"更为契合。针对这一变化，服务提供者应及时主动应对，开发出不同种类的产品。亚洲范围内，可按产品及其服务项目按照作用和功能分为五大类，分别是疾病治疗类、美容整形类、养生保健类、休闲度假类、医药购物类。

（二）发展成因

旅游作为一个综合性产业，会同时受到社会、经济与文化多个因素的影响。随着全球经济持续发展，人们的旅游需求出现了较大变化，对旅游业发展产生了较大影响。在这种情况下，健康旅游作为一种新兴旅游业务得到了社会各界的认可，这就使其在亚洲获得了良好发展，其还受到了以下因素的影响。

1. 医疗和旅游消费理念的转变

旅游产业持续发展的同时，人们的旅游需求出现了较大变化，消费者对自然景观与文化的需求逐步向健康、舒适旅游项目转变，这就为健康旅游发展奠定了坚实基础。

2. 国际医疗业发展的差异

全球健康旅游存在较为显著的差异，主要集中在医疗服务与价格方面。相对于发展中国家，发达国家医疗技术发达，费用高昂，且医保政策仅覆盖本国国民，致使发展中国家的患者无力负担医疗旅游费用。以心脏置换手术为例，美国拥有全球顶尖技术，但手术费用较高，即使本国无保险患者也很难承受。对比其他国家相同手术的收费标准，该费用是印度的16.7倍，是泰国的15.2倍。此外，在资源方面同样存在较大差异，这种差异主要集中在资源供需方面。发达国家老龄化程度较高，对本国医疗体系发展产生较大影响，出现了医疗资源供不应求的情况，与此同时其他国家或地区则会存在医疗资源闲置的情况。发展中国家在某些领域拥有较高的技术水平，比如，印度的医疗机器人，韩国的美容整形，这也是国际健康旅游持续发展的重要原因。受到人口老龄化的影响，发达国家病人不仅面临较高的医疗费用支出，还会面临服务质量下降等问题。以膝盖移植手术为例，英国病人想要在英国得到治疗，排队等候时间需要18个月，但在印度只需要5天。发展中国家医

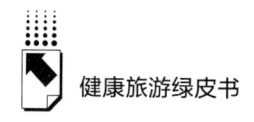

疗水平近年来取得了良好发展，服务质量显著提升，可以提供优良的医疗服务，得到本国与外国患者的一致认可。

3. 全球化浪潮的促进和政府的支持

旅游作为一个国际性产业，其发展会受到全球经济一体化的影响。随着全球经济持续发展，医疗产业与旅游业的融合程度持续提升，为健康旅游产业发展奠定了坚实基础。近年来全球经济获得了良好发展，民众的旅游需求、健康需求持续提升，不少人将健康旅游作为首选的旅游方式。由于健康旅游产业拥有较大的发展潜力，各国政府出台了一系列政策推动健康旅游的发展，如新加坡专门制定了国际医疗计划。

4. 全球旅游业发展的推动

在产业利好预期的刺激下，不少国家将旅游产业作为推动本国经济发展的重要方式。各国政府采取了以下措施：一是对本国已有旅游资源进行深入挖掘，提升旅游产品的国际影响力；二是加大旅游基础设施建设，为游客提供完善的旅游服务，为健康旅游发展奠定坚实基础。

二 亚洲各国国际健康旅游产业的发展现状与发展战略

（一）新加坡

1. 发展历程与现状

21世纪以来新加坡经济受美国影响，状态低迷。与此同时，中国和印度经济却在飞速发展。内部状态和外部形势带给新加坡双重压力。2001年，Economic Review Committee，即经济检讨委员会成立，应对彼时新加坡的经济问题。2003年，该委员会提交报告，对新加坡医疗旅游市场规模、经济效益作了初步估算，认为到2012年可每年吸引100万名外国病人前往新加坡进行健康旅游，政府应当发挥自身医疗服务优势开拓海外市场。2012年末，新加坡政府成立了Singapore Medicine，即"新加坡国际医疗"，致力于打造新加坡健康旅游特色。目前新加坡已经成为全球重要的健康旅游目的地，吸引世界各地数以千万计的病患，也为国家创造了巨大的经济效益。

根据新加坡旅游局估计，2002年新加坡的健康旅游者共计21万人，收益4.5亿新元（3.1亿美元）；2004年健康旅游者共计32万人，收益8.4亿新元（5.7亿美元）。2006年，健康旅游者来自60个国家，共计55.5万人，包括41万寻求治疗的患者和8.9万陪同求医者，另有5.6万人主要目的为其他但顺道进行了体检或医疗，所创收益达12.95亿新元（8.9亿美元）。当时印度尼西亚、马来西亚和文莱是新加坡健康旅游的最大客源国。然而，这些数据都相对老旧，因2015年新加坡旅游局停止公布健康旅游数据。Budget Direct 根据2018年的数据分析发现，印度尼西亚是目前新加坡最大的客源国，每年约有30万人前往新加坡寻求治疗，约占总人数的60%。第二、第三客源国分别为马来西亚和中国。

在MTI最新排行榜上，新加坡综合得分列第2位，环境、产业、设施和服务质量三个维度分别列第2位、第3位和第1位。相较于上期排名，新加坡排名下降，IMTJ有分析称该国"不再是首选（No Longer A Priority）"。Budget Direct 分析马来西亚和泰国的竞争是新加坡健康旅游规模下降的主要原因。

2. 国际健康旅游特色产品与服务

（1）特色项目

新加坡健康旅游项目主推健康检查，并已形成品牌，业务范围囊括了所有健康检查项目和大部分手术项目、医疗护理项目，还可为女性游客提供医美整容、女性健康等服务，为老年人提供专项服务。

（2）质优价廉

新加坡医疗素以质优价廉著称，医疗保健制度虽亦尚存在缺陷，但已得到亚洲乃至世界的公认。WHO 2000年将新加坡的医疗科技和服务排在世界第六位，亚洲第一位。新加坡在医疗价格方面不具备较大优势，尤其是难以与泰国、印度等国进行竞争，但相对于欧美发达国家而言，其仍然具有较大的价格优势。如图3所示，以2018年各国膝关节置换手术为例，新加坡的

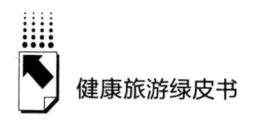

费用仅次于美国、以色列、韩国，但与泰国、印度等国相比，新加坡的费用并不低。

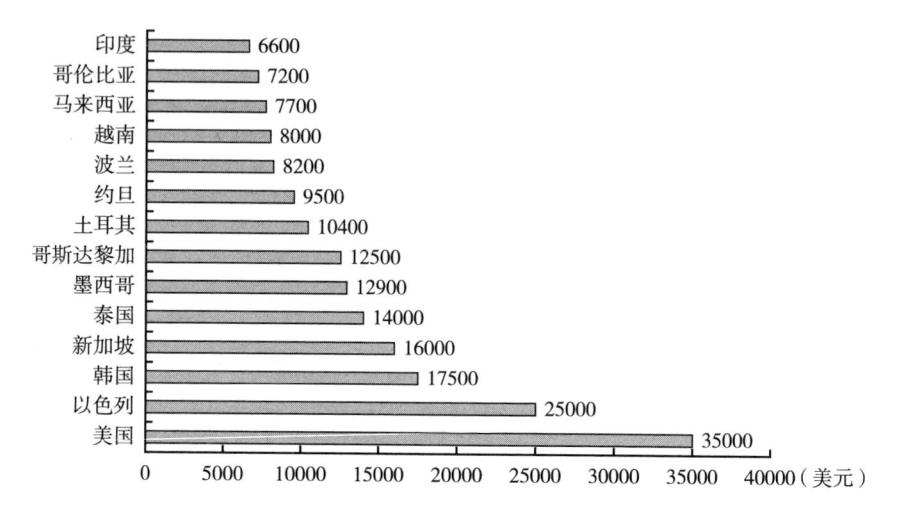

国家	费用（美元）
印度	6600
哥伦比亚	7200
马来西亚	7700
越南	8000
波兰	8200
约旦	9500
土耳其	10400
哥斯达黎加	12500
墨西哥	12900
泰国	14000
新加坡	16000
韩国	17500
以色列	25000
美国	35000

图3　2018年膝关节置换手术各国费用比较

资料来源：Budget Direct，2018。

（3）服务

国际患者可通过新加坡国际医疗找到第三方服务机构或者医院，签订合同后，服务机构需要为病人医疗全过程承担责任，包括为病人和陪同者办理签证、预订酒店、配备秘书，甚至安排游览计划等。

3. 发展战略与推广措施

新加坡采用差异化战略，结合政策、特色项目和语言等优势，竭力打造"亚洲医学中心"。专门负责健康旅游的医疗体系在管理方面直接接受卫生部的管辖，同时得到了其他政府部门的支持，这就使新加坡国际医疗的国际知名度得到显著提升，同时得到了大量患者的认可。为了推动健康旅游产业的发展，新加坡旅游局在内部单独成立国际医疗小组，专门承担健康旅游市场拓展职能。随着全球健康旅游产业持续发展，新加坡旅游局将注意力集中到市场调研与开发中，取得了良好的发展成果。同时加大了该项服务的宣传力度，每年仅广告宣传上就投入数百万美元，其面向主要客源国，如印度尼西亚、中国等，以及新市场，举办活动推销健康旅游。

新加坡的官方语言是英语，但中文使用人口占比75%，这一状况赋予新加坡与欧美游客沟通和开发华人市场的极大优势。为了满足各国游客的需求，新加坡在相关网站用多国语言直观展现本国健康旅游产业。同时，亦在网站披露医疗机构发展现状和配套服务，便于游客查询。相关部门发挥媒体宣传作用，特别加大了网络宣传力度。这些举措帮助新加坡赢得了更多健康旅游需求者的关注和认可。

（二）泰国

1. 发展历程与现状

20世纪90年代以来，在经受亚洲金融危机后，健康旅游产业因其低风险性被泰国政府所关注，成为政府重点扶持的新兴产业。泰国健康旅游业开始于1997年，2004年为了整合医疗服务、健康保健服务、传统草药三个产业资源，泰国卫生部门牵头制定了第一个健康旅游发展的五年规划，通过打造亚洲健康旅游基地，形成了具有较高国际影响力的旅游品牌。泰国健康旅游产业在国家强有力的支持下，取得了良好的发展成果。根据泰国政府提供的信息来看，仅2005年，该国就有400多家医院通过了相关认定标准，可以为国外患者提供医疗服务。

据泰国商务部估计，2006年，在泰国接受医疗服务的医疗游客共计有120万人，预估总收入约为11亿美元，约占2006年泰国旅游总收入的9%。至2011年，医疗游客的收入占泰国国内生产总值（GDP）的0.4%。世界旅行与旅游理事会（WTTC）的最新研究成果表明，泰国已成为全球入境健康旅游支出的前五名目的地之一。《健康经济的处方》报告进一步证实了泰国国际健康旅游产品和服务的支出增长，2000~2017年名义上增长了358%，即从24亿美元（725亿泰铢）增至110亿美元。

2011年，BBC发文肯定泰国健康旅游产业的迅猛发展势头，文中数据显示2010年前往泰国、印度和新加坡的医疗游客超过89%，曼谷和新加坡居于首位。但是，由于新加坡相对昂贵的酒店客房与治疗费用，曼谷逐渐成为世

界上最受欢迎的健康旅游胜地。2011年洪水灾害之后，同年赴泰旅游的医疗游客仍有1900万人，较2010年增长了20%。每年访问新加坡的游客共计1020万，而医疗游客约20万人，与泰国相差较大。泰国的健康旅游业每年以16%的速度增长，海外医疗服务业收入2015年预计达到1000亿泰铢。目前，泰国旅游业整体占GDP的6%~7%，其中健康旅游业占0.4%，成为泰国第三重要的经济驱动因素。制造业、汽车业占36%、12%，分别居第1位、第2位。

2018年英国《旅行周刊》"全球最佳目的地"调查数据显示，泰国已跻身四个重要类别的前十名，其中水疗和养生排名第一。在MTI最新排行榜上，泰国综合排名列第17位，环境、产业、设施和服务质量三个维度分别列第36位、第5位和第15位。

2. 国际健康旅游特色产品与服务

（1）成本

泰国在医疗费用方面具有较大优势，且拥有良好的医疗服务，这就使其在健康旅游产业发展中占据了较高的市场份额。在保证医疗质量的前提下，每位患者平均能节省50%~75%的成本（见表2和图4）。一是因为泰国属于发展中国家；二是泰国建立了很多提供特定医疗服务的专业医疗机构；三是多数泰国医疗机构都提供包括检测和治疗在内（甚至水疗、按摩、瑜伽、针灸和日光浴的服务）的配套医疗服务。专业机构与综合医院相比，套餐与单独治疗项目相比，成本较低，进而拉低了泰国的医疗服务价格。以隆胸手术为例，Yanhee医院仅收费2200美元，而在美国需承担5~10倍的价格。

表2 泰国的健康旅游费用

单位：美元

项 目	美国	泰国	印度
心脏瓣膜置换术	160000	11000	10000
丰 胸	10000	3500	4500
髋关节置换	50000	8000	14000
腹部整形术	85000	3600	4000

资料来源：Bookimed，2019。

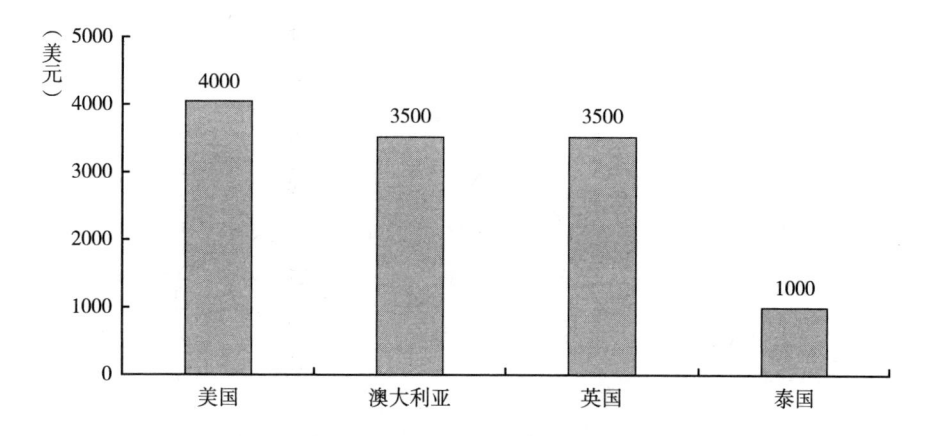

图 4 不同国家单颗牙植入成本

资料来源：Bookimed，2019。

（2）医疗水平与质量

泰国目前有42家医疗机构获得JCI认证，提供符合国际标准的健康服务，其中位于曼谷的Bumrungrad和Samitivej医院还是东南亚首批获认证的医院。泰国政府还要求医生、护士必须在美国或澳大利亚接受培训。目前已有超过500名医生获得认证，医疗队伍水平有保障。此外，泰国医疗机构注重与世界顶级医疗机构合作，在药物开发和临床研究中做出了杰出贡献。

（3）特色项目

泰国医疗体系在长期发展中将注意力集中到部分医疗领域，形成了突出优势，比如心脏手术、术后恢复、美容整形等，其中整形、牙科、骨科和创伤科居泰国健康旅游特色项目前三。

（4）服务

泰国旅游资源丰富，且医疗等待时间短。相较于欧洲、美国或澳大利亚，患者更容易、更方便在泰国医院接受治疗。主要是因为泰国医疗机构数量众多且增长速度快，对患者的隐私保护较高。

亚洲邻国也是泰国健康旅游游客的主要来源地。曼谷医院针对日本专门开辟了一个日语服务区，而Phyathai Hospitals Group则提供包括瑞典语、高棉语和佛兰德语等22种语言的翻译服务，打造了一支英语服务团队。

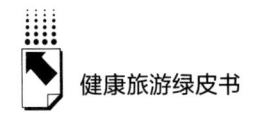

(5) 旅游

泰国位于东南亚的印度半岛，以热带海滩、豪华的皇宫、古老的废墟和华丽的佛寺而闻名，原始的海滩和热带湿润的气候，加上其疲软的货币，使泰国成为许多度假者的首选目的地。除了医院、诊所和水疗中心，丰富的自然健康旅游资源也为泰国的健康旅游增色不少，例如湄宏顺省的"Poo Kloan"（泥山）是世界上第三大泥疗中心之一，塔得省的"Had Sai Dum"（黑沙海滩）是世界上五个黑沙海滩之一。

3. 发展战略与推广措施

泰国政府于2004年将健康旅游产业作为本国重要产业，并将其纳入《国家发展策略计划》中，出台了多项政策为健康旅游发展提供支持。在多部门协力下，健康旅游产业获得了良好发展：卫生部承担了医院管理职责；外交部为健康旅游患者提供全方位签证办理服务；交通部为游客提供配套交通服务；商务部充分发挥自身优势，在全球对健康旅游产业进行推广。

在健康旅游方面，泰国政府发挥了良好的监督作用，通过三个计划提供全民医疗保健，覆盖全体公民和合法居民。泰国具有庞大的私人医疗保健行业，新兴医院和医疗机构利用经济条件和货币疲软来吸引更多的健康旅游者。总而言之，得益于亚洲不断增长的人口，泰国正在成为一个繁荣的健康旅游目的地，以廉价的服务价格吸引近距离的游客。

此外，泰国旅游局（Tourism Authority of Thailand，TAT）于2004年开始推广健康旅游，拥有一个详细的健康旅游网站，网页中重点介绍了最热门的科室和手术项目，包括牙科、皮肤科和整容手术，并列出了知名的医院，便于潜在访客轻松地决定手术程序。TAT在许多方法上都具有前瞻性，最近还与国有的泰国国家银行Krungthai银行合作，为游客提供名为Miracle Thailand卡的借记卡，可在发生意外时提供一些医疗和人寿保险的保障。

4. 康民国际医院

康民国际医院（Bumrungrad International Hospital）成立于1980年，是亚洲第一家获得JCI认证的医护机构，设有30个专科中心，1989年在泰国

图 5　泰国健康旅游网站产品与服务页面

资料来源：TAT，2020。

证券交易所挂牌上市。作为东南亚规模数一数二的私立医院，近40年来一直提供世界级医疗服务，每年为来自190多个国家和地区的110多万名患者提供护理服务（见图6）。

康民国际医院具备一支多学科团队，由经验丰富的医生、护士、药剂师、理疗师、营养师、医疗技术人员和其他专业人员组成，注重优质治疗方法整合，打造各种类型患者获取综合护理的一站式医疗目的地。康民国际医院有1200多名医生和超过4800名技术支持人员。以高医疗、高质量标准闻名，大多数医生取得了在美国、英国、澳大利亚、日本等地国际委员会的认证。强调医疗团队之间的无缝协作，追求最佳的结果，确保合理的服务价格，为70多个医学专科领域的患者提供完备的治疗和先进的服务。泰国现有超过110万名患者在医院接受治疗。

康民国际医院已经获得"病患联合国"之称，在澳大利亚、巴林、孟加拉国、柬埔寨、中国、埃塞俄比亚、中国香港、印度尼西亚、哈萨克斯坦、老挝、蒙古国、缅甸、阿曼、俄罗斯、阿联酋、越南等地设有代表办事处。拥有150多名口译员，提供国际化机场礼宾服务、VIP机场接送服务、

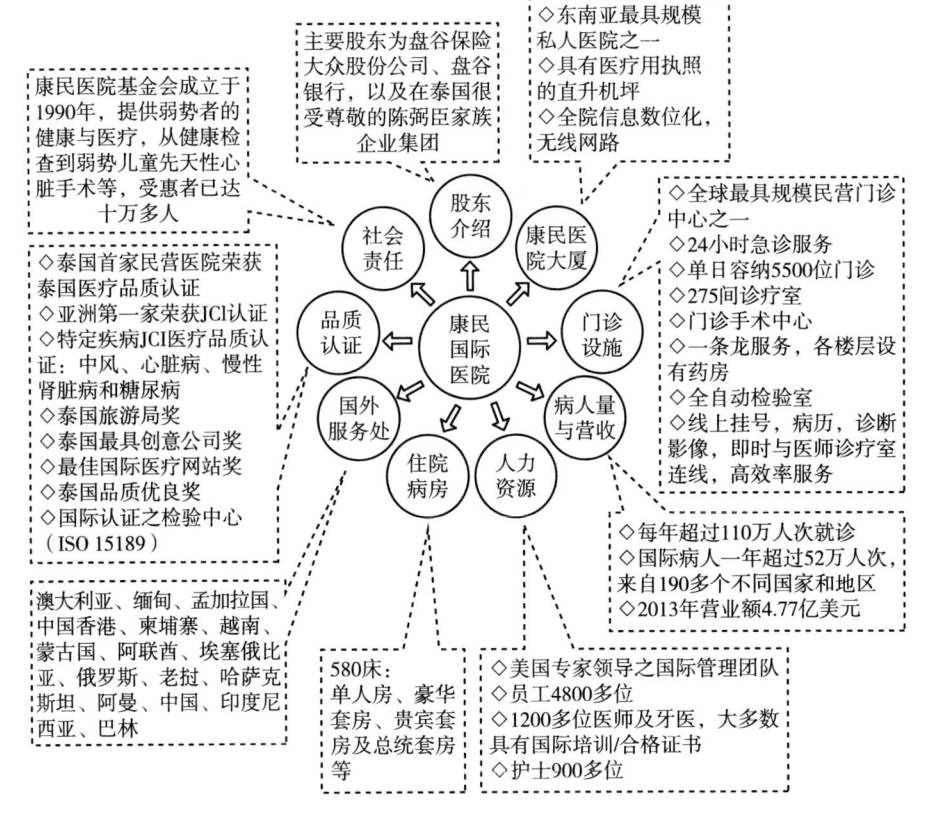

图 6 泰国康民国际医院基本情况

社会责任：康民医院基金会成立于1990年，提供弱势者的健康与医疗，从健康检查到弱势儿童先天性心脏手术等，受惠者已达十万多人

股东介绍：主要股东为盘谷保险大众股份公司、盘谷银行，以及在泰国很受尊敬的陈弼臣家族企业集团

康民医院大厦：
◇东南亚最具规模私人医院之一
◇具有医疗用执照的直升机坪
◇全院信息数位化，无线网路

品质认证：
◇泰国首家民营医院荣获泰国医疗品质认证
◇亚洲第一家荣获JCI认证
◇特定疾病JCI医疗品质认证：中风、心脏病、慢性肾脏病和糖尿病
◇泰国旅游局奖
◇泰国最具创意公司奖
◇最佳国际医疗网站奖
◇泰国品质优良奖
◇国际认证之检验中心（ISO 15189）

门诊设施：
◇全球最具规模民营门诊中心之一
◇24小时急诊服务
◇单日容纳5500位门诊
◇275间诊疗室
◇门诊手术中心
◇一条龙服务，各楼层设有药房
◇全自动检验室
◇线上挂号，病历，诊断影像，即时与医师诊疗室连线，高效率服务

国外服务处：澳大利亚、缅甸、孟加拉国、中国香港、柬埔寨、越南、蒙古国、阿联酋、埃塞俄比亚、俄罗斯、老挝、哈萨克斯坦、阿曼、中国、印度尼西亚、巴林

住院病房：580床：单人房、豪华套房、贵宾套房及总统套房等

人力资源：
◇美国专家领导之国际管理团队
◇员工4800多位
◇1200多位医师及牙医，大多数具有国际培训/合格证书
◇护士900多位

病人量与营收：
◇每年超过110万人次就诊
◇国际病人一年超过52万人次，来自190多个不同国家和地区
◇2013年营业额4.77亿美元

资料来源：TAT, 2020。

大使馆协助服务、电子邮件联络中心服务、签证延期服务等，设有穆斯林祈祷室、国际保险协调员和国际医疗协调员，为患者提供全方位便捷国际化服务。

随着普吉岛医疗部门和旅行商推出的产品面世，越来越多的海内外游客被吸引来此。普吉康乐旅行社是曼谷普吉医院的分支，它和一些常规旅行社合作提供一体化服务。康民国际医院在2000年同泰国航空合作，以便宜的配套服务吸引外国人。该做法被北部的清迈和普吉岛模仿，将求医和旅游结合起来。规范医护人员穿着，护士身着紧身制服、短裙和高跟鞋，医生们穿着溜冰鞋巡视病房；提供五星级高品质酒店住宿和高质量饮食。

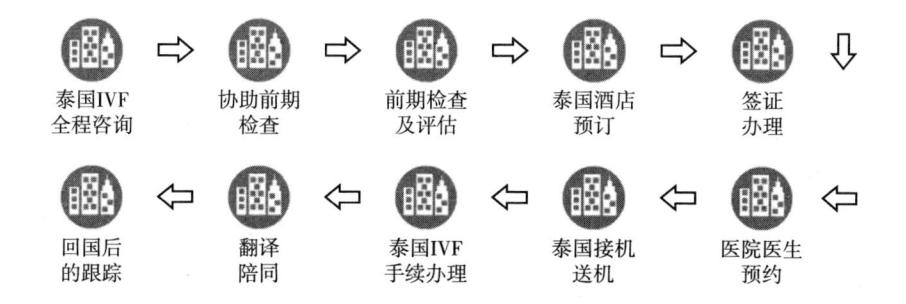

泰国IVF全程咨询 → 协助前期检查 → 前期检查及评估 → 泰国酒店预订 → 签证办理

回国后的跟踪 ← 翻译陪同 ← 泰国IVF手续办理 ← 泰国接机送机 ← 医院医生预约

图7　泰国康民国际医院试管婴儿服务流程

资料来源：TAT，2020。

（三）印度

1. 发展历程与现状

印度健康旅游起步较早，开始于20世纪90年代中期。为了发挥本国健康旅游优势、追赶与行业内强国之间的差距，印度旅游、医疗部门与医院、旅游公司、饭店及其他行业相关利益者从2002年下半年开始通力合作，在旅游业中发展健康旅游服务。

印度健康旅游以心脏科、脑神经科等重症治疗为特色，以综合型医院和大型医疗集团为载体，形成以性价比为核心的廉价健康旅游模式，得到了大量健康旅游患者的认可，实现了15%的游客数量年增长率。同时，为医疗服务和旅游消费提供了大量就业岗位。

从印度相关机构提供的信息来看，在健康旅游发展初期，将印度作为健康旅游目的地的国家相对较少，主要是印度周边国家。随着印度医疗产业持续发展，其他欠发达国家的患者开始将印度作为健康旅游的重要目的地，累计为印度创造400多万个就业岗位，使健康旅游业成为印度规模最大的服务业。

印度健康旅游业持续发展的同时，医院与相关产业也获得了良好发展。从统计数据来看，2009~2014年，前往印度健康旅游的人数表现出良好的增长趋势，年复合增长率达18%，2014年底，前往印度的患者达120万人次。

据中国国际贸易促进委员会驻印度代表处官网的数据，印度特别制定了

有效期为3年的医疗签证，出台了相应的税费减免政策，允许医疗机构以更高的折旧率对固定资产与医疗器械进行折旧，并提供一定的财政支持，对温泉场所进行权威认证。2015年印度医疗旅游收入达到30亿美元，2020年预计增加到90亿美元（见图8）。

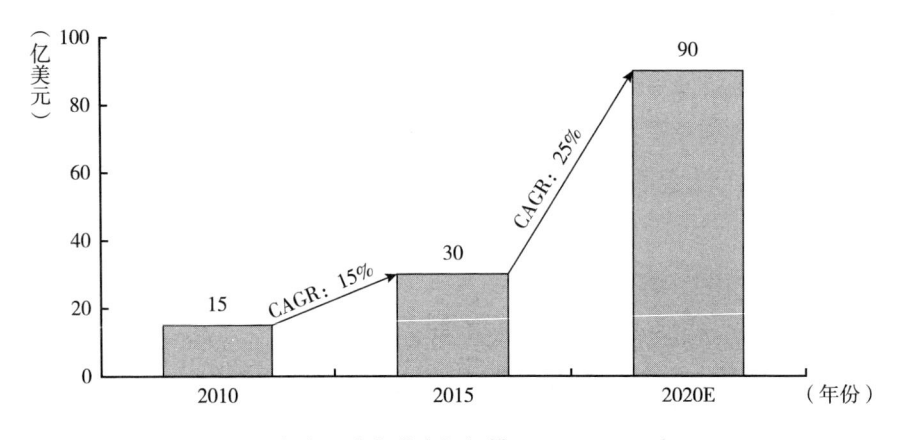

图8　印度医疗旅游市场规模（2010～2020年）

资料来源：中投顾问产业研究中心、观研天下数据中心、AECOM等。

2. 国际健康旅游特色产品与服务

丰富的旅游资源和产品类型、较高的医疗质量、低廉的价格和具有民族特色的医疗服务已经成为印度健康旅游的核心竞争力。

（1）特色项目

印度在长期发展中形成了较为丰富的健康旅游产品，不仅有传统的手术医疗方式，还可以为患者提供印度传统草药治疗、香草SPA等休闲医疗服务。这些医疗服务在印度获得了良好发展，专业旅游机构或医院会通过套餐方式为患者提供相关服务。术前，医生会为患者提供完善的术前咨询服务，术后同样会对手术情况进行介绍，并为患者制订完善的康复旅游计划。部分医疗机构为了得到家庭客户的认可，还针对这一客户群体制订了"家庭计划"，为不同年龄段的家庭成员提供针对性的医疗服务，一些陪护人员还可以获得机票、住宿餐饮费用的报销服务。部分公司根据客户需求制定医疗养护套餐，比如Vedic为了满足北欧游客的医疗养护需求，制定了专门的健康旅游套餐，游客在购买该套餐后，可以在印度享受长达16个月的医疗养护服务，仅需要支付3个月的养老金。

病患在印度可以选择接受传统手术治疗方案，也可以选择具有印度特色的医疗服务。传统瑜伽、悉达医学在国际上具有较高知名度，得到了不少患者的认可。

（2）医疗水平与质量

与周边更擅长整形美容手术的国家相比，印度在神经、心脏等系统手术上处于世界顶尖水平。根据相关部门统计数据，印度阿波罗医院在心脏外科手术方面的成功率达到了98.5%，其他手术成功率也维持在较高水平。欧美国家虽然拥有发达的医疗体系，但居民需要排队预约才能够享受医疗服务，而前往印度接受治疗并不需要排队等待。

（3）价格

为了得到更多游客的认可，印度充分发挥本国廉价劳动力优势，将健康旅游成本控制在较低水平。对比分析发现，同一种手术在不同国家存在明显的价格差异，印度价格最低。以心脏瓣膜置换手术为例，在美国需花费15万~16万美元，而在印度仅需0.9万~1万美元。美国医院与印度医院手术费用对比见表3。

表3 美国医院与印度医院手术费用对比

单位：美元，%

手术类型	美国医院	印度医院	平均节省
血管成形术	55000~57000	10000~12000	78~81
脊柱融合术	60000~62000	7000~8000	85~88
心脏搭桥术	120000~130000	9000~11000	91~95
心脏瓣膜置换术	150000~160000	9000~10000	94~96
腹腔镜胃旁路术	28000~30000	10000~12000	60~64
髋关节置换术	41000~43000	8000~10000	76~80
膝关节置换术	38000~40000	8000~9000	87~88
骨髓移植	240000~260000	68000~70000	72~73
肝移植	290000~310000	68000~70000	75~77

资料来源：FICCI、JCI - Accredited Organizations、Health-tourism.com、AECOM等，2020。

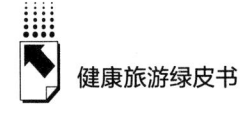

（4）服务

印度私立医院可为患者量身定制医疗服务。患者下飞机抵达印度即可全程享受服务，术前术后均由医院提供服务，包括医疗服务及术后旅游路线规划。

（5）旅游

印度旅游项目可以被归入以下三部分：一是古堡陵园，较为著名的有泰姬陵、红堡等，这些古堡陵园是印度历史建筑艺术的结晶；二是著名的陵墓，如甘地陵和兰陀寺；三是石窟神庙，其中有大量佛教雕塑与彩绘，如果对古印度文化感兴趣，其将会成为最佳的游览目的地。

3. 发展战略与推广措施

（1）政府的积极推动

印度早在2002年就出台了一系列政策，同时加大国际层面的宣传。*The National Health Policy 2002* 政策的出台，极大地推动了医疗健康产业发展。同时印度政府将医疗设备进口关税控制在较低水平，帮助医疗机构降低自身经营成本。借此机会，私立医院从国外进口了大量医疗设备，提升了医院硬件设备水平，部分医院医疗设备配置达到世界顶尖水平。2012年健康旅游为印度经济创收22亿美元。

印度在推动健康旅游产业发展的同时，加大对医疗机构的管理力度。印度政府根据不同医疗机构的服务水平进行等级划分，并制定了星级标准管理体系。星级标准是由卫生部与旅游部共同制定的，想要获得相应的星级评分，首先需要保证自身在硬件方面达到标准，在此基础上医院的医疗护理水平同样需要达到标准，只有这样才可以通过星级评定。部分地方政府为了推动区域经济发展，将健康旅游作为自身重要发展战略。印度还与发达国家医疗保险机构进行更为紧密的合作，获得了大量支持。

（2）多元化产品类型和低成本战略

印度在长期发展中形成了较为丰富的健康旅游产品，其不仅有传统的手术医疗方式，还可以为患者提供印度传统草药治疗、香草SPA等休闲医疗服务。通过多元化策略满足不同患者的需求，并将服务成本控制在较低水平。

（四）马来西亚

1. 发展历程与现状

1998 年，马来西亚卫生部成立国家推进保健旅游委员会。2005 年，马来西亚卫生部新设一个单位负责促进新兴的健康旅游业。2009 年 7 月 3 日，在马来西亚内阁的批准下，MHTC 正式成为卫生部旗下的官方理事会，即马来西亚健康旅游理事会（Malaysia Healthcare Travel Council，MHTC），隶属于马来西亚卫生部，专责推广医疗保健旅游，提供完整相关资讯。自 2012 年起，马来西亚通过国际医疗保健旅游博览会的形式大力宣传健康旅游，每年的宣传经费超过 823 万美元。

马来西亚是亚洲发展最快的健康旅游目的地之一，主要面向亚洲的医疗旅客。据马来西亚私立医院协会（APHM）所述，印度尼西亚、孟加拉国和巴基斯坦的医疗旅客经常会因马来西亚提供的优质医疗服务慕名而来。新加坡和日本（分别是医疗旅客的第二和第三大来源）等较富裕亚洲国家的患者，会因其更便宜的医疗手术费用而前往马来西亚。澳大利亚和欧盟的医疗旅客被马来西亚低廉的医疗手术费用吸引，而中东的医疗旅客前往马来西亚是基于医疗价格和质量的综合考虑。该国也为穆斯林旅客提供清真治疗选择，如无猪肉成分的药物。

美国国际组织 International Living 自 2015 年至 2018 年连续四年将马来西亚列为"全球退休指数"中医疗保健第 1 名。英国国际旅行杂志 *International Medical Travel Journal* 在 2017 年首次的"IMTJ 大奖"中，授予马来西亚私立医院四项奖，包括国际医院奖（双威医疗中心）、最佳市场行销奖（双威医疗中心）、国际年度最佳生育诊所奖（TMC 生育中心）和最佳品质推荐奖（双威医疗中心）。亦将马来西亚评为其刊物《2018 年健康旅游事实与数据》中医疗保健的最佳健康旅游目的地。

马来西亚已崛起成为全球主要的健康旅游国家之一，健康旅游人数不

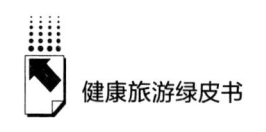

断增加。在2013年第二届马来西亚国际医疗保健旅游博览会上，马来西亚副首相丹斯里慕尤丁表示，2012年前往马来西亚寻求医疗服务的人数总计67.17万人，相比2010年的39.30万人增长71%，相比2011年的58万人增长9.58%。健康旅游为马来西亚带来6亿令吉的收入，相较2010年的3.72亿令吉，两年内增幅高达61%，成为马来西亚观光产业的一块新金砖。

2015~2018年，马来西亚医疗保健领域的年均复合增长率为17%。2018年前赴马来西亚寻求医疗服务的外国病患，主要来自印度尼西亚、英国、中国、菲律宾、印度、新加坡、澳大利亚、日本与美国等国家，涉及医疗服务项目包括一般健康检查、神经内科、骨科、牙科、肿瘤科、心脏科、肠胃科、整形外科的诊治与试管婴儿等。

2. 国际健康旅游特色产品与服务

（1）特色项目

根据 Health Tourism 网站的统计，医疗旅客在马来西亚接受的常见治疗，包括但不限于：美容和整形手术、内分泌、耳鼻喉、普通牙科和牙科美容、消化内科、一般手术、透析和肾科、健康体检和特殊诊断服务、健康体检套餐和健康康复套餐、免疫和疫苗接种服务，涉及科室有内科、妇产科、眼科、骨科、儿科、泌尿科。

（2）价格

外国居民根据政府设定的外籍病人收费标准在公立医院和诊所看病缴费，普通门诊的诊疗费在40~50令吉，专科门诊需100~150令吉。特殊诊断和治疗项目需根据具体的医疗项目另外缴费。私立医院的看病费用根据医院诊所自行设定的收费标准执行。不同的专科和诊所，医生诊疗费每次在80~285令吉不等。通过第二家园计划来到马来西亚的外国人，可以选择购买医疗保险，医疗保险的承保范围包含除门诊以外的意外及住院的全部费用。与美国、英国、中国香港相比，马来西亚医疗保健服务平均可为患者节省约30%~85%的医疗费用，具体见表4和表5。

表4　马来西亚与美国、英国牙科、整形修复费用比较

单位：美元，%

手　术	马来西亚价格	美国医院 价格	美国医院 平均节省	英国医院 价格	英国医院 平均节省
牙根管	200～250	600～1000	67～75	300～400	33～38
瓷　冠	150～200	600～1000	75～80	950～1000	80～84
拉皮除皱术	2500～3500	7000～9000	61～64	11000～12000	70～77
丰　胸	3000～4000	5000～8000	40～50	7000～8000	50～57
缩　胸	3000～4000	4000～6000	25～33	8000～9000	55～63
抽脂术	2000～3000	4000～6500	50～53	5000～6000	50～60
鼻整形术	2000～2500	5500～6500	61～63	5500～6500	61～64

资料来源：Health-tourism.com，2020。

表5　马来西亚与美国医疗手术费用比较

单位：美元，%

手　术	马来西亚	美国	平均节省
血管成形术	7500～8500	55000～57000	80～86
心脏搭桥术	11500～12500	120000～130000	90～91
心脏瓣膜置换术	14500～15500	150000～160000	90～91
髋关节置换术	9500～10500	41000～43000	75～77
子宫切除术	3500～4500	18000～20000	77～81
膝关节置换术	7500～8500	38000～40000	78～80

资料来源：Health-tourism.com，2020。

（3）语言沟通无障碍

马来西亚国际医院的医生和医务人员都接受过国际培训，具有英语表达能力。医生中的90%曾在英国、美国或澳大利亚接受过培训，并经常参与国际医学研究。除了具备英语能力，马来西亚的华人医生也能熟悉运用普通话以及多种汉语方言如粤语、福建话、客家话等。同时得益于公立医院实习经历，医生们熟悉不同社会阶层的患者，能够在诊疗的同时，恰当地沟通病情。

（4）效率高等待时间短

私立医院提供网上预约服务，安排线上专员解答。在患者抵达马来西亚前做好细致、周全的行程安排；在患者抵达后迅速办理入院手续、安排检查

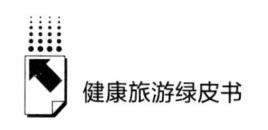

和诊断。部分私立医院在机场设有服务台，完成患者登记后，将患者等待时间控制在较低水平，保证及时有效地提供医疗服务。

（5）国际专业认证

目前，马来西亚的健康旅游涵盖了至少 35 家医院。它们全都取得了马来西亚卫生部许可并获得了马来西亚健康品质协会（MSQH）的本地认证。其中大多数还通过了如国际标准化组织（ISO）和 JCI 等国际认证。大多数私立机构按照国际公认的医疗保健标准提供健康旅游服务。

马来西亚医生数量庞大且专业素质极高。马来西亚有 33 所医科大学，每 400 个马来西亚人中就有 1 个医生，当地执业医生普遍毕业或进修于英、美、澳等医疗发达国家。医疗从业者全部拥有相应的专业资质，且拥有较为丰富的从业经验与医疗水平。

（6）先进医疗器材设施

马来西亚作为亚洲医疗产业较为发达的国家，每年都会将大量资金投入医疗设备进口中，例如虚拟结肠镜、心导管、磁共振成像等。部分医院还会从国际引进顶尖医疗技术，使其逐步拥有开展高难度手术的能力。顶尖设备能够为患者提供更为优良的医疗服务，并降低他们的术后痛苦。

（7）服务贴心周到

马来西亚私人医院除了完善的医疗设施外，还有体贴周到的服务。医生在问诊阶段与病患充分讨论沟通可供选择的治疗及康复方案，不设强制性留医。有些私立医院更会为客人定制个人专属旅行计划，协助制定病患的治疗方案、经费预算、工作时间表、旅行日期等。如果病患需要得到第二诊断的意见，也会依国际标准协助安排。马来西亚私人医院大多会提供多种语言翻译服务，此外还会协助病患申办签证、安排交通、购买出境保险、酒店订房、订机票，甚至是安排观光行程。马来西亚健康旅游理事会也在吉隆坡国际机场设立专柜，迎接专程去马来西亚健康旅游的游客。

（8）旅游

马来西亚拥有丰富的饮食文化，各种马来西亚特色食品能够得到游客的认可。马来西亚地处亚洲东南一隅，是亚洲联通世界各地的重要中转站，这就导致其聚居了全球各地的居民，各国居民定居在马来西亚的同时，也带来了本国特色餐饮文化，可以为全球各国游客提供完善的饮食服务。

3. 发展战略与推广措施

马来西亚健康旅游的迅猛发展，主要归功于国内民间和公共部门共同努力建立的医疗保健系统。该国建立了较为完善的医疗服务体系，确保大多数民众能够在3公里范围内获得基本医疗服务。马来西亚提供包括牙科、整容、心脏手术等在内全面的医疗服务，医疗服务价格较美国低，服务个性化，有利的汇率和当地稳定的经济、政治局势也吸引了不少医疗游客。

政府为充分扩大市场参与，促进公私医疗机构合作，建立了马来西亚健康旅游理事会（MHTC）进行市场代理。MHTC通过改造其国际医疗保健品牌，承担起促进马来西亚作为健康旅游目的地的责任。

MHTC行政总监黄丽莲表示，健康旅游项目不仅涉及病患所需接受的医疗服务项目，还包括交通、食宿等相关事宜，若有家属随行，家属的衣食住行也是健康旅游所要考虑的范围。马来西亚工商界若能异业互相合作，联手设计出全方位的医疗旅游配套，就能够成功实现双赢。

MHTC正在向柬埔寨、越南、缅甸、文莱和中东国家（如卡塔尔、沙特阿拉伯和阿曼）宣传其79家医院。除了推广其医疗保健品牌外，该理事会在医疗保健质量、可负担性和卓越的患者体验方面发挥着重要的作用。在MHTC的努力下，健康旅游在过去的五年里年度复合增长率为16%～17%，领先全球平均水平10%～12%，亚太平均水平12%～14%。MHTC估计，到2020年，访问马来西亚的国际患者将超过200万人，收入达到约6.8亿美元，增长一倍左右。

马来西亚目前与泰国和新加坡竞争激烈。新加坡凭借更先进的技术和熟练的专业人才，正在超越其他健康旅游目的地。泰国仅在2017年就有超过200万的医疗游客入境。

为与亚洲及其他地区的世界顶级医疗机构竞争，马来西亚聚焦于心脏病学和生殖医学研究。拥有33个先进的心脏治疗中心，其中国家心脏研究所是马来西亚心血管疾病的国家转诊中心，也是亚洲心血管疾病诊断和治疗的佼

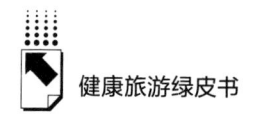

佼者，为各种类型心脏病提供世界一流的治疗。该所通过与国际优秀医疗机构（如英国心肺治疗中心皇家帕普沃斯医院、越南河内心脏中心和澳大利亚阿德莱德大学）合作，进一步拓展马来西亚健康旅游市场。根据MHTC官员的说法，该研究所配备了第四工业革命技术，提升对心脏病的诊断和治疗。凭借先进的仪器设备，如多层计算机断层扫描、内窥镜静脉采集和心脏辅助设备，马来西亚正在全球医疗保健方面尤其是心脏护理方面有着卓越表现。

此外，为了服务越来越多的医疗游客，马来西亚国家卫生研究所已经建立了国际患者中心（IPC），提供全程患者体验服务，包括签证和移民服务、出发前和治疗后协调、健康数据转移和保险索赔。该研究所已将其业务边界扩展到亚洲其他地区，在缅甸、柬埔寨和印度尼西亚等地均设有联络处。

同时，为了推动槟城成为马来西亚健康旅游的首选目的地，MHTC与亚洲航空公司合作。为从印度尼西亚到马来西亚的患者安排医疗旅行行程，提供由MHTC协调的航班折扣。据MHTC首席执行官所述，2017年槟城接待了大约60%的医疗游客，健康旅游收入超过1.2亿美元。

作为马来西亚的健康旅游产品和服务的提供者，MHTC在吉隆坡国家机场（KLIA）、第二吉隆坡国际机场（KLIA2）及槟城国际机场（PIA）设有MHTC礼宾和休息室，同时设有媒体席位，借助可视化的宣传方式对健康旅游服务体验进行更广的宣传。

图9 马来西亚健康旅游机场服务处

资料来源：MHTC，2019。

4. 双威医疗中心

双威医疗中心（SUNMED）是一家私立医院，为需要特殊护理、健康咨询以及24小时紧急服务的住院和门诊病人提供全方位的医疗服务。双威医疗中心位于雪兰莪州，交通便利，提供超过60种专业的尖端诊断和治疗方式。

双威医疗中心致力于提供最高质量的医疗服务。双威医疗中心通过了澳大利亚医疗保健标准委员会（ACHS）的国际认证、ISO 9001：2000认证、清真认证以及马来西亚健康品质协会认证和MS ISO 15189认证。同时还获得了马来西亚职业安全与健康协会授予的医院银奖、"2005年度亚洲医院管理奖"内部服务项目类别亚军等奖项。

双威医疗中心综合大楼是一座八层楼，设有45个咨询套房和240张住院病床，病房因类型不同而价格各异，但为住院病人提供伙食。中心共有6间手术室，每个冠状动脉和重症监护病房配备病床7张，高依赖病房配备病床4张，新生儿重症监护病房配备病床2张，日间手术中心配备病床10张，还配备有便利店、咖啡厅、自助餐厅和ATM机。

该中心以其在癌症治疗方面的一流品质而闻名。它被欧洲肿瘤内科学会（ESMO）批准为指定的综合肿瘤学和姑息治疗中心。该中心借助其国际患者中心提升患者体验，提供在线航班预订协助、免费机场接送和客户签证延期等服务。国际患者中心提供阿拉伯语、普通话、印度尼西亚语和日语的翻译和口译员，确保沟通交流的顺畅性。双威医疗中心曾因优质的医疗服务而获得2018年度亚太地区全球健康与旅游奖。

马来西亚正在建设更多如双威医疗中心的卓越中心，并利用先进技术提供世界一流的医疗保健服务。随着马来西亚健康旅游业的蓬勃发展，该国即将成为医疗保健旅行的首选目的地。

（五）日本

1. 发展历程与现状

日本政府在2010年（民主党执政时期）转变政策，开始支持促进"接

收外国患者"。在其内阁会议通过的"新经济增长战略——活力日本复苏计划"中,将"健康(医疗与护理等)"列入"战略领域"之一,将推进健康旅游业的发展也纳入其中,并将健康旅游作为本国接下来的经济发展重点。2011年又推出"医疗签证",使海外赴日的医疗游客可长期停留日本或往来于日本和本国之间。在政府的推动下,日本成立了援助接待国外患者的组织Medical Excellence JAPAN (MEJ)并逐步健全相关制度。日本制定了推进相关工作的日程表,如图10所示。

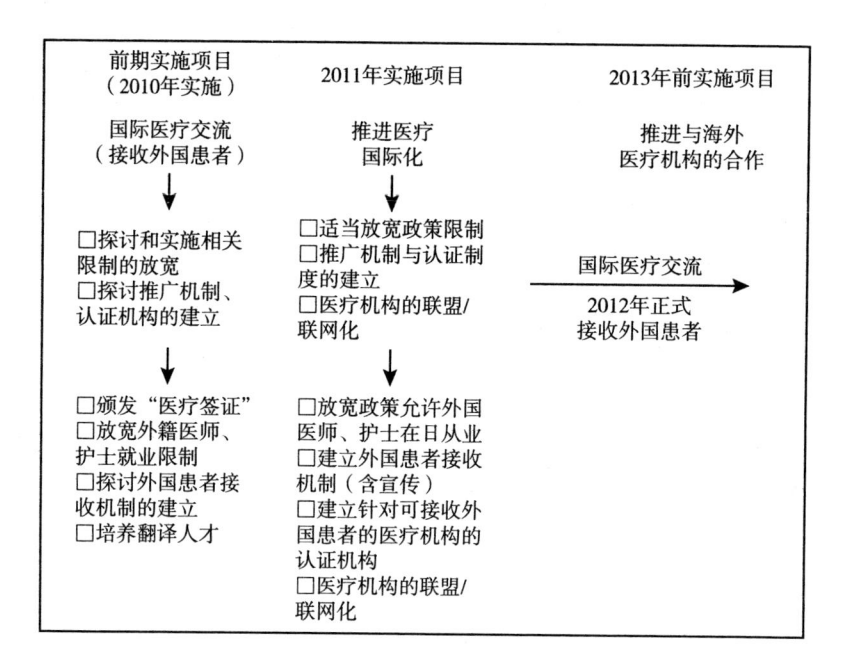

前期实施项目 (2010年实施)	2011年实施项目	2013年前实施项目
国际医疗交流 (接收外国患者) ↓	推进医疗 国际化 ↓	推进与海外 医疗机构的合作
□探讨和实施相关 限制的放宽 □探讨推广机制、 认证机构的建立 ↓	□适当放宽政策限制 □推广机制与认证制 度的建立 □医疗机构的联盟/ 联网化	国际医疗交流 2012年正式 接收外国患者
□颁发"医疗签证" □放宽外籍医师、 护士就业限制 □探讨外国患者接 收机制的建立 □培养翻译人才	□放宽政策允许外国 医师、护士在日从业 □建立外国患者接收 机制(含宣传) □建立针对可接收外 国患者的医疗机构的 认证机构 □医疗机构的联盟/ 联网化	

图10 日本推进健康旅游的进程

和其他国家相比,日本的健康旅游还处于发展阶段,其主要通过良好的自然景观与优质医疗服务吸引来自亚洲其他国家的患者。但医疗质量与其他西方国家相比仍存在一定差距。在日本政府的积极推介和医疗国际化背景下,日本医疗机构与海外医疗机构进行更为紧密的合作与交流,从而提升自身医疗技术水平。

安倍政权修改了上一任政权全面推出的"接待外国患者"的方针,重视推进日本对海外的医疗技术和服务，2013年6月推出的"日本再兴战略"中明确具体目标——以新兴经济体为中心创建日本的医疗点，2020年前创建10处左右，2030年前获得5万亿日元的市场规模。在政府的支持下，日本积极"出口"医疗服务以促进国内相关行业如医疗器材、医药品及远程诊断等信息系统的发展，位于东京都八王子市的北原国际医院，在国际协力基金（JICA）和日辉的资金援助下，在柬埔寨的金边建设了急诊病房。此外，北海道的北斗医院在俄罗斯的符拉迪沃斯托克启动了与当地医疗机构以合营形式提供图像诊断服务的项目。

2. 国际健康旅游特色产品与服务

（1）特色项目

日本的临床医护人数与体检医护人数不均，日本缺少医师、护士的情况日趋凸显，但体检部门的医师和护士比较充裕。为了降低医疗风险，日本很多不擅长接收外国患者的医疗机构开始为外国患者提供体检服务。基于此，日本不同地区的医疗机构，将体检作为健康旅游产业的基础业务。此类机构最突出的特点是依靠PET-CT或MRI等精密医疗仪器为国外患者提供细致、高水平的癌症筛查诊断及其他体检服务。这两种设备在日本的人均配置量远高于OECD国家。为国外患者提供医疗服务的主要是高端医疗机构，主要开展针对性癌症治疗、内窥镜手术等。

日本作为全球老龄化最为严重的国家之一，患有老年疾病的人口持续上升。为增进公民健康水平，日本制定了一系列慢性疾病的治疗和预防方案。除了专业医护人员，还在理学疗法师、语言听觉师等方面进行职业等级认证。

在理疗方面，其主要是为中枢神经患者提供服务，骨科患者、呼吸系统患者、心血管病患者、内科患者等都是其治疗对象，通过针对性理疗服务，能够帮助这些患者在较短时间内将身体恢复至正常状态，确保其基本活动不会受到影响。

（2）医疗水平和质量

日本医疗技术先进，有助于预防、及早发现、治疗、挽救或延长患者的

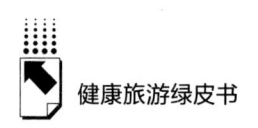

生命。此外，日本拥有先进的诊断成像系统［计算机断层扫描（CT）、磁共振成像（MRI）、正电子发射断层扫描（PET）］，医生可通过PET药物输送系统进行癌症治疗（如重粒子治疗、再生治疗），使用内窥镜进行侵入性治疗。日本的医疗水平在医疗保健领域已达到国际标准。

世界卫生组织（WHO）和经济合作与发展组织（OECD）的报告显示，日本的医疗保健被评为世界上最好的医疗保健之一，其以低廉的医疗保健成本在经合组织成员国中排第18位，以健康程度和健康预期寿命被世界卫生组织评为第1名。

3. 发展战略与推广措施

（1）健康旅游部

千叶县鸭川市龟田综合医院以最先进的技术而闻名，吸引了大批富裕的国际患者，增加了健康旅游收入。为了提升对高薪患者的吸引力。2011年3月，该医院成立了一个专门接待中国游客的部门，聘请中国医生进行经营，改善医疗服务。"保持高质量的医疗保健也可以使社区受益。但是，从管理角度来看，有必要提高我们接待海外游客的能力。"该医院院长高枝贵明在接受《每日读卖新闻》采访时说。

表6　日本政府推广健康旅游的主要政策

时间	主要政策
2010年6月	民主党政权将接收外国患者和促进医疗旅游纳入"新经济增长战略"之中，在七个"战略领域"中"健康"占据了一席之地
2011年1月	推出医疗签证
2011年4月	作为海外咨询窗口,开设Medical Excellence JAPAN(MEJ)网站及呼叫中心
2011年10月	MEJ法人化，促进接待外国患者事业的发展
2012年	制定接待外国患者医疗机构认证制度（JMIP）。截至2015年10月，有11家机构获得认证
2013年4月	MEJ改组为以海外业务为主的组织
2013年6月	安倍政权的"日本再兴战略"将医疗的国际发展定位为政府的重要措施
2013年8月	在首相官邸设置"健康与医疗战略推进本部"
2015年9月	JTB等两家企业获得"支援出国医疗企业"资格认证

（2）签证

2011年1月，为方便健康旅游需求者出入日本，日本政府改革签证政策，延长停留时间，保证患者能够接受六个月的治疗。日本的卫生、商务、旅游、外交等多部门联合起来，根据健康旅游进程表解决日本医疗国际化中所遇到的问题，有效推动了该项业务的发展。2011年日本提供专门的医疗签证。获得该签证的病患可以携带家属在日本进行较长时间的驻留，一次性驻留时间最长为半年，如果单次驻留时间低于3个月，那么凭借该签证可以在3年内多次往返。相对于传统旅游短期签证，本次签证改革极大地推动了健康旅游产业的发展。

签发的签证数量常被用来估算来日本的医疗游客人数。日本外务省数据显示，2011年共签发了70个健康旅游签证，其中31个签发给中国人，23个签发给俄罗斯人。但是由于许多患者可以通过旅游和商务签证进入日本，或是可以经常与其他旅客一起来访，甚至不需要签证即可入境等情况，实际数据应比这一数据大得多。专家说总数可能要多得多。日本旅游局在2011年对12066名前往日本的外国旅客进行了调查，发现有261人（占2%）在日本接受了健康检查或医疗护理服务。

（3）资质认证

为了保障医疗资质，厚生劳动省制定"准许接收外国患者"的医院认证制度，增加能够提供健康旅游服务的医院数量。认证由第三方小组根据既定标准对医院进行评鉴，包括外国患者咨询台、口译员、外语手术同意书和素食菜单。多摩大学医疗风险管理中心教授Toshiki Mano在接受《每日读卖新闻》采访时说："外国人友好医院数量的增加将改善日本的医疗保健"，"日本在开发（接受外国患者）系统方面落后于其他国家，我相信认证系统将是第一步"。

（4）额外措施

为吸引医疗游客，政府积极创建网站、发放宣传册和召开研讨会。日本最大的旅行社JTB集团，在2010年成立日本医疗保健旅游中心，吸引海外富人。政府还通过促进医生和医疗设备的国际合作（主要是中国和俄罗斯），增加医疗游客数量。

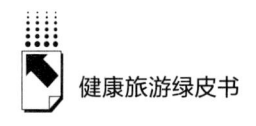

(5) 树立品牌

乌干达政府与日本 Tokushukai 医疗集团合作建立了一家新医院,专门从事心脏外科手术、肾脏移植,以及以往乌干达从印度和南非等国寻求治疗的其他疾病的研究。政府希望通过此举节省每年送公民出国花费的1.5亿美元。据世界卫生组织(WHO)的数据统计,乌干达每万人中有1.2位医生,而印度为6.0位,日本为20.6位,美国为26.7位,该项目不能让医护人员数量在短时间与其他国家相提并论,但推动乌干达向正确方向迈进了一步。

在需要的国家或地区开设外国专科医院既是帮助一个国家改善医疗保健的一种方式,也是扩展医院品牌,建立新的患者转诊系统和合作伙伴关系的战略。虽然这家医院的目的不是为了促进健康旅游,但一旦品牌发展成功,将提升日本医疗的国际认可程度,吸引海外游客。

(6) 语言

日本政府加大对翻译人才的培养力度,帮助解决健康旅游产业发展中的语言障碍问题。

(六)韩国

1. 发展历程与现状

韩国政府将健康医疗作为本国具有发展潜力的高附加值产业。2008年开始韩国政府批准相关法案,积极推动健康旅游发展。此后韩国政府将大量资源投入健康旅游产业中,医疗行业同样意识到该项产业的重要性。根据相关部门统计数据,全球整容市场近年来表现出良好的发展态势,美国、巴西与韩国是全球排名前三的整容市场。韩国整容市场规模达到5万亿元韩元,而全球整容市场规模约为21万亿韩元,这意味着韩国整容市场占比达到了25%。美国每年会实施311万次整容手术,韩国每年整容手术次数为65万次。但从人均角度来看,韩国年人均整容次数明显高于美国。以千人整容次数数据作为比对,韩国位居全球第一,希腊、意大利与美国紧随其后。随着医疗美容持续发展,牙齿美白、牙齿矫正、双鄂等牙齿美容领域的关注日益升温。韩国牙医在整形美容方面的竞争力相对较高,在部分技术领域达到全球顶尖水平,使韩国牙医在全球市场中所占据的市场份额持续提升，市场总占比为40%。

为了推动健康旅游产业的发展，韩国对当前实施的医疗法进行修改，允许医疗机构接收外国患者，也允许专业旅游机构承担医疗中介职责。同时持续改革签证制度，放宽医疗签证准入门槛，对医患陪同人员同样发放医疗签证。

韩国各地出台了地方政策，或通过成立自治组织等方式推动本地健康旅游产业的发展，如济州与韩国其他大型城市都建立了自己的健康旅游支援中心。

对于新建的健康旅游设施，政府在设施标准容积方面放宽标准，幅度调整达到了20%。2012年，韩国政府在药品出售方面进行政策调整，允许医疗机构附带条件对外国患者出售药品，并成立专门的医疗纠纷团队为双方提供纠纷解决方案。韩国政府还加大对健康旅游产业的规范力度，制定了较为严格的行业准入门槛，出台了健康旅游协同员的从业资质标准。韩国作为发达国家，拥有较为发达的医疗技术，韩国政府的大力支持，使其在健康旅游产业中取得了良好的发展成果，被中国、日本以及其他国家游客作为重要的健康旅游目的地。

根据韩国政府提供的信息，2011年以韩国为目标的健康旅游总人数为15.5万人。经过两年时间的发展，健康旅游总人数就达到了21万，中国游客占比超过25%。韩国旅游业从传统观光旅游逐步向健康旅游转变。中国游客的旅游目标也从购物逐步转变为形体整容，其对健康体验的接受度处于较高水平。

韩国健康旅游取得了良好的发展成果，但相对于泰国、印度与新加坡等国而言，其还处于较低发展水平。韩国政府预期在2020年底获得全球100万名医疗游客。

2. 国际健康旅游特色产品与服务

（1）医疗水平与质量

韩国医疗技术发达，得到OECD的认可，IT医疗基础设施建设完善，在癌症、心脏、血管等疾病治疗方面具有明显优势，此外在整形、美容、牙

科领域也国际领先。同时，医疗服务成本控制在较低水平，可为患者提供完善且价格合适的服务。

韩国政府通过注册登记方式运营外国患者招揽机构（招揽企业、医疗机构），同时，每年评选出优秀医疗机构并予以认证，以提供更安全、更高级的医疗服务。

（2）价格

以最先进医疗技术为基础，并以合理的价格提供重症疾病治疗服务，医疗成本仅有美、日等国的20%~30%，这一费用水平与新加坡、中国较为接近。

（3）服务

韩国拥有与世界55个国家、185个城市、84个航空公司连接的亚洲代表性枢纽机场——仁川国际机场，交通便利，方便各国游客访韩。

韩国还搭建了针对外国患者的医疗服务基础设施，如外国人医疗签证、医疗翻译助理（协调员）等。

（4）韩国传统医学

"韩医"（韩国传统医学）具有与西方医学不同的、独有的治疗方法、处方及医院。世界卫生组织（WHO）将韩医分类为韩国固有的传统医术。韩医可以把握不同的患者的不同体质，采用最适合患者条件的方法进行治疗。主要以接近纯天然的治疗方法替代抗生素或止疼药等人工药物，如韩药材、针、灸等。

（5）"韩流"的影响

韩国的K-音乐、K-美容、K-时装等在内的"K-文化"在世界范围内颇受青睐，韩流风潮风靡全球。目前以整形/美容、韩医治疗或体验等为目的赴韩健康旅游的外国游客日益增多。

据有关问卷调查结果，在"最想在韩国体验的活动"项目中，"韩餐体验"和"整形/美容医疗体验"分别占62%和15%。

首尔是游客的主要旅游目的地；其他受欢迎的旅游目的地包括雪岳山国家公园、历史名城庆州和亚热带济州岛。

打出椎间盘突出专科牌的自生韩方医院以及推出韩西医结合诊疗系统的广东韩方医院，都经常接待参观医疗机构以及进行体验治疗、参与韩流体验（模仿韩流明星化妆）、访问韩流地带及健康旅游中心的国际游客，顾客除了访问主要的文化遗迹、参加名胜游外，还参加"走近韩方之旅"了解韩国医学精髓，带着对韩国医疗的美好印象回到自己的国家。

釜山地区的医院还设计过一项体验活动，利用整形手术后四天三夜的时间，参加海上豪华客轮旅行来恢复身心健康。而位于安东的安东医院，开发了低成本的将健康诊断与传统文化体验结合在一起的"早安健康游"，成功吸引了众多外国患者。

3. 发展战略与推广措施

韩国政府与日本政府一致，对健康旅游在经济增长中的作用抱很大期望，也有宽松的签证法律环境。不同的是，韩国政府直接与其他亚洲国家竞争，为发达国家提供高质量、低价格的医疗服务，从而扩大市场份额。

韩国采用聚焦战略发展健康旅游产业，其推出的健康旅游服务集中于具有显著优势的美容行业，将健康旅游产品的销售市场定位在日本、中国、美国和俄罗斯远东地区。此外，在设施方面，韩国准备以釜山市为据点，打造健康旅游中心城市。在釜山市中心新建的专为健康旅游消费者服务的"健康旅游服务咨询中心"于2011年2月9日正式对外服务。设在仁川机场的健康旅游服务中心和韩国观光公社楼下的健康旅游信息中心，也提供各种有关韩国健康旅游方面的信息服务。在人才培训方面，为了更好地推广健康旅游，韩国还加强了旅游业与医疗业之间的协调人员的培养。

4. 韩国JK整形外科医院

以前前往韩国的健康旅游人员会通过代理机构确认医院，但随着互联网技术持续发展，不少年轻患者通过网络查找信息，不再需要代理机构。为了满足这部分游客的需求，不少医院加大品牌建设力度，对自身优势科室与治疗项目进行重点宣传，还加大了对优秀医生、医疗系统的宣传力度。

韩国JK整形外科医院于1998年3月建院，并于2007年通过了ISO认

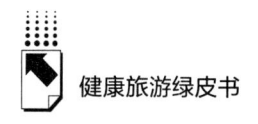

证。2008年,该医院和我国吉林大学第一医院开展相关合作。2010年展开了"NEW FACE, NEW DREAM"的宣传活动,通过一系列慈善活动提高了其品牌形象。韩国JK整形外科医院会为外国患者提供多语言服务,为外国患者建立专用的呼叫中心和客服团队。同时,提供一对一的专职服务人员,提供包括诊疗、检查、手术、快速康复、出入院以及回国后的在线咨询等全流程服务。

(七)以色列

1. 发展历程与现状

Getdoconline.cm统计的数据显示,2016年,前往以色列的游客中,医疗游客占比2%。据以色列卫生部估计,以色列医疗旅游市场规模约2.8亿美元,2013年医疗游客为3万人,2014年约6万人,呈现明显的增长。这些游客中约有50%来自俄罗斯和东欧地区。以色列的医疗游客中有65%出于医疗目的,而其余35%则接受了美容手术服务。

国际医疗研究中心发起的一项针对全球25个热门医疗旅游目的地的调查中,以色列在医疗保健、服务水平和疗养体验方面的相关排名最高。根据以色列卫生部提供的相关数据,2012年以色列医疗旅游总收入达到1.4亿美元。在MTI最新排行榜上,以色列综合得分居第8名,环境、产业、设施和服务质量三个维度分别居第12名、第20名和第3名。

2. 国际健康旅游特色产品与服务

以色列成为一个主要的医疗旅游目的地,缘于享有国际盛誉的医疗保健系统,以及能以合理价格获得其他国家法律禁止开展的治疗方法。

(1)特色项目

心脏手术、肿瘤和癌症治疗以及骨髓移植是医疗游客前往以色列接受治疗的最常见项目。IVF治疗上以色列全球领先。

肿瘤治疗是以色列顶尖医学领域的一个重要组成部分。通过肿瘤、外科、影像等多学科团队协作,并针对每个患者制定适用、创新的治疗策略,以色列取得了享誉全球的临床和科研成果。

(2) 医疗保健系统

顶级医疗资源、超现代化医院和医疗设施以及高专科患者比例使以色列医疗保健系统成为世界上最先进和创新的医疗保健系统之一。以色列大约有70家综合性医院和医疗中心，其中大部分由政府和非营利组织拥有和经营。以色列卫生部负责以色列卫生政策的制定和实施，包括对医院和医疗中心的监管及医务人员的资格认证。以色列医务人员重视继续医学教育，不断提升专业素质，其中不乏领域内国际顶级专家。此外，许多医生移民自欧美，训练有素，擅长西医和手术。

在以色列，如果医务人员疏忽行事，或者故意忽视病人，可能会受到指控。医疗事故还包括误诊、漏诊、治疗不当或延误治疗等。以色列专门有律师事务所重点关注这一领域的事件，具有丰富的经验和技术，提供专业的法律援助。

(3) 医疗水平和医疗设施

以色列是世界上第二大医疗器械供应国，有生命科学产业公司750多家，其中55%从事医疗器械研发和生产，相关产品以出口为主。世界上主要的医疗器械生产商，如GE医疗、飞利浦医疗、西门子医疗、波士顿科学、强生等均在以色列设立了研发中心。

(4) 语言

俄语和英语被以色列的医务人员熟练掌握并广泛使用。

(5) 服务和旅游

以色列拥有美丽的地中海岸和众多名胜古迹，极具健康旅游吸引力。此外，以色列为健康旅游者提供优质配套服务，如在特拉维夫Assuta医院，游客可入住配置高端的私人房间，并享有专门的客房和私人助理。为保证医疗旅游治疗服务，以色列本地居民诊疗服务安排在上午，健康旅游服务在下午3点之后开始。而且这些服务患者可负担，费用比德国、瑞士、法国、奥地利低30%~50%。

(6) 缺点

与美国和欧洲相比，以色列健康旅游成本具有竞争优势，但与亚洲的医

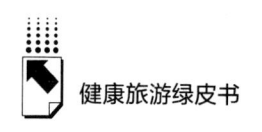

疗旅游目的地相比，医疗服务的价格较高。目前与巴勒斯坦和其他阿拉伯国家的冲突令计划前往以色列的游客感到担忧。公立医院的服务水平很差，私人房间少，护士/病人比较低。有几个主要的航空公司从欧洲和美国的主要城市直接前往以色列，大多数阿拉伯国家没有直飞以色列的航班，但可以通过约旦的安曼转机。

3. 发展战略与推广措施

以色列已与65个国家达成协议，免签证进入以色列，唯一的要求是持有有效的护照。大多数非洲、亚洲和阿拉伯国家需要通过以色列驻该国使领馆申请签证。

4. 舍巴医疗中心和特拉维夫苏拉斯基医疗中心（ICHILOV）

以色列顶级医疗旅游医院包括位于特拉维夫的特拉维夫苏拉斯基医疗中心和特拉维夫阿苏塔医院、位于海法的Rambam医疗中心、位于荷兹利亚的荷兹利亚医疗中心、位于耶路撒冷的哈达萨大学医学中心，以及位于特拉哈什默尔的舍巴医疗中心等。

以色列排名第一的舍巴医疗中心不仅是全球十大最佳医院，还是以色列重要的医疗科研中心和全球数字医疗创新中心，更是全球医疗旅游胜地。因其世界级的医疗水平和可负担性，每年有无数患者慕名前来求医。舍巴医疗中心诞生了以色列第一个试管婴儿，每年约进行7000次试管婴儿手术；舍巴医疗中心拥有世界上最先进的心脏病科，开发了使用心脏直视手术结合消融技术来逆转严重的顽固性心律失常。

舍巴医疗中心位于Tel Hashomer，距离特拉维夫不远，是一个占地200英亩的医学园区。中心目前有1900张床位，近10000名卫生专业人员，其中包括1700名医生、3000名护士。相关数据显示，舍巴医疗中心每年门诊150万人次、急诊20万人次，12000个新生儿出生，完成5万台手术。舍巴医疗中心是以色列6所三级转诊医院之一，也是国际公认的先进医疗机构以及"全球四大癌症中心"之一，还是世界上少有甚至是唯一拥有连续性治疗能力的医疗机构，内设儿科医院、急诊医院、妇产科医院、康复医院、医学院以及急诊后治疗院。舍巴医疗中心在辅助生殖的IVF领域、骨髓移植和心脏病的治疗方面都处于世界先进水平。

舍巴医疗中心是一个医疗科研重地，承担了以色列30%医学科研工作，积极通过国际合作的方式与生物技术和制药行业开发新的药物、治疗方法和技术，也成为医疗教育方面全球最重要的中心之一。此外，舍巴医疗中心还是以色列仅有的两个美国卫生部联邦保险（FWA）指定的医疗机构之一，舍巴医疗中心获得美国联邦政府资助，开展涉及人体临床试验研究。最前沿的医学技术包括转移性黑色素瘤的TIL免疫治疗、胰腺癌的靶向药物olaparib、血友病基因突破疗法。

舍巴医疗中心设置了专门的医疗旅游部，能为前来看病的外国医疗旅游顾客提供翻译服务。相关数据表明，舍巴医疗中心平均每月能接待大约200名医疗旅游游客。

特拉维夫苏拉斯基医疗中心是以色列最著名的多学科医院之一，成立于1914年，为以色列和世界各地的患者提供治疗。医疗中心以患者为重心的战略是其提供个性化护理使命的象征。秉承全球服务的最高标准，临床医师根据每个患者的情况和需求量身定制治疗计划。

（八）迪拜

1. 发展历程与现状

阿联酋旅游业高度发达，医疗保健系统较为完善，医疗机构众多（约有70家医院和150家诊所）、医生比例正常（每1000人配备2.5个医生）、医生资质优良（经历过国际培训）、医疗设备设施完整等，这些为阿联酋的国际健康旅游发展奠定了强大的基础。迪拜是阿联酋的一个城市，位于波斯湾的阿拉伯半岛东南端，背靠海湾，石油资源丰富，其经济发展水平按名义GDP计算居世界第31位。作为阿联酋在医疗服务及基础设施建设方面最为发达的城市，迪拜成为中东地区最重要的医疗旅游目的地和全球最受欢迎的医疗旅游城市之一，行业发展水平也遥遥领先。

2002年阿联酋副总统兼总理穆罕默德·本·拉希德·阿勒马克图姆在迪拜的自由医疗保健经济区发起迪拜健康城（Dubai Healthcare City，

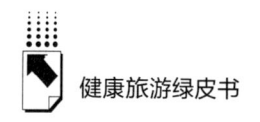

DHCC）项目。DHCC 项目共投资 18 亿美元，包括医疗机构、诊所、医学院校、科研中心以及专门的实验基地，秉承"高端、奢华、享受"的理念，提供一流的医疗保健和休闲养生服务，致力于发展为国际公认的优质医疗保健目的地。

迪拜健康城经历了医疗区—度假疗养区—马克图姆医疗研究中心的发展历程，功能逐渐从满足居民的基本医疗健康服务需求向满足国内外游客美容、康养等的多样化高端健康需求拓展。马克图姆医疗研究中心主要为前两个区域提供技术支持，保证迪拜健康城的持续高质量发展。

近年来，阿联酋不断加大对医疗产业的投入，相关设施与机制越来越完善。在此基础上，阿联酋将医疗旅游产业视为实现经济多元化的重要支点。2017 年，迪拜担任了全球健康旅游理事会（Global Healthcare Travel Council）主席，进一步提升了迪拜在世界级健康旅游目的地的地位。经过 20 年的发展，迪拜健康城已形成典型的医疗、旅游、教育集聚发展的高端医疗旅游模式。据统计，迪拜接待医疗游客的数量每年的增长率达 12%～13%。2019 年迪拜接待了 35 万医疗游客，预计到 2020 年将超过原定目标。根据国际医疗研究中心发布的"2020～2021 年全球医疗旅游指数"，迪拜在全球 46 个医疗旅游目的地的排名中上升了 10 位，列第 6 位，已经成为世界主要的健康旅游目的地。

2. 国际健康旅游特色产品与服务

（1）医疗水平与质量

迪拜的医疗资源符合国际标准，覆盖 90 多个专业领域。医疗机构多而全，拥有超过 150 个临床机构、20 家 JCI 认证的综合性医院、4000 多名执业医疗保健专业人员、120 多家国际知名医疗中心；重视医疗教育与医疗科技研发创新，与哈佛医学院国际部、波士顿大学牙科医学研究实验室等世界前沿的医疗研发和教育机构建立战略合作关系。

（2）价格

阿联酋的国际优质医生资源集中，医疗服务系统标准与全球一致，但医疗服务价格与其他很多医疗旅游目的地相比较低，医疗费用的可负担性帮助迪拜吸引了很多来自具有高医疗水平国家的患者，如英国及其他西方国家。

（3）服务

除了优质的临床医疗，迪拜还提供全面的保健服务，包括健康、美容和牙科的"一条龙"服务以及眼科、整形、理疗等专业医疗检测，还制定《病人权力和责任宪章》、广泛的入境健康旅行保险计划以及结构良好的医疗投诉管理流程保障患者安全。迪拜注重传统与现代医疗相结合，既包括处在发展前沿的先进医疗技术手段，又容纳各国的传统优质医疗手段如中医、针灸等。据 DHCC 称，游客赴迪拜进行医疗旅游的项目主要包括整容手术、矫形治疗和不育治疗，以及髋关节及膝关节手术治疗。

（4）旅游

迪拜是欧亚非大陆重要的贸易交通枢纽，拥有着各种世界之最以及奇特的建筑，如世界上第一家七星级帆船酒店、全球最高的建筑"哈利法塔"、全球最大的购物中心及世界最大的室内滑雪场，是高端奢华旅游服务的代表。在雄厚的资金条件下，迪拜建海下酒店，飞碟型建筑如深海精灵，让人与自然贴近相处，更可与鱼群共眠。独特的沙漠与沿海的绝美自然风光也吸引着海内外游客纷至沓来。总之，旅游业在阿联酋的经济中扮演着至关重要的角色，每年的游客数量超过 1000 万，其中迪拜以其超现代的建筑和奢侈品购物而闻名，始终保持着阿联酋中最高的旅游份额。

3. 发展战略与推广措施

迪拜具有增加健康旅游游客流量的潜力。2014 年，迪拜政府设定了一个目标——到 2020 年，赴迪拜开展医疗旅游的游客数量超过 50 万，创造 7.1 亿美元的收入。

迪拜政府正大力发展国际健康旅游业，为吸引海外患者和提升迪拜的健康旅游竞争力，迪拜卫生局打造"迪拜健康体验（DXH）"品牌，与顶尖医疗机构合作。通过设有多国语言（包括阿拉伯语、英语、中文、俄语）的智能应用程序以及医疗旅游网站，允许世界各地的医疗游客通过安卓平台和苹果 App 商店选择医疗套餐、医疗项目，并提前与名单中的卫生保健提供者进行预约。同时该程序借助提供优惠的阿联酋机票、保险、旅游信息、签

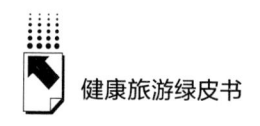

证服务和酒店合作伙伴推荐，鼓励入境医疗旅客。迪拜医疗签证程序简单、灵活，患者可以选择不同停留期以及单次或多次旅行签证申请。医疗机构还可代表患者申请签证，迪拜健康城可为海外病人申请最长延期至9个月的医疗旅游签证。同时健康保险对于阿联酋的所有国民、居民和访问人员而言均为强制性要求。

2019年迪拜计划增强其健康旅游服务，包括重新关注预防和替代健康做法，例如阿育吠陀、顺势疗法和瑜伽。迪拜卫生局正在实施基于迪拜卫生机构绩效框架的评级体系，希望以此来鼓励发展国际健康旅游。

4. 迪拜健康城

（1）内部建构

建于迪拜城中心的综合医疗中心设有医疗区和度假疗养社区。医疗区包括传统医疗服务区、医疗健康监督计划及相关支持系统。打造高度便利的医疗一条龙服务，提供国际标准的诊断和治疗服务；医疗健康促进计划侧重于提供传统医疗服务或是疾病愈后的恢复治疗如食疗、运动康健等；该区中还设有为重点客户提供一站式全包服务的支持系统，帮助客户与访客处理签证或政府所需其他文件，亦有便捷的零售、购物、五星级酒店为患者家属服务。

度假疗养社区涵盖了社区医院、社区诊所、疾病预防及疗养中心、美容中心与运动康复中心。健康护理社区医院，为DHCC用户提供完整的集成连续护理服务。疾病预防及疗养中心主要特色是中西医结合和综合医疗服务，提供包括对症疗法、顺势疗法、自然疗法、中医和阿育吠陀医学、尤纳尼医药学的多元学科疗法等各种优质服务；此外配套项目健全，建设有康复中心、运动医学中心、美容中心、温泉酒店与SPA等，致力于成为一个世界级顶尖的体育运动医学卓越研究中心。

（2）发展特色

高层推动，市场运作。DHCC是世界上第一个也是最大的医疗保健自由区，医疗保健自由区实施零公司税、零个人所得税、零关税、零资本限制、零贸易壁垒和配额等政策；自由区内享有房地产购买的优惠；具有低成本熟练的劳动力，为外国投资者提供高端医疗服务和发展机会，吸引了大量高端医疗资源，一定程度上吸引了众多游客。此外政府牵头打造世界首个综合电子医疗旅游门户——迪拜健康体验（DXH.EXE）品牌，为迪拜国际健康旅游的发展腾出了空间。

定位清晰，精准发展。迪拜健康城在建立之初，便有明确的消费人群目标。基于自身资源的考量，它以当地人、生活在欧洲和东亚之间的20亿人口为目标人群，定位于吸引高端的医疗服务机构的进驻，旨在建设成为高端人群提供高质量医疗保健和健康管理服务的世界级健康护理中心。

产业融合，把握质量。将健康与旅游完美融合，健康城交通便利，教育支持设施完备，且邻近地区配套发展零售业、酒店和公寓设施，方便患者和家属住宿游玩。健康城中的专业机构还会与迪拜医疗旅游服务商的专业机构对接合作，为医疗旅游者提供医疗、旅行、住宿和交通等全流程方案。目前迪拜已获得世界旅行与旅游理事会（World Travel&Tourism Council）颁发的"全球安全与卫生"印章（a global safety and hygiene stamp），供游客识别世界范围内已采用全球标准化健康和卫生章程的旅游目的地。

三 亚洲各国国际健康旅游产业发展策略的比较研究

（一）亚洲各国国际健康旅游产业发展策略的比较研究

通过对比分析上述国家及地区在开展健康旅游过程中的战略地位、产品、政策、措施等方面的资料，发现以下利于推动健康旅游产业发展的共同点。

1. 差异化的战略定位

亚洲国际医疗旅游国家及地区通常在全面分析本国健康旅游市场内外部环境基础上，结合自身的优势医疗资源与旅游资源，明确了差异化的战略定位（见表7），开发具有本地特色的健康旅游项目，全方位推动健康旅游产业的快速发展。有的国家采取低成本战略,如泰国提出打造亚洲健康旅游中心、亚洲健康之都的目标;有的国家采取差异化战略,如新加坡政府提出打造"亚洲医学中心"的标语。这些国家或地区拥有明确的战略定位,从而在健康旅游市场上形象鲜明,拥有相对稳定的顾客群。

表7 开展健康旅游国家或地区的服务项目和战略定位

国家或地区	健康旅游特色服务项目	战略定位
泰国	美容整形、变性手术、髋关节置换等	采用低成本战略,打造"亚洲健康旅游中心"
印度	心脏手术、民族传统医学治疗等	主推民族传统医学治疗项目
韩国	美容、整形	聚焦美容行业
新加坡	健康检查、癌症治疗等	采用差异化战略,打造"亚洲医学中心"
马来西亚	牙科、美容与整形等	采用低成本与高质量服务战略
日本	癌症筛查、健康检查、康复疗养	以新兴经济为中心创建日本的医疗点
以色列	心脏手术、肿瘤学和癌症治疗、骨髓移植	—
迪拜	牙科、皮肤科、整形外科	成为专科选择性治疗的市场领导者,提供高品质的医疗服务和无与伦比的假期体验

2. 成立专门的政府部门或组织机构

新加坡旅游局设立国际医疗旅游部门,专门负责开展医疗旅游服务业务;马来西亚政府专门设立"国家推动保健旅游委员会",并与旅游部、私立医院联合会密切合作来推动医疗旅游工作的开展;印度政府成立了国家健康旅游业协会来负责推动健康旅游产业;迪拜卫生局专门负责打造迪拜健康体验的品牌。

3. 政府部门统筹协调,全力支持健康旅游的发展

泰国由政府统筹协调,各部门分工明确,全力配合推动健康旅游相关项目;印度国家旅游行业协会、医疗机构、旅游经营商联合在旅游中提供优质的医疗保健服务;新加坡旅游局、企业发展局、经济发展局以及城市建筑局多方联动,统筹医疗旅游的发展;迪拜卫生局与旅游局等机构密切合作,制定了一系列促进健康旅游发展的有利政策。此外,各地政府均在签证上有政策倾斜,具体见表8。

亚洲国际健康旅游产业发展现状与发展战略研究

表 8 开展健康旅游国家及地区的健康旅游签证政策

项目	印度	马来西亚	泰国	新加坡	韩国	日本	以色列	迪拜
专属签证	有	无	有	无	有	有	无	有
签证类型	M Visa	普通签或落地签	90 天免签；Non-MT	商务签证或社交访问签证	医疗观光（C-3）；医疗观光（G-1-10）	医疗签证	因国家而异。访客签证；过境签证；团体签证	免签
对象	寻求印度专科医院或治疗中心诊治的外国人；病人的配偶/子女及与病人有血缘关系病人前往的人	—	90 天免签：以治疗疾病为目的的人境同国籍的患者及陪同家属可获得免签（包括患者在内不超过 4 人，分别是与患者同一国籍的父亲、母亲、子女和养子女）	英国、澳大利亚、加拿大、美国和欧盟国家的访问人员在入境时不需要签证，并将获得签证 Social Visit Pass。其他国家进入新加坡之前必须持有商务签证或社交访问签证	免签最多 30 天。济州岛特别免签（11 个国家例外）。医疗观光（C-3-3）适用于没有相关邀请，但希望去韩国医疗机构就医的人。医疗观光（G-1-10）适用于随同患者及照顾患者入境的家属	出于医疗目的（包括检查）访问日本的外国患者及其随行人员	—	包括阿联酋免签政策惠及的 50 个国家

243

健康旅游绿皮书

续表

项目	印度	马来西亚	泰国	新加坡	韩国	日本	以色列	迪拜
有效期、停留时间、延期入境次数	医疗旅行者可以通过电子签证进入印度，允许三重入境；普通签证的有效期为60天，最多可以停留60天，不可以延期	自签证签发起90天内有效；普通签证的有效期为30天，落地签为7天，不可延期；单次入境	90天免签；多次入境泰国可以续签，时间总长不得超过一年。Non-MT：居留一年的时间接受治疗	有效期抵达后为30天。可延长，最长为90天。如在新加坡已确定延期的必要性，可安排新加坡移民和关卡局颁发特别许可证	—	有效期必要时为3年；停留时间为90天、6个月、1年。根据临床状况和患者的其他因素确定住院时间；只有在访问日本的时间为90天或更短时才可以签发多次签证	自入境之日起，最多可停留3个月，但具体时长取决于所获签证类型	程序简单、灵活，患者可以选择不同逗留期以及单次或多次旅行签证申请，且医疗机构可代表患者申请签证，迪拜为海外病人申请最长延期至9个月的医疗旅游签证
政府政策与倾斜与管理	减少边境管制时间，消除访问领馆的必要性；引入针对医疗旅行者的特殊签证类别；扩大政策优待国家地区数量；电子签证	如果旅客取得了马来西亚就诊医疗机构的邀请，医疗签证可延长至6个月	免签政策，且在扩大对象国家和地区；简化流程；公共卫生部认可了公布的医院才能为患者提交医疗签证申请，患者就医后需要在该医院门诊建档，医疗治疗结束30天内须向公共卫生部提交报告	—	—	公开表示支持；专门设置医疗签证；放宽法律环境	—	程序简单、灵活，患者可以选择不同逗留期以及单次或多次旅行签证申请，且医疗机构可代表患者申请签证，迪拜为海外健康人申请最长延期至9个月的医疗旅游签证

244

（二）亚洲各国国际健康旅游产业发展对中国的启示

健康旅游发展可以解决我国目前健康医疗资源供需矛盾以及地区健康医疗旅游资源空间分布不平衡问题，并提供多元化的健康医疗服务方式。同时中国健康旅游发展仍然面临诸多挑战：国家政策对先进医疗技术导入的限制性高；健康旅游产品的同质化问题严重，缺乏特色与品牌；尚未形成有效的医旅融合商业模式。因此，我国健康旅游发展应从政策、产品、商业模式等多个维度入手，朝开放化、专业化、精细化、系统化的方向发展，打造具有中国特色的知名健康旅游目的地。

1. 深入分析中国健康旅游服务的需求与市场

中国健康旅游市场已初步形成规模。中国经济社会的稳步发展，提升了居民整体健康意识和健康需求，但是目前国内的医疗资源的空间分布不均，异地就医成为常态，造成中国健康旅游市场高需求与弱供给的现状落差，使中国成为"优质健康服务"的需求大国，九成健康旅游需求被海外市场吸收，2017年海外健康旅游者达60万人次。以肿瘤五年生存率为例，我国肿瘤患者的五年生存率约40%，低于加拿大、日本、澳大利亚等国家，因此跨境医疗的需求巨大（见图11）。

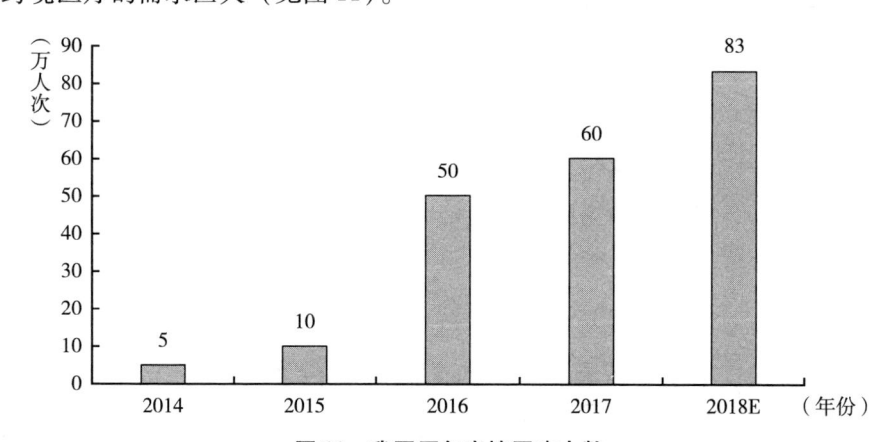

图11 我国历年出境医疗人数

注：健康旅游市场规模包括国内异地健康旅游及跨境健康旅游两部分。
资料来源：中投顾问产业研究中心、AECOM等。

中国健康旅游需求巨大。我国居民对健康旅游的需求以重疾治疗为主，约占40.2%，以海外体检、生育辅助和医美等专科服务为辅，主要流向发达国家。尤其是高净值人群中60%以上有海外医疗经历，发达国家如美国、德国、日本为主要目的地，人均消费5万元，是出境游人均消费的10倍。根据统计，2018年中国健康旅游市场规模已经达到1186亿元（包含国内异地健康旅游及跨境健康旅游两部分），过去五年的年增长率达到33.1%，远超GDP增速（见图12）。医疗等相关行业正成为推动经济发展的新增长点，健康旅游正迎来全新的发展机遇。

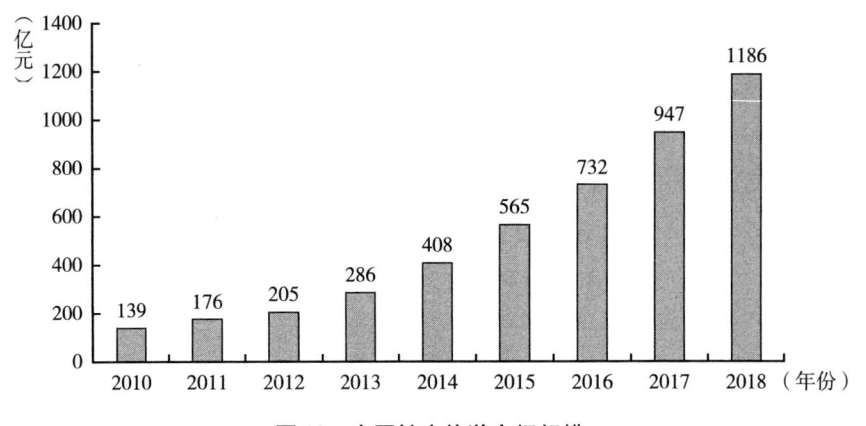

图12 中国健康旅游市场规模

资料来源：中投顾问产业研究中心、AECOM等。

2. 建立多部门合作共管协调机制和专管机构

我国国际健康旅游产业的发展需要得到政府更多的政策支持，同时要制定相关规范以引导健康旅游产业积极发展，在管理体制和组织架构方面需要创新和突破。

首先，为了推动我国健康旅游产业的快速与健康发展，需要科学的顶层制度设计、制定相关的配套政策、全面规划及规范引导。

其次，体制、机制亟待创新。为借鉴所有推行健康旅游取得成功的国家和地区的先进经验与有效做法，建议成立国家级的健康旅游产业发展指导委员会或领导小组，由卫生健康委、旅游局、外交部、发改委、商务局、公安部门等相关部门共同组建统一协调的办事机构,取代并改变现行的低层级、孤岛式、碎片化、低效率的运行态势。

同时,还可探讨借鉴国际经验,在健康旅游产业发展指导指委会或领导小组的架构之下建立相应的运行平台,负责重点地区及健康旅游项目的推进和实施。

最后,设立国际健康旅游产业发展咨询专家委员会,以发挥相关专家学者的智库作用以及对外交流合作的纽带作用,开展调查研究、政策咨询、国际合作等工作,有力配合推动我国国际健康旅游服务产业的可持续快速发展。

3. 进一步加强对健康旅游产业的政策支持

综观亚洲健康旅游国家的发展历程,良好的发展均离不开政府部门的支持与相关行业协会的大力推广。目前我国政府陆续出台相关利好政策,已在中国大陆地区形成了4个国家级医疗旅游先行区和3个国家级健康产业发展区,为进一步搭建健康旅游服务的发展战略框架,还需要进一步推动健康旅游签证服务、健康旅游服务机构的准入与评价、运营与监管等相关扶持政策的制定。

(1) 健康旅游相关机构的准入体系

建议政府或行业制定开展健康旅游的基本规则,让医疗单位、旅游单位和从业者在竞争中遵循基本规则运作,同时引导相关机构开展国际医疗服务认证。

(2) 相关运营流程设计

国际健康旅游服务运营流程,是一项较为复杂的工作,除医疗机构的基本运营和服务流程以外,还要把国际化服务和非医疗服务的元素设计进去。

(3) 健康旅游服务的质量评价体系

制定相应的评价标准去评价健康旅游机构服务运营的结构、过程与结果质量,评价可以由第三方机构来操作。监管体系要由政府负责,应尽早着手制定有关健康旅游的法律法规,加强市场行业监管力度,为健康旅游的顺利开展营造出良好的市场环境。通过制定健康旅游管理政策和制度,促进我国

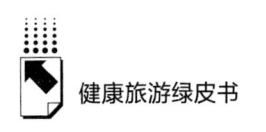

国际健康旅游市场快速、有序、可持续发展。

4. 打造中国健康旅游品牌与目的地

目前国际健康旅游竞争较为激烈，我国可以充分发挥健康技术水平优势，结合创建中医保健国际健康旅游品牌，建设一批集医疗康复、养生保健、观光休闲、娱乐等于一体的中医保健旅游目的地，积极开拓中高档健康保健旅游市场，具体还需要以下方面的工作。

（1）整合健康旅游服务资源

通过详细的产业分析与市场竞合分析，判断目的地适合导入的细分健康旅游资源门类，寻找优质的合作品牌，通过股权合作、委托运营、招商出租等方式，引入多元优质的医疗服务资源，构建医疗服务核心，提供具备竞争性的医疗服务产品。

（2）构建健康旅游服务的内容载体

通过资源挖掘与主题营造，提出具有竞争性的旅游核心吸引物，在健康旅游的要素内容中注入特色医疗资源相关的旅游内容载体，打造具有高识别度的健康旅游服务 IP，应用于丰富多元的产品体系中的各个环节。

（3）塑造可持续的服务环境

完善综合服务配套，适度延展产业发展、生活功能、基础设施等服务功能配套。由专业运营方参与目的地后期运营管理，争取政策支持，促进人才沉淀与专业交流，增强活力、专业度与话题性，营造宜居宜业宜游的目的地综合服务环境，提升整体健康旅游形象。

5. 加强健康旅游人力资源保障

健康旅游管理人才和健康旅游服务人才的培养是健康旅游产业发展的基本保障。一方面，要加快"懂理论、会实践、能运营"的健康旅游专业人才培养，鼓励相关院校设立与健康旅游相关的专业，依托所在区域健康旅游资源在学校开设相关课程；另一方面，要鼓励社会资本与国内外医学院校合资合作办学，简化办学审批手续，加快培养康复治疗师、护士、健康管理师等从业人员。同时，相关学（协）会等要加强对健康旅游人才的继续教育工作，并针对健康旅游服务机构的相关服务人员开展业务培训和语言培训，为国际健康旅游产业发展提供人力资源保障。

6. 加大健康旅游推广的宣传力度

健康旅游产品与服务的宣传与推介也非常重要。印度会通过每年的健康旅游博览会推广健康旅游产品。新加坡在印度尼西亚的 8 个城市举行路演，沿途推广新加坡的健康旅游产品。目前，中国健康旅游的知名度并不高，市场营销的相关意识也不够强。因此，需要加强宣传力度，积极运用多种形式的营销方式，如网络营销、会议营销、路演等。同时，可以按市场规律通过媒体和舆论导向促进我国国际健康旅游的大力发展。另外，可以建立国家健康旅游推介专业网站，委托所属的相关卫生文化协会进行建设和管理，面向国内外消费者统一宣传介绍国内各健康旅游基地；各示范基地也应开设各自的健康旅游推介网站，将基地内的所有业态企业全部纳入，为消费者提供具有服务内容查询、价格查询、服务预约、消费投诉等功能的信息平台；此外，积极鼓励发展健康旅游的中介机构，为相关消费者提供健康旅游全流程的服务。

参考文献

刘庭芳、焦雅辉、董四平等：《国际健康旅游产业探悉及其对中国的启示》，《中国医院》2016 年第 5 期。

杨璇、叶贝珠：《我国健康旅游产业发展的 PEST 分析及策略选择》，《中国卫生事业管理》2018 年第 12 期。

毛晓莉、薛群慧：《国外健康旅游发展进程研究》，《学术探索》2012 年第 11 期。

国家卫生健康委医管中心：《不同类型健康旅游服务机构标准研究报告》，2018。

单亚琴、姚国荣：《国内健康旅游研究综述》，《牡丹江大学学报》2015 年第 7 期。

张建刚、王新华、段治平：《产业融合理论研究述评》，《山东科技大学学报》（社会科学版）2010 年第 1 期。

单元媛、赵玉林：《国外产业融合若干理论问题研究进展》，《经济评论》2012 年第 5 期。

王娟：《基于消费者行为的零售业态演进研究》，中南大学博士学位论文，2012。

马勇、张祥胜：《国内旅游目的地研究综述》，《世界地理研究》2008 年第 1 期。

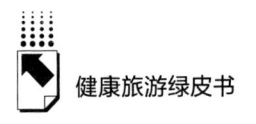

周娟：《学术会议目的地评价因素研究》，华东师范大学硕士学位论文，2011。

《关于促进健康服务业发展的若干意见》，中国政府网，2013年10月16日，http：//www. gov. cn/zhengce/content/2013-10/18/content_6067. htm。

《中医药健康服务发展规划（2015～2020年）》，中国政府网，2015年5月7日，http：//www. gov. cn/zhengce/content/2015-05/07/content_9704. htm? gs_ws=qzone_635666925325224474。

《中医药局关于推进中医药健康服务与互联网融合发展的指导意见》，中国政府网，2017年12月4日，http：//www. gov. cn/gongbao/content/2018/content_5299628. htm。

张英英、赵新星、孟彦峰：《国内外健康旅游研究综述》，《合作经济与科技》2013年第11期。

AECOM广州经济咨询团队：《2020中国医疗旅游前瞻报告》2020年4月17日，http：//www. lvjie. com. cn/brand/2020/0417/17325. html. pdf。

段勇兵：《迪拜健康城对海南医疗健康产业发展的启示》，《今日海南》2019年第12期。

Woodhead, Anthony, "Scoping Medical Tourism and International Hospital Accreditation Growth," *International Journal of Health Care Quality Assurance* 8, 2013.

Turner, Leigh G., "Quality in Health Care and Globalization of Health Services: Accreditation and Regulatory Oversight of Medical Tourism Companies," *International Journal for Quality in Health Care* 1, 2011: 1-7.

Reese M., "Explosive Growth in Medical Tourism and Rise of Retail Clinics Provide Huge Cost Savings for Patients and Challenges for Providers," *Healthcare Financial Management* 62, 2008: 12.

Jonathan N. Goodrich and Grace E., "Health-care Tourism An Exploratory Study," *Tourism Management* 3, 1987: 217-222.

Sonja Sibila Lebe, "European Spa World: Chances for the Project's Sustainability Through Application of Knowledge Management," *Journal of Quality Assurance in Hospitality & Tourism* 12, 2006: 137-141.

Nils Stieglitz, "Industrial Convergence: the Evolution of the Handheld Computers Market," in Jens Froslev Christensen and Peter Maskeu, eds., *The Industrial Dynainics of the New Digital Economy* (Edward Elgar Publishing Limited, 2003).

Bies W., Zacharia L., "Medical Tourism: Outsourcing Surgery," *Mathematical & Computer Modelling* 7-8, 2007: 1144-1159.

Moghimehfar F., Nasr-Esfahani M. H., "Decisive Factors in Medical Tourism Destination Choice: A Case Study of Isfahan, Iran and Fertility Treatments," *Tourism Management* 6, 2011: 1431-1434.

Chinai R., Goswami R., "Medical Visas Mark Growth of Indian Medical Tourism," *Bulletin* of the World Health Organization 3, 2007: 164 - 165.

Carrera P. M. , "Medical Tourism," Health Affairs 5, 2006: 1453.

Chee, Heng Leng, "Medical Tourism in Malaysia: International Movement of Healthcare Consumers and the Commodification of Healthcare," Social Science Electronic Publishing 3, 2008.

Ramírez de Arellano A. B. , " Patients Without Borders: the Emergence of Medical Tourism," International Journal of Health Services 1, 2007: 193 - 198.

Gilmartin M. , White A. , "Interrogating Medical Tourism: Ireland, Abortion, and Mobility Rights," Signs Journal of Women in Culture & Society 2, 2011: 275 - 280.

Carrera P. , Bridges J. , Carrera P. , et al. , "Destination: Foreign Provider (Medical Tourism for the German Patient)," Value in Health 6, 2006: A208.

Melanie Smith, Health and WellnessTourism (UK, Linacre House, Jordan Hill, 2009), pp. 10 - 15.

Eom T. , Yu J. & Han H. , "Medical Tourism in Korea-recent Phenomena, Emerging Markets, Potential Threats, and Challenge Factors: A Review," Asia Pacific Journal of Tourism Research 6, 2019: 563 - 573.

Johnson T. J. , Youngquist J. S. , Garman A. N. et al. , "Factors influencing medical travel into the United States," International Journal of Pharmaceutical and Healthcare Marketing 2, 2015: 118 - 135.

World Tourism Organization and European Travel Commission, "Exploring Health Tourism-Executive Summary," 2018, https://doi.org/10.18111/9789284442030.8.

Lunt, Neil, Richard Smith, Mark Exworthy, "Medical Tourism: Treatments, Markets and Health System Implications: A Scoping Review," Organisation for Economic Co-operation and Development, 2011.

"Directory of Hospital and Healthcare Accreditation and Certification Services," International Medical Travel Journal, 2019, http://www.imtj.com/marketplace/accreditation/directory.

P. R. Newswire, "Global Healthcare Accreditation Releases Its Latest Standards for Medical Travel Services," 22 January 2019, https://www.prnewswire.co.uk/news-releases/global-healthcare-accreditation-releases-its-latest-standards-for-medical-travel-services-876322058.html.

National Accreditation Board for Hospitals and Healthcare Providers (NABH), "Accreditation Standards Yoga & Naturopathy Hospital 2nd Edition," 9 June 2019, https://www.nabh.co/Images/PDF/Yoga_Revised_2Edition.pdf.

Republic of the Philippines Department of Tourism, "Rules and Regulations to Govern the Accreditation of Tertiary Hospitals for Medical Tourism," 9 June 2016, http://

accreditationonline. tourism. gov. ph/Downloadables/Standards/Tertiary Hospitals ForMedical Tourism. pdf.

Ho, Li-Hsing, Tai Yi, "Constructing Quality of Service Indicators and Improvement Strategies for Medical Tourism in Taiwan," *Studies on Ethno-Medicine* 1, 2014: 23 - 31.

Kácha, Ondřej, et al. , "An Approach to Establishing International Quality Standards for Medical Travel," *Frontiers in public health* 4, 2016: 29.

Shafaghat, Tahereh, et al. , "The capabilities of Iranian Hospitals in Attracting Medical Tourists Based on Joint Commission International: A Case Study of Shiraz Hospitals," *International Journal of Travel Medicine and Global Health* 1, 2014: 5 - 9.

案例篇
Case Reports

G.13
中医药健康旅游推动
三亚国际旅游升级的引擎
——以三亚市建设国家健康旅游示范基地为例

陈小勇 陈嘉璐*

摘　要： 中医药健康旅游是三亚市18年实践探索，不断蜕变提升的成功案例。三亚探索建设中医药健康旅游示范基地，取得预期成果，为国际旅游岛建设树立一张国际旅游名片，海南国际自贸港建设打造国际健康旅游消费中心新机遇期，以全国第一批健康旅游示范基地建设为基础，逐步建构推动三亚国际旅游升级的引擎。

关键词： 三亚市　中医药　健康旅游

---

* 陈小勇，三亚学院健康医学院、健康产业管理学院院长、教授、硕士生导师，研究方向为中医学临床与交叉学科研究、基于大数据技术赋能开展健康旅游、健康管理和智慧养老的应用基础研究；陈嘉璐，三亚市中医院行政秘书。

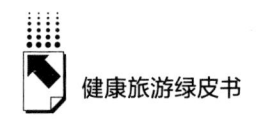

21世纪初,海南省三亚市率先探索中医药健康旅游发展模式,吸引国内外大批游客前来,为国内其他地区的健康旅游发展发挥良好的示范和带头作用。此进程中,三亚市准确定位三亚的健康旅游内涵,深挖三亚的资源优势。2016年三亚中医药健康旅游示范基地项目获得国家中医药管理局验收,推动了中医药资源与旅游资源的融合发展,形成了独具特色的中医药国际健康旅游目的地和服务品牌的三亚模式,为推进三亚市游客的健康生活、幸福生活、美好生活等开展了卓有成效的探索,推动了三亚中医药国际健康旅游的高质量发展。

一 三亚中医药健康旅游的基本情况与内涵

三亚地处海南岛最南端,是中国唯一的热带滨海旅游城市。基于三亚独特的自然环境和旅游资源优势,健康产业被列入三亚重点发展的新兴产业之一,尤其是健康旅游与中医药疗养备受关注。为此,三亚首先发起成立中国中医药研究促进会健康旅游分会及三亚中医健康旅游协会,多次主办三亚中医药健康旅游专题会议,邀请全国各级中医医疗机构的管理者和相关领域专家对三亚中医药健康旅游的建设进行研讨。系统梳理三亚市开展"中医药健康旅游"的资源,最大限度地满足康养市场的需求,精准定位三亚中医药健康旅游的发展,利用中医康养的技术优势打好资源牌,拓展集健康服务、休闲度假、康养旅居、医疗临床、治未病、康复、养生保健于一体的新型中医药健康旅游产业。

三亚的中医药健康旅游内涵是什么?只有正确地进行理论解读,才能有效地指导产业实践。多年来,课题组对三亚中医药健康旅游的实践进行回顾性分析与深刻解读,对三亚中医药健康旅游从实践到理论进行了全面升级与探索。三亚开展中医药健康旅游,就过程而言,指旅游过程中运用中医药治疗手段以改善和提高旅游者身体健康状况的活动;就目的而言,指以中医药施治为主导改善和提高游客的身体健康状况为目的而进行的旅游活动;就要素而言,中医药健康旅游应该具备自然健康的中医药资源、社会人文的旅游资源、保健强身的休闲运动资源以及健康生活的价值观和生活方式等要素，这些要素可以引导游客改变不良的生活方式和习惯，体验科学、健康的生活模式。基于此，我们对三亚中医药健康旅游从实践到理念进行定位，认为三亚中医药健康旅游是指在旅游过程中以提升游客身心健康为目的，通过采用中医药适宜的健康干预技术而提升游客健康状况的旅游活动。这种旅游活动更为关注人的健康与身体和精神全面发展，对指导三亚发展中医药健康旅游市场与客群，以及相关项目设计与实践运行等起到关键性的指导作用。

二 三亚中医药健康旅游的实践与探索

（一）以得天独厚的资源规划三亚中医药健康旅游的高品质定位

1. 适宜人体康养的环境资源

三亚市气候条件优越，生态环境优美，素有"天然温室"的美誉，全市空气质量优良，为健康养生旅游提供了更加舒适、清新、自然和宜人的发展环境。三亚地处低纬度，属热带海洋季风气候，一年四季果蔬丰富。三亚年均气温25.5℃，年日照时数为2400小时，年平均降雨量1540.5毫米；三亚市拥有大片的热带雨林，森林蓄积量为378万立方米，热带林木有1000多种，林地面积（含热作林）10.4万公顷，经济价值较高的有坡垒、铁棱、荔枝、子京、花梨、陆均松等500多种，《本草纲目》所及的岭南药物几乎都可以在林区觅取，三亚的热带雨林成为岭南药物的宝库。

2. 人体康养适宜的旅游资源

三亚市拥有我国首屈一指的旅游资源，汇集了阳光、沙滩、海水、气候、温泉、岩洞、田园、森林、动物、风情10类自然特色，是中国热带海滨风景旅游资源密集的地区。三亚海域广阔，海域面积5000平方公里，海岸线接近全省海岸线的1/7，是我国发展休闲度假的黄金海域。其中著名的旅游景点有脍炙人口的"请到天涯海角来"之声的天涯海角游览区、佛家圣地南山文化旅游区、号称"天下第一湾"的亚龙湾国家旅游度假区、俄罗斯人最集中的海湾大东海风景区、俯瞰三亚城市夜景的鹿回头公园、有十八公里"椰梦长廊"美誉的三亚湾风景区、人类生存遗迹超过一万年的落笔洞古迹文化旅游区、有"神州第一泉"称号的南田温泉、"潜水天堂"蜈支洲岛海景乐园，还有"天涯文化"之源崖州古城、鉴真和尚东渡日本避风登陆遗址等人文景观。国务院1994年1月10日发布的第三批原国家旅游局按"奇、绝、美、胜"四个系列在全国评选35个王牌景点，"三亚热带海滨风景名胜区"拥有陆域面积约121平方公里的景区景点和海域面积约88平方公里等优势资源被列为"美"景之首的景点。1992年在国务院批准的国家级旅游度假区名单中，亚龙湾与大东海一起被评为"全国旅游胜地40佳"之一。前联合国世界旅游组织秘书长萨维尼亚克先生于1994年夏到亚龙湾考察，给予高度评价并兴奋挥笔赞美："亚龙湾具有得天独厚的自然条件，银色的沙滩、清澈的海水、绵延优美的海滨、未被破坏的山峰和海岛原始粗犷的植被，这是一个真正的天堂。"三亚市游览的游客流传一句话"亚龙湾不是夏威夷，胜似夏威夷"。南山文化旅游区是融中国民族民俗文化、佛教文化、生态环境保护和热带海洋风光为一体的全方位、多层次的国际性文化旅游园，被海南省授予"生态环境恢复与保护示范工程"称号。蜈支洲岛与亚龙湾附近海底有大量珊瑚礁形成的奇特海底世界，是全国乃至世界潜水旅游的最佳目的地之一。三亚市得天独厚的旅游资源具备建成国际化热带滨海度假旅游城市的基础条件。

3.适宜人类康养的旅游接待体系

三亚市在1998年率先开展创建中国优秀旅游城市活动，形成了吃、住、行、游、购、娱比较齐全的接待体系。1998年首批中国优秀旅游城市中，三亚市名列榜单。自2015年以来，三亚市健康旅游发展趋势良好，新开发了落笔洞健康文化旅游项目、海棠湾滨海康养旅游区、三亚国际友好中医疗养院、中医药温泉医疗等健康旅游项目，极大提高了三亚市的旅游接待能力。

（二）以精湛的中医技术推动三亚中医药健康旅游的高质量对标

健康旅游体验提升民众的生活质量。当前国内多数健康旅游业态仍属于短暂性娱乐型旅游，仅能给旅游者带来短期的体验，人民的幸福生活保持则需要长时期的健康旅游服务与供给，这关系到整个产业可持续发展的问题。融合中医药精湛技术是提升游客健康体验效果的关键环节，三亚市中医院长期以来致力于研究各类非药物干预的适宜技术，运用在健康旅游过程中，对游客身心健康产生积极效果，挖掘中医经典理论思想精髓，将治未病技术及各类养生康复疗法贯穿健康旅游的全过程，通过"疗游"的实施，提升和保持游客的健康水平。

1. 以中医经典理论指导三亚健康旅游实践

三亚市中医院积极发挥中医药学科专业优势，梳理整合中医经典理论，在全国率先开展三亚中医药健康旅游产品的探索与孵化，推动产学研用结合，并利用中医阴阳学说、中医脏腑学说、中医经络学说、中医体质辨识等理论丰富健康旅游产品内涵，以"中医治未病、九体调阴阳"为理念设计了人体9种体质学说下的健康旅游产品处方，对不同体质类型的游客在形体特征、生理特征、心理特征、病理反应状态、发病倾向等方面通过融入旅游干预，提升了游客健康体验感知。

2. 以中医治未病与康复服务推动三亚健康旅游发展

近年来，前来三亚度假休养的人不断增多，医疗服务、中医疗养成为特色。为推进三亚中医药健康旅游事业，2015年三亚市中医院正式成立了柔性人才引进平台"国内名医工作站"。来自国内各地及院校的知名专家被医院邀请来坐诊查房、给予健康咨询与服务，其中有4位院士、6位国医大师、100余位国内著名专家入站。国内名医三亚工作站的成立，以健康旅游为核心品牌的中医治未病服务体系与康复医疗适宜技术在三亚开始实践运用，更好地为游客服务，满足民众需求。

（1）中医药治未病服务体系。从2015年开始，三亚市中医院积极探索以"治未病"理念为核心，运用中医药养生保健传统技术和方法，将现代健康管理的理念和干预植入旅游过程中，实践探索疗愈大众亚健康的非药物治疗方法——健康旅游。健康旅游注重科学养生与健康旅游的整体调节和效果，受到国内外游客的认可。

（2）中医药康复服务体系。为打造技术精湛的健康旅游产品，三亚市中医院全面提高中医特色的康复服务能力，完善康复服务标准及规范，推动发展具有鲜明中医药特色的"康复医疗、康复训练指导、康复护理、康复疗养、康复养老"等服务，促进中医技术与康复医学融合。三亚市中医院为营造游客康养旅居的环境，探索医院与社区康复机构的双向转诊机制，帮助社区康复机构提高中医康复的技术质量，提升社区康复服务能力和水平，让游客能就近享有规范、便捷、有效的中医特色康复服务。第一批慕名而来的俄罗斯脑瘫患儿于2016年6月来到三亚，接受为期3个月的中医药康复治疗之旅，项目安排体验中医药温泉医疗与脑瘫患儿康复治疗方法相结合，发挥中医药健康旅游服务特色，取得满意效果。

3. 以中医适宜技术提升三亚中医药健康旅游的疗愈作用

三亚中医药健康旅游的中医适宜技术，既要针对游客不同健康状况和游客的健康需求满足其深度体验感，又要考虑消除游客在治疗过程中的畏惧心理，以及健康旅游体验对游客健康确切的疗效。为此，三亚中医健康旅游协会与三亚学院健康产业管理学院联合建设三亚中医健康旅游人才培养基地。2017年4月，协会与高校携手开展中医健康旅游专业化人才培养，针对中医药健康旅游体验者开展的身心健康调理，应用各类中医适宜技术开展研究和人才培养。

（1）针法适宜技术的研究和培训并应用于健康旅游服务。"针"也称"针刺"，是一种利用各种针具通过穴位刺激来治疗疾病调养健康的方法。常用体针、火针、电针、头针、耳针、足针、梅花针等，开展穴位针刺、小针刀疗法等。针罐齐施、针药并用、内外同治等传统医学对疑难病治疗有明确疗效。三亚中医健康旅游协会联合三亚市中医院等会员理事单位将严谨的治疗项目融入旅游活动中，使游客获得了更好的健康体验。开展的健康旅游项目多样，如头针疗法、耳针疗法、体针疗法、放血疗法、梅花针疗法、火针疗法、电针疗法、火罐疗法、刮痧疗法、穴位疗法、针刀疗法等。

（2）灸法适宜技术的研究和培训并应用于健康旅游服务。"灸"是指艾灸，是运用艾绒或相关类药物点燃后直接或间接在体表穴位上熏蒸、温熨，其疗法简称灸法。"艾灸"对游客的气血经络疏通疗愈效果确切，目前已成为三亚健康旅游类的首选产品，深受游客追捧。三亚健康旅游产品中的灸法通过经络的传导，以达到温通气血、防病治病、调理健康的目的。

（3）健康旅游按摩疗法适宜技术的研究和培训并应用于健康旅游服务。为充分满足游客选择健康旅游服务的多元需求，在有利于健康恢复的按摩疗法上做出了大量的"手法类"按摩疗法探索，推广针对不同健康状况游客的整脊疗法、捏脊疗法和背脊疗法及头部按摩、小儿推拿疗法、点穴按摩以及足底按摩、踩跷疗法、拨筋疗法、按揉涌泉穴疗法等特色按摩疗法适宜技术，结合各类"手法"的特点，将其融入游客的旅游活动中，让旅游具备治愈功能。

（4）健康旅游中医外治疗法适宜技术的研究和培训并应用于健康旅游服务。多年来，三亚市中医院对适合在三亚开展的健康旅游外治疗法进行了实践运用，游客体验性较强，满意度较高。为此，三亚市中医院总结出系列有疗效的适宜技术，包括刮痧疗法、竹灌疗法、灌肠疗法等，及天灸疗法、火熨疗法、火罐疗法、盐熨疗法、熏洗疗法、药浴疗法、香薰疗法等，以及外敷疗法、药摩疗法、芳香疗法、膏药疗法、敷脐疗法、蜂针疗法、中药蜡疗等。

（5）健康旅游食疗适宜技术的开发和培训并应用于健康旅游服务。三亚中医药健康旅游开展的食疗适宜技术包括方药应用，如老中医验案、民间土单验方应用、古方今用、成药应用、临床自拟方应用等。根据游客的需要，融入药物雾化吸入疗法、中药茶饮法、中药药酒疗法、饮食药膳、养生保健验方、中医护理套餐、膏方疗法以及冬病夏治穴位敷贴等。

（三）以体验疗效为准绳，提升三亚中医药健康旅游的高质量内涵

旅游高质量的发展内涵有两个维度：一是旅游产品的高质量，二是游客

体验的高质量。旅游能带来快乐和幸福，旅游过程中游客专注状态的全面放松会提高身体的恢复效果，尤其是置身自然景观时游客的疲惫身心可以得到恢复，从而提升游客的身心健康。中医药健康旅游刚好顺应了人们旅游观念的转变和对健康生活的追求，以获得健康为主要目的的旅游活动成为旅游业转型升级的新趋势。因此，三亚中医健康旅游协会及相关机构着力推动中医药资源与旅游资源的深度融合，在产品的内涵与体验感方面进行了研究。

1. 产品的内涵提炼

中医药健康旅游既是一个整体概念，也是一个组合概念，它作为中医药健康服务业与旅游业相结合的新业态，是中医药和旅游两种资源融合发展的必然产物，在满足人们日益增长的健康需求、促进旅游业结构转型与发展升级等方面具有重要的引擎作用。为此，三亚中医健康旅游协会及相关机构建立了中医药保健服务与自然旅游一体的服务体系，充分利用三亚的蓝天、海水、温泉、森林等独特地域资源，在设计上加大力度研发。首先，合理定位健康旅游体验顾客的需求。基于游客的需求心理为导向，关注游客产品体验后的幸福感，最大限度地满足游客健康之需，此类需求通常包括强身健体、美容美体、修身养性、医疗临床、治未病康复和养生文化体验等方面，因此，针对游客健康需求的准确定位是关键。其次，注重产品的体验提质。体验时代需要高质量的旅游产品，健康旅游的核心竞争力在于把中医药健康服务组合贯穿服务产品全过程，给游客提供更为"舒适畅爽"和"有健康效果"的旅游体验，三亚中医健康旅游协会及相关机构遵循旅游产品设计差异性、参与性以及真实性和挑战性的原则①，注重游客在旅游体验过程中的参与和感受，为游客营造实施健康旅游的场景并提供专业的健康服务，游客通过接受产品服务，实现调节身心健康、改善免疫力、愉悦精神、提高积极生活情趣等目的。再次，挖掘产品的内涵深度。三亚中医健康旅游协会及相关机构根据中医药健康旅游活动的不同主题，将健康旅游活动中有利于游客健康提升的项目有机地组合在一起，设计多款适合游客健康旅游需求的产

---

① 马行舒、刘庭芳：《中国国际健康旅游准入制度构建研究》，《中国医院》2016年第5期。

品，按健康旅游产品效果组合的差异性，将其细分为综合性组合的中医药健康旅游产品与专业性组合的中医药健康旅游产品，提升了游客有关健康的体验效果，丰富了健康旅游服务产品的内涵，有效组合产品的设计类型。三亚中医健康旅游协会及相关机构一方面按照资源类型的差异设计了适合三亚中医药健康旅游的地域组合的产品；另一方面遵循三亚的"季节差异"与"时令适宜"性原则，按照时间组合设计与时俱进的中医药健康旅游精品线路，例如，春季赏花、夏季避暑、冬季滑冰等健康旅游特色体验。2017年12月，三亚学院联合中国健康促进与教育协会筹建健康产业专业委员会，并打造三九养生健康节，已主办四届，体验顾客超过3万人次，为三亚旺季打造中医药健康旅游特色精品线路。此外，三亚中医健康旅游协会还根据不同节日、假期组合适宜游客一年四季常来的三亚中医药健康旅游产品。如三亚中医康养之游服务包中医疗养度假休闲游等。通过中医精品体检和名家（包括国医大师）体质辨识，制定个性化疗养方案，包括中医疗养、药膳疗养、运动疗养等。此外，在中长期健康疗养服务项目中，规划设计智慧冬休之旅和"候鸟"康养之旅等系列特色服务产品。

2. 体验的效果构建

旅游体验是旅游个体通过与外部世界取得联系，从而改变并调整其身心状态结构的过程。旅游体验过程是一个连续系统，由一个个有特色和专门意义的情境串联组合而成，是游客在旅游中借助观赏、交往、模仿和消费等活动形式实现的一个时序过程。这个过程有别于人们日常生活的另类行为环境，通常以游客的旅游期望作为旅游体验过程中旅游体验质量的标尺。从结构上看，旅游体验具有多重层次结构，游客体验感知常见分类有触觉体验、视觉体验、听觉体验、嗅觉体验、味觉体验。其一，从时间结构上看，旅游体验包括预期体验、现场体验和追忆体验，呈现阶段性特征，并随时间的流逝而不断地升华，进而演化成人们生活经验和精神世界的一部分；其二，从深度结构上看，旅游体验呈现具有一定的层次性，基本上可分为感官体验、身体体验、情感体验、精神体验、心灵体验五个层次，越是深度的旅游体验，越能让游客感到旅游的意义；其三，从强度结构上看，旅游体验通常可

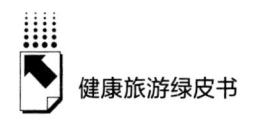

分解为一般性体验和高峰性体验两个层面，越是能达到高峰性的体验，越能使游客感到旅游的价值。

　　旅游本身是旅游主体在旅游过程中对特定文化的接纳和传播活动，是一种文化认同的形式。当前，随着民众对三亚健康文化的认同提高，游客更愿意选择那些深层次和高参与的健康旅游文化体验活动。健康旅游要实现可持续发展，还需借助丰富的旅游资源来塑造这种健康的文化氛围。为此，三亚市以三亚优质的空气、气候、海水、温泉等优良的环境为基础，依托国内第一个中医药健康旅游示范基地三亚国际友好中医疗养院，由点到面，推出了不同层级的中医药健康文化的体验路线，以此让游客认同三亚的中医药健康文化，拓宽旅游消费的空间。三亚中医药健康文化体验之旅较有代表性案例有：三亚学院以落笔洞文化旅游区与三亚学院森林校园为基础研发的课题"三亚地区医养结合健康旅游项目研发"，从"医（衣）食住行"多个维度构建具有中医药特色的健康旅游服务线路深受体验者好评，尤其是儿童哮喘康养项目的探索拓展了旅游的跨专业融合新模式。

　　其他案例还有，以海棠湾国际中医药康养特色小镇推出的运动医疗康复项目和精品康养民宿；亚龙湾生命泉推出的养生静心之旅；三亚亚龙湾人间天堂鸟巢度假村推出的 3 天 2 晚云端"轻养"产品套餐等，此类体验之旅满足不同游客的健康旅游之需，也为游客提供了独具特色、疗效俱佳的中医药旅游产品选择。

　　三亚中医药健康旅游产品，深受欢迎，吉尔吉斯斯坦共和国前总理詹托罗·萨特巴尔季耶夫及其夫人于 2015 年 11 月来三亚体验以温泉保健为特色的中医药健康旅游，通过亲身实践体验认为效果良好，并大加赞誉，后期他进一步邀请项目团队出境到吉尔吉斯斯坦开展中医药健康旅游。以俄罗斯为代表的俄语体系国家的游客，通过口碑传播，都纷纷前往三亚享受滨海养生旅游，接受日光浴。为增强游客对三亚中医药健康文化的认同和旅游意向，促进三亚入境健康旅游发展与健康文旅品质的提升，三亚的温泉类旅游项目均引进了中医药特色。三亚拥有的优质温泉资源，含有对人体健康有益的微量元素，具有保健、美容和护肤等功效。挖掘游客的积极情绪与深度体验，与传统中医理疗手法相结合,促进游客的健康,并有效改善体质、增强抵抗力、预防疾病,达到事半功倍的效果,自2014年项目运行以来,迅速得到国内外游客青睐。

(四)以利好政策为引导,研究三亚中医药健康旅游高质量的发展路径

1. 三亚中医药健康旅游在各类利好政策的支持下加速发展

为推动健康旅游大力发展,国家出台了一系列利好政策并逐渐完善顶层设计,2016年《"健康中国2030"规划纲要》等政策先后出台,鼓励健康旅游加快发展。2017年5月国家卫计委等五部门出台《关于促进健康旅游发展的指导意见》等系列文件,对健康旅游服务体系规划、示范基地建设和服务产品开发等提出了具体的发展目标和指导意见。各省市积极响应,加快政策落地,不断优化产业布局。

(1)政府统筹规划,政策正面引导,积极引导健康旅游产业的发展。2016年以来海南省先后出台了一系列政策,提出发挥中医药在海南省政治、经济、社会、科技、文化和生态文明发展中的独特作用,构建中医药全域全产业链发展格局,以精准的契合点融入全省经济社会发展大局。每年在省财政预算中设立支持中医药事业发展的专项资金1320万元,为推动中医服务贸易发展,海南省启动海南中医药健康旅游国际示范区建设工作,确定海口、三亚、琼海的三家中医院为海南省中医药健康旅游和服务贸易示范基地建设单位,每年给每家单位拨付财政专项支持资金200万元,进行中医药健康旅游与服务贸易工作的探索和试点创新。从2015年开始,三亚市中医院积极探索中俄脑瘫儿童医疗项目,并在哈萨克斯坦阿拉木图设置了一家中医医疗中心。

(2)市场主导推动机制创新,提升海南中医药健康旅游产业的国际消费。为使海南的中医药走向国际,海南省放开政策,允许公立中医类医院在保障基本医疗服务前提下,释放公立医疗机构能力,可以使用30%以内的医院资产,设立独立法人、独立运营的营利性中医药健康服务机构实体,提供中医药健康服务,发挥示范带头作用。此举从机制上实现突破,极大调动了公立医疗机构的积极性,有效促进了海南省各公立医疗机构积极开展中医药健康旅游和服务贸易。三亚市政府在 2019 年 1 月发布了《三亚市建设健康旅游示范基地实施方案》的通知,提出要"重点加强中医保健产品、中药、中医美容等研发工作,并与旅游相结合,增强产业关联,进行中医药特色旅游整体开发"。提高站位,从地方经济发展的角度对中医药健康旅游进行规划和定位,将其视作地方特色资源与旅游产业融合发展的重要路径,要大力发展中医药特色服务和贸易,开展中医药健康旅游推介活动,拓展中医药健康旅游项目。支持社会资本举办高端中医养生保健机构,培育一批技术成熟、信誉良好的知名中医药健康旅游服务集团或连锁机构,推进社会办中医机构按照规范和标准提供服务,重点发展中医养生、中医保健等。不断创新中医药服务技术,由特色到优势,丰富中医药健康产品种类,进一步增强中医药健康旅游服务能力、扩大服务贸易,积极创建国家中医药健康旅游和服务贸易示范区。

(3)供给侧结构性改革创新、积极培育需求市场,中医药健康旅游初见燎原之势。2020 年 6 月 1 日《海南自由贸易港建设总体方案》正式发布以来,海南多部门积极谋划,推动全域旅游,并与医疗健康、文化体育、养老养生等多领域深度融合,从供给侧整合资源,改革创新,不断丰富产品供给,提升产品品质,全面激发海南国际旅游市场的消费潜力,设计规划"一核两极三区"促进旅游业与医疗康养业融合发展。积极培育旅游新业态、新消费、新热点引领的国际市场,打造公共设施完善、产业要素齐全、产业链条完备的综合性健康旅游目的地。2016 年三亚市中医院确定了"一体两翼,产业融合"发展的总目标。根据国家、省以及三亚市"十三五"卫生规划要求,全面发挥其中医药特色优势,以全生命周期健康事业为主体,以建设好国家规定的基本医疗服务体系为一翼;在完成国家基本医疗任务的同时,积极发展中医药治未病服务体系与中医药康复体系,充分利用三亚市中医院成熟的三级甲等中医院医疗服务体系,以全面推动健康服务产业发展为一翼,并重点细分为中医药健康旅游产业、中医药国际服务贸易、医养产业发展,实现"一体两翼,产业融合"的发展目标。

在"全面打造全生命周期的健康事业体系"理论的指导下，夯实中医药健康旅游服务体系的基础——医疗服务体系，如图1所示，以全生命周期健康事业坐标图指导中医药健康旅游体系构建①。三亚以三亚市中医院为龙头，全面提升中医药体系建设，打造中医药服务特色突出、中医特色专科优势突出、整体中医药服务水平一流的三级甲等中医院，全面提升医疗服务水平，全面支持中医药健康旅游产业发展。

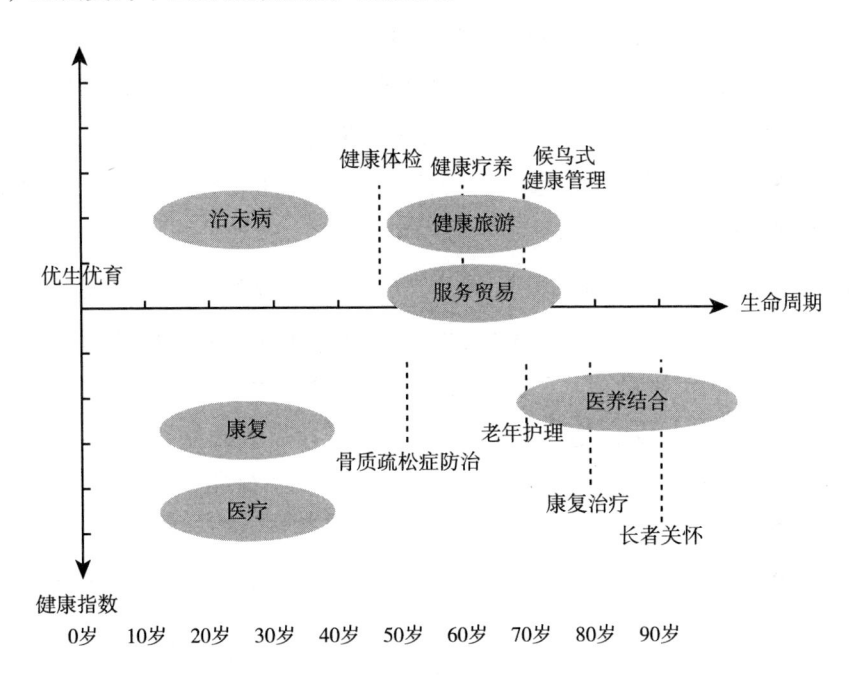

图1 全生命周期健康事业坐标图模型

资料来源：陈小勇，《中医药健康旅游实践与思考》，人民卫生出版社，2016。

2. 三亚市中医院把握时代机遇的产业实践之路②

基于我国社会经济的发展、社会矛盾演变，以及各类健康旅游政策的有力扶持，以康养为目的的旅游方式和旅游市场需求增长，三亚市中医院依托

---

① 陈小勇：《中医药健康旅游实践与思考》，人民卫生出版社，2016。
② 陈小勇：《中医药健康旅游实践与思考》，人民卫生出版社，2016。

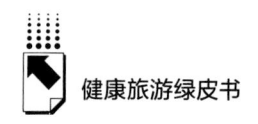

得天独厚的区域优势，准确把握时代发展的良机，凝聚跨越发展的强劲活力，以鲜明的特色和突出的业绩，走向国际，得到了社会各界赞誉与肯定。2009年，原卫生部副部长、国家中医药管理局局长王国强到三亚市中医院视察，对该院工作给予充分肯定和赞赏。他指出：三亚市中医院紧紧围绕建设国际旅游岛和国际滨海旅游城市的大局，走出了一条坚持中医药特色、弘扬中医药文化以及加强国际中医药传播、具有海南特色的中医发展道路，这样的发展经验、发展模式值得借鉴和学习。

（1）三亚国际友好中医疗养院的建设。中医药健康旅游的快速发展有力地促进三亚旅游市场需求，成为提升旅游业的发展要素和推动国民经济发展的重要引擎。海南省委省政府、三亚市委市政府很重视发展中医药健康旅游产业，确定医疗健康服务产业为核心支柱产业，全力推动三亚中医药健康旅游产业发展，弥补三亚医疗资源的"短板"。为支持中医药事业的发展，国家先后下拨中医药专项基金600万元以及制剂研发设备款100万元；三亚市政府拨地45亩建设新院，一期工程（门诊楼、骨伤住院楼）投资8002万元；二期工程（住院大楼、中药制剂楼、行政后勤楼）投资8286万元；三期工程"三亚国际友好中医疗养院"投资近1.7亿元，并在疗养院设立中医国际疗养旅行社。

2016年，三亚市中医院三期工程——三亚国际友好中医疗养院建成并投入使用。三亚市中医院完善发展理念，推动医疗健康服务的"关口前移"，全面开展中医药治未病学科建设，提高康复专科服务能力。2014年聘请国内外知名战略规划公司普华永道对三亚国际友好中医疗养院进行战略定位和运行规划，借助三亚市发展中医药健康旅游的契机，实现市场化运作机制的突破与创新，全面采用现代企业管理模式开展市场化运作，在服务产品研发、优质人才引进、定价策略、运营管理、员工激励与发展等方面进行探索。在医院现代规范化管理模式发展阶段中，以基本医疗为基础，以非医疗服务项目作为外延，进一步发展医疗健康管理服务，实现合作机构间优势互补、协同发展，将三亚中医品牌做大做强，成为三亚市乃至海南省健康产业的优质品牌，加快三亚中医药健康旅游体系的形成，成为健康旅游示范区标准化培训基地。

2015年，全面创新，系统构建三亚国际友好中医疗养院战略定位、市场营销、服务产品、移动平台、公司运行、绩效管理、各种制度、团队建设等运行系统及运行方案，详细撰写了近十万字的八个报告。包括《三亚国际友好中医疗养院定位报告》《三亚国际友好中医疗养院市场营销方案》《三亚国际友好中医疗养院服务产品手册》《中医健康旅游移动网络平台规划方案》《三亚国际友好中医疗养院市场运行方案》《三亚国际友好中医疗养院工作制度》《三亚国际友好中医疗养院绩效管理方案》《三亚国际友好中医疗养院团队建设及人员培训方案》。

（2）三亚国际友好中医疗养院战略定位精准。综合研究三亚中医药健康旅游发展趋势，三亚国际友好中医疗养院精准定位国内外游客市场需求，制定发展策略。一是国际市场，发挥中医药健康旅游的特色，大力拓展国外游客市场，吸引更多国外游客赴三亚体验。俄罗斯等俄语系国家已成为前往三亚进行中医药健康体验之旅的主要客源地；其次是韩国、日本，还有德国、英国、北欧等国际客源市场。二是国内市场，将以北京等北方中心城市为主要客源地，还包括哈尔滨、长春、上海、广州、深圳、天津、重庆等其他城市客源市场。同时，三亚国际友好中医疗养院还抓住了国内外不同游客的健康需求，将游客进行了细分，包括养生爱好者、中医药爱好者、有颈肩腰腿痛等慢性病者、旅游达人等；根据游客的年龄分类，以40～60岁的游客为核心目标人群；根据游客的性别分类，家庭旅游，以女性游客为主要目标人群；商务休闲旅游，以男性游客为主要目标人群。

（3）三亚国际友好中医疗养院中医特色服务项目的提质。针对中医药健康旅游这个全新的服务体系，三亚国际友好中医疗养院探索建立了与传统医院和企业不同的工作制度，制定了基于中医院健康旅游服务的绩效管理模型、团队建设及人员培训方案，出台了健康旅游实施的各类技术标准，严把服务质量关，确定了适宜于三亚情境的中医药健康旅游特色服务项目，满足了游客多样化的健康需求。

中医特色治疗服务。中医特色诊疗方法细分如针刺疗法、灸类疗法、刮

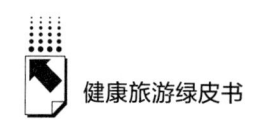

痧疗法、拔罐疗法、中医微创疗法、推拿类疗法、敷熨熏浴类疗法、骨伤类疗法等，结合体验游客时间有限的特点，设计见效快的特色治疗方案，为游客解决其遇到的亚健康以及颈肩腰腿痛等常见慢性疾病问题。

中医特色康复服务。充分发挥传统中医药特色技术如针灸、推拿、拔罐、牵引、艾灸等治疗方法，结合现代康复医学，为患有常见病如颈肩腰腿痛、面瘫和偏瘫（截瘫）等失能游客、骨关节疾病及慢性病后期的游客进行功能训练治疗，使其得到旅游疗养。

中医特色养生服务。为游客提供中国传统文化特色明显的服务，如太极拳、太乙拳、八段锦、脊柱健康操、气功等有特色、大众容易接受的强身健体项目，以及中医体质辨识、中医药膳等养生保健服务。让游客在旅游休闲中，达到保养身体、减少疾病、增进健康、延年益寿的目的。

（4）三亚国际友好中医疗养院推进产学研用的联合发展。2015年国家中医药管理局批准设立首批共17个中医药国际合作专项，三亚市中医院等机构获"国家中医药健康旅游示范基地建设"的课题立项，该国际合作专项涵盖"一带一路"海外中医药中心建设、中医药文化国际传播、中医药健康服务业国际化建设、中医药产品国际市场标准化体系构建4个板块，覆盖23家单位。三亚市把握国家中医药管理局国际合作专项"国家中医药健康旅游示范基地建设"项目的机会，树立中医药健康旅游全国样板。项目研发期间，三亚中医健康旅游协会多家会员单位组团对俄罗斯东西南北中等全域10个中心城市进行中医药健康旅游宣传推介，同时开展广泛调研，分析三亚主要国际客源地游客信息和需求，并制定了中医药与健康旅游整合发展的策略。2016年"国家中医药健康旅游示范基地"项目通过验收，成为国内第一家相关示范基地，并获得2016年度中国中医药研究促进会国际科技合作一等奖。

（五）高起点塑造三亚中医药健康旅游高质量的国际品牌，建构推动国际旅游升级的引擎

近年来，三亚依托得天独厚区域优势，把握与时俱进、利于发展的良

机,凝聚跨越发展的强劲活力,以鲜明的特色和成功的实践经验,促进了国际健康旅游,在社会各界获得良好评价与充分肯定,用实际行动推动着三亚中医药健康旅游走向国际。同时,三亚市非常重视对三亚中医药健康旅游示范基地的宣传推广,加大对三亚开展中医药健康旅游的形象定位与品牌推广力度,突出"三亚中医"与"健康旅游"的特色品牌,使三亚中医药健康旅游迅速赢得了国内外市场的认可[①]。

1. 海南自由贸易港建设推动三亚中医药健康旅游的国际化

2020年6月1日,《海南自由贸易港建设总体方案》发布,其中建设国际旅游消费中心的战略定位,有利于海南传统产业优化升级、培育新动能。以此为契机推动旅游业转型升级,推进全域旅游发展,加快构建以观光旅游为基础、休闲度假为重点、文体旅游和健康旅游为特色的旅游产业体系。自2018年5月1日起,在海南省实施59国人员入境旅游免签政策,持普通护照赴海南旅游,可从海南对外开放口岸免办签证入境,在海南省行政区域内停留30天,对发展健康旅游业是重大利好。《海南省健康产业发展规划(2019~2025年)》于2019年1月11日发布,努力把健康产业培育成为海南经济转型升级的核心引擎,战略定位中拟把海南打造成为全球重要健康旅游目的地,推动三亚健康旅游示范基地建设工程。以三亚国家健康旅游示范基地建设为支撑,加快中医药特色健康旅游发展,打造具有全球影响力的中医药特色健康旅游集群和中医药服务贸易基地,引领全国中医药健康旅游服务发展的功能定位,到2025年在国内率先建立中医药健康旅游认证体系,建立自贸港体系下的中医药健康旅游行业标准和规范,接待国内外中医药健康旅游服务人次在2018年基础上翻一番,依托优势中医医疗机构打造5个国际中医药健康旅游特色基地,以树立海南中医药健康旅游服务知名品牌为发展目标。

[①] 潘雅芳、王玲:《后疫情时期我国康养旅游发展的机遇及建议》,《浙江树人大学学报》2020年第5期。

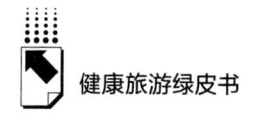

2. 三亚市拓展中医药健康旅游国际市场的探索历程[①]

（1）国内与国际化并举。2002年以来三亚市中医院以中医药特色优势为内核，充分利用本地得天独厚的气候优势、优越环境及旅游资源，大力发展"中医国际疗养游"。三亚市中医院不断通过传统的中医适宜技术，在三亚这个特殊环境中，为三亚的国际游客提供健康服务。游客对中医服务满意度很高，通过口碑传播，三亚市中医院影响力不断扩散，先后为多个国家的元首政要提供健康保健服务，受到好评，中医药健康旅游为俄语系国家游客带来了新的消费理念和健康帮助，国际影响力日益提高。塔吉克斯坦总统因为获得了满意的体验效果，开通了中医疗养包机旅游，旅游企业不断效仿、拓展中医药健康旅游项目。俄语系国家喜欢来三亚旅游度假，重要原因是调理健康的需求，其中关键因素是中医特色技术的疗效，以及体验良好的综合服务能力。

2003年哈萨克斯坦副总理一行25人来三亚市中医院接受中医疗养，这是海南迎来的第一架中医疗养专机。2004年10月，经中国民航局同意，三亚市中医院与阿拉木图航空公司签订中医疗养包机合同，成为获批国外包机的首家医院。2004年11月4日，哈萨克斯坦中医疗养团115名客人乘坐包机抵达三亚凤凰国际机场，接受为期十天的中医疗养服务。2009年6月和2010年10月，医院应俄方邀请，派员随三亚市政府代表团前往俄罗斯考察，并与俄罗斯奥里普医疗中心达成医疗合作意向，获得三亚市政府和原海南省卫生厅的大力支持，与俄罗斯奥里普医疗中心开展医疗技术合作。2011年初，北京国际医疗中心（IMC）与三亚市中医院签订对俄医疗保健合作协议，将该院定为俄罗斯患者在三亚的医疗保健定点单位。2011年6月医院与海南16（E6）网合作开通俄语网站，扩大对俄中医药交流窗口，宣传三亚市中医院"中医疗养游"的意义与前景，以及在中医治疗领域的优势和影响。

[①] 刘庭芳、焦雅辉、董四平、李大川、薛海宁、张丹：《国际健康旅游产业探悉及其对中国的启示》，《中国医院》2016年第5期。

多年来，俄罗斯、哈萨克斯坦等北欧国家政要先后来三亚进行中医疗养，并给予高度评价与赞扬。经过这些重要人物的口碑相传和国内外媒体的广泛宣传推介，中医特色疗法为三亚市中医院在俄语系等中亚地区赢得了很高的知名度，"中医国际疗养游"因此声名远扬。先后有奥地利、瑞典等多国医科学生来三亚参加中医针灸、推拿及传统中医药知识培训，三亚市中医院已与俄罗斯、瑞典等多个国家签订了中医疗养和带教合同，与俄罗斯石油天然气公司签订了疗养合同，并与俄罗斯首都莫斯科2个大型医疗机构签订了中医疗养联络协议，截至2019年，三亚市中医院已接待俄罗斯、挪威、瑞典、奥地利等国客人，开展个人定制中医药健康旅游服务超过6万余人次。

（2）技术与服务并举。三亚市中医院积极拓展中医特色保健服务，开展中医药健康旅游对外交流合作。中医特色保健技术广泛运用于三亚健康旅游全过程，经过丰富的临床验证，三亚市中医院将持续总结传统医学中经典的治未病、防重于治、养生保健和健康调养的学术理论，用理论指导实践，从而提升游客的疗愈效果。三亚市中医院以三亚国际友好中医疗养院为中医药健康旅游技术实施阵地，探索公益性与市场化并轨运行模式，最大限度地满足客户的细分需求，拓展中医药健康旅游项目，促进过硬的中医适宜技术与国际化的一流服务协同发展，对国际游客开展"双焦点"研究，即游客的疗愈效果和满意度研究。尤其是俄语系游客，他们愿意来三亚参加中医药健康旅游是因为中医药适宜技术的疗效和良好的体验。2016年1月1日，三亚市120接到报警，一名外籍女子躺在临春岭正门口马路中间隔离带的花草丛中，处于昏迷状态。就近出车救治的三亚市中医院立即启动危重病人抢救应急预案，该女子有脑出血，病情危重，通过开辟救治绿色通道，把女子送往医院ICU病房进行抢救。后得知这名俄罗斯患者曾经在德国、俄罗斯做过肿瘤手术，她来的时候糖尿病并发症发作，当时病情危重，家属知道她的实际病情，准备放弃治疗。但医院依靠综合的救治能力和医务人员的坚持，患者终于转危为安，通过中医药康复顺利出院，继续旅游度假。

（3）探索与实践并举。三亚的中医药健康旅游在国内外享有极高美誉，吸引着众多外宾前来旅游疗养，带动了三亚旅游相关产业的发展，对三亚的社会、经济发展起到了巨大的推动作用。三亚市中医院也实现了跨越式发展，新院从无到有，科室从小到大，服务能力从弱到强。三亚市中医院坚持积极开展中医药对外交流合作，聚焦中医药特色，以外促内，内外结合，探索了符合国际市场需求的服务项目：①医疗类项目（基础医疗及特需医疗项目）；②康复类项目（以针灸、推拿治疗、盆底女性专科康复、针对中风及慢性病的康复等）；③养生保健类项目（以生活方式干预为主，如药膳、太极拳等）；④旅游疗养类项目（温泉、森林氧吧等）；⑤健康体验项目（以冬病夏治的医院服务模式和理念举办"三伏健康节"等）；⑥中医药温泉医疗项目，将中医针灸推拿等特色适宜技术与天然温泉相结合。成功走出一条以旅游城市为依托，以中医特色为根本，加强中医药对外交流与合作，全面发展中医药健康旅游特色之路。

三 解决三亚中医药健康旅游高质量发展瓶颈的建议

（一）解决国际化服务人才队伍短缺的问题

三亚中医药健康旅游事业发展必须以专业人才队伍建设为基础，健康旅游人才既要有学术性人才又要有应用型人才，两者应同步发展。当前三亚存在自然资源优势与中医药健康旅游国际化服务人才队伍短缺的反差。因此，紧抓海南建设自由贸易港"聚四方之才"的新机遇，积极引进紧缺人才，利用好社会各界力量做好各类健康旅游服务专业人才的分层次培养，加强中医药健康服务人才梯队建设，实现齐抓共管、长短结合，成为解决中医药健康旅游新业态人才短缺的路径[1]。

---

[1] 陈小勇：《中医药健康旅游实践与思考》，人民卫生出版社，2016，第93~147页。

1. 高校专业型人才的培养

随着国家关于健康旅游示范基地建设的蓬勃发展，专业化的人才培养已纳入日程，应认真分析三亚区域经济和产业发展对健康旅游人才的需求，高校是培养学术型人才的主要阵地，设立符合三亚中医药健康旅游需求的相关专业和职业教育体系，建立涵盖职业教育、本科、硕士、博士等多个学历层次的长效培养机制；同时，在高校学术资源的基础上需要结合社会资源，明确培养目标、规格和方案，突出优势，使培养的人才与业界的需求能更好地衔接；再根据人才所需知识、能力和素养，完善课程体系建设，形成理论与实践相结合的优质课程体系。为此，三亚学院与三亚市中医院建立了全面合作关系，邀请了著名的国医大师张学文、王琦、王世民、刘柏玲等开展中医药健康旅游的诊疗、教学和科研指导工作，为高校专业性学术人才的培养提供了新思路。

2. 高校职业型人才的供给

三亚市是首批 13 家国家建设健康旅游示范基地之一，累计为超过 6 万余名外宾提供过中医药健康旅游定制服务。三亚的中医药健康旅游发展取得了可喜的成绩，也形成了一定的国际知名度。三亚中医药健康之旅之所以能够持续发展是与专业化人才服务密不可分的。2015 年三亚学院建设健康产业管理学院，2019 年开启建设健康医学院，将中医药健康旅游人才的培养纳入重点专业建设，致力于培养健康产业新业态所需要的新型、复合型、应用型人才。长期来看，三亚中医药健康旅游业态还需要跨学科、复合型专门人才的供给，这就需要地方其他职业高校在专业深度与学科融合广度上创新人才培养方案，培育符合产业发展需求的职业型人才。在中医药健康旅游发展的新机遇期，对从事三亚中医药健康旅游的人才队伍在专业技术、国际视野、现代理念、国际知识、政策水准、外语技能和交往能力等方面有了新的要求。为此，2017 年 4 月三亚学院与三亚中医健康旅游协会共同发起建设三亚中医药健康旅游人才培养基地，为三亚中医药健康旅游发展提供了人才保障。

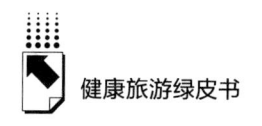

3. 机构学历教育和在职培训的补充

为解决三亚中医药健康旅游产业的人才瓶颈，高校、企业与政府之间，一是要同步开展从业人员的学历教育和在职培训，以培训技能为抓手，以提高服务品质为核心，加强技能人员服务意识和能力培训，提升健康旅游服务品质。二是要重视健康旅游从业人员的知识更新和技能补充，让学习和培训常态化，让从业人员提升服务价值，提高服务水平，培养公众对服务价值的认可。三是应倡导鼓励被服务对象认可从业人员的劳动付出和服务价值。四是构建政府扶持、企业主导和社区参与相结合的人才培训体系，重视职业技能水平的提升，加大非学历层次健康旅游技能培训经费的投入。

（二）建立长效的投资机制与行业规范发展问题

高质量的发展需要建立规范的市场秩序，这种规范的市场秩序体现在信息公开透明、诚实守信、契约精神。三亚中医药健康旅游产业发展中出现了政策引导的长效性与绩效评估投资短期趋利性的反差。当前三亚的中医药健康旅游企业仍然面临规模小、人才匮乏、资金实力有限等问题，亟须通过招商引资或政府主导注入集团化力量来解决此类问题。2019年3月国家统计局发布了《健康产业统计分类（2019）》，其中0420项目分类指导健康旅游服务开展新的业态，将三亚的中医药健康旅游纳入海南自由贸易港建设的重点项目，给予培育和扶持。但是从长远看，还应深思如何建立三亚中医药健康旅游产业发展的长效投资机制；如何形成政策引导、资金支持、动态监管、结构合理的发展态势；如何实现空间均衡、产品均衡、产业均衡的产业布局，从供给侧培育打造中医药健康旅游特色小镇引领产业发展；如何进一步挖掘中华文明的瑰宝中医药资源，推动三亚中医药健康文化与旅游的深度融合；如何完善三亚现有的旅游公共服务，做到易进入、可接近、无障碍、有温度；如何提升国际游客的满意度，做到使旅游者高满意、低投诉、深体验、重品质、有约束。

（三）品牌定位与产业发展合理布局的问题

三亚中医药健康旅游的日渐成熟并快速发展，促进了旅游市场内需，为探索振兴海南旅游业和推动区域经济发展提供了成功案例。随着新冠肺炎疫情的冲击，中医药事业开始蓬勃发展，中医药健康旅游进入发展黄金期。当前三亚在中医药健康旅游品牌策划、品质维护等长远理念与快速赢利的商业运行模式之间形成了反差。正值全岛建设自由贸易港机遇期，面对日渐增多的国际游客，还应进行前瞻性的中医药健康旅游品牌定位和顶层设计，打造中医药健康旅游具有国内外核心竞争力的三亚品牌，举全市之力营造三亚健康旅游的城市形象，让城市整体有健康体验的特色，让景区全域有康养体验的特色，让街道景点有健康体验支持的三级迭代营造。形成由点及面的三亚中医药健康旅游特色小镇，引领产业发展，带动健康旅游的消费，满足国内外宾客对中医药健康旅游服务多层次的需求。此外，政府还应发挥监督和管理职能，营造良好的商业环境，打击和管控中医药健康旅游消费陷阱，减少消费纠纷，提升顾客满意度。淘汰一批环境破坏大、对资源浪费严重且低质低效运转的企业，严格惩治那些为谋取眼前利益而夸大产品效能或是损害游客利益的市场行为。

（四）推广中医药适宜技术与质量管控的标准建设问题

随着三亚中医药健康旅游的发展，出现了中医药适宜技术的应用标准与市场准入门槛的反差。政府和相关部门应充分发挥学术组织、行业协会等社会组织在中医药适宜技术标准制定、推广实施等方面的作用，制定行业标准，严把技术关，规范市场管理，做到全流程有质量管控、市场有风险评估、技术培育有引导的规范化发展。为此，三亚中医健康旅游协会协同三亚旅游产业链的相关部门，对三亚健康之旅的游客提供高质量的服务，将健康贯穿"衣食住行"等各个环节，引导从业人员给予游客"健康"的旅游服务，引导游客进行"健康"的旅游消费，让游客充分体验

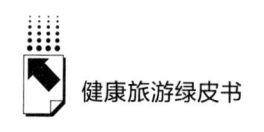

全健康的理念，打造三亚中医药健康旅游服务的示范，做足游客的健康体验①。

（五）高质量发展的技术驱动与人工智能技术运用的问题

进入互联网时代，人工智能已经全面融入旅游业发展多个环节，其中旅游产品研发和应用、旅游营销推广、旅游企业提供的服务与运营管理等环节的智能化应用已常态化。旅游业的大数据分析、储存与深度挖掘快速发展，呈现信息化、品质化、融合化发展的新趋势。三亚高成长性的健康旅游服务产品具有创新驱动、研发高投入特点，但是这恰好与三亚中医药健康旅游的低成本、低投入、低规模、高同质化的运行现状形成极大反差。基于游客对中医药健康旅游的高期许，行业的发展应鼓励中医药健康旅游产品与科技结合推进创新，未来，应加大投入对三亚中医药健康旅游的智能化建设，发挥三亚学院健康医学院与超算中心的资源优势，利用智能技术对三亚的健康旅游智能化升级。在三亚中医药健康旅游产品中融入人体健康状态动态的监测技术，解决及时预警等问题，通过大数据技术与人工智能算法赋能个体健康管理系统和异常风险感知系统，探索健康旅游产业的科技创新，携手专业医疗机构和相关设备商，对三亚的中医药健康旅游产业提供健康的科技支撑，进一步研发"数字+线上体验"的模式，构建"三亚中医药健康旅游云消费的新场景"等旅游模式，如图2所示大数据赋能中医治未病开展健康管理与旅游应用示范模型，弥补后疫情时代三亚国际旅游发展的瓶颈，融合一二三产业发展，带动区域经济全面发展。②

旅游业高质量发展的科学内涵是实现全面的可持续，即实现经济可持续、环境可持续和社会可持续，如图3所示开展基于身体健康与旅游行为的关联性循证研究，推动中医药健康旅游成为引领国际旅游消费升级的新引擎。习近平总书记在海南博鳌乐城国际医疗旅游先行试验区考察医疗健康事

---

① 陈安泽：《旅游地学大辞典》，科学出版社，2013，第32~45页。
② 陈小勇：《三亚：打造健康旅游城市名片》，《中国卫生》2018年第6期。

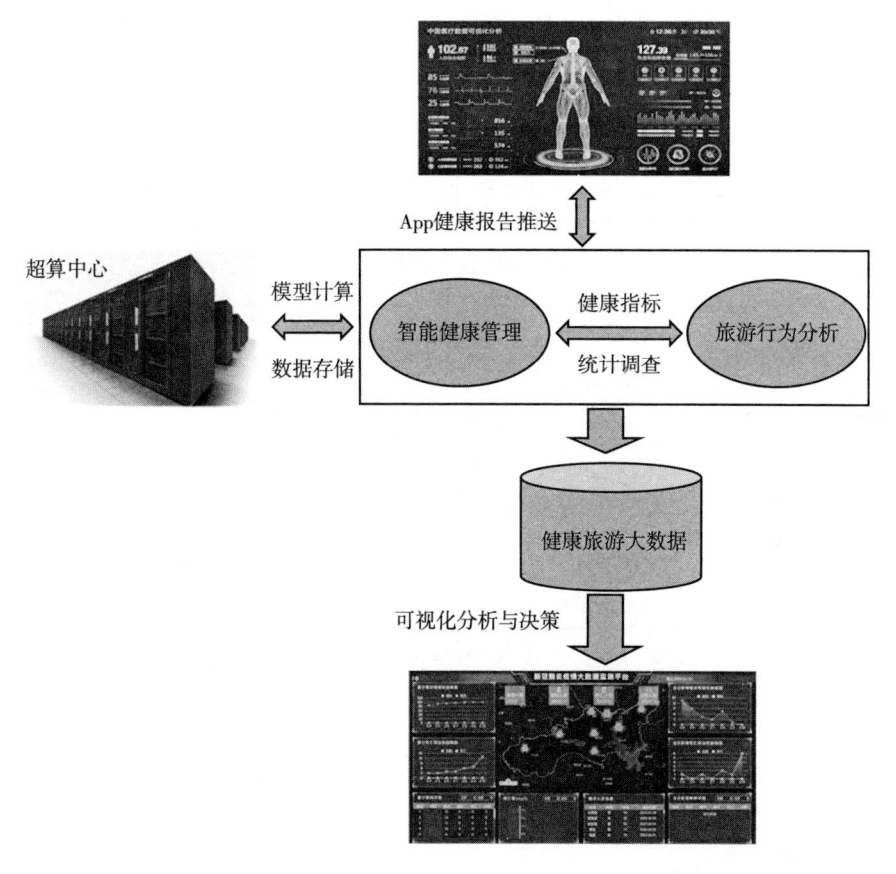

图 2　大数据赋能中医治未病开展健康管理与旅游应用示范模型

资料来源：三亚学院健康医学院陈小勇团队项目研究。

业发展期间，特别提到，经济要发展，健康要上去，人民群众的获得感、幸福感、安全感都离不开健康。要大力发展健康事业，做身体健康的民族。当前，人类社会经历新冠肺炎疫情的冲击，身心健康这一社会需求已产生广泛的共鸣，健康是促进人的全面发展的必然要求，是经济社会发展的基础条件。如何推进健康中国建设，全面实施《"健康中国2030"规划纲要》，提高国民体质，提升民众健康，全面实现三亚中医药健康旅游的高质量发展，是全面提升中华民族健康素质、实现人民健康与经济社会协调发展国家战略的实践示范。

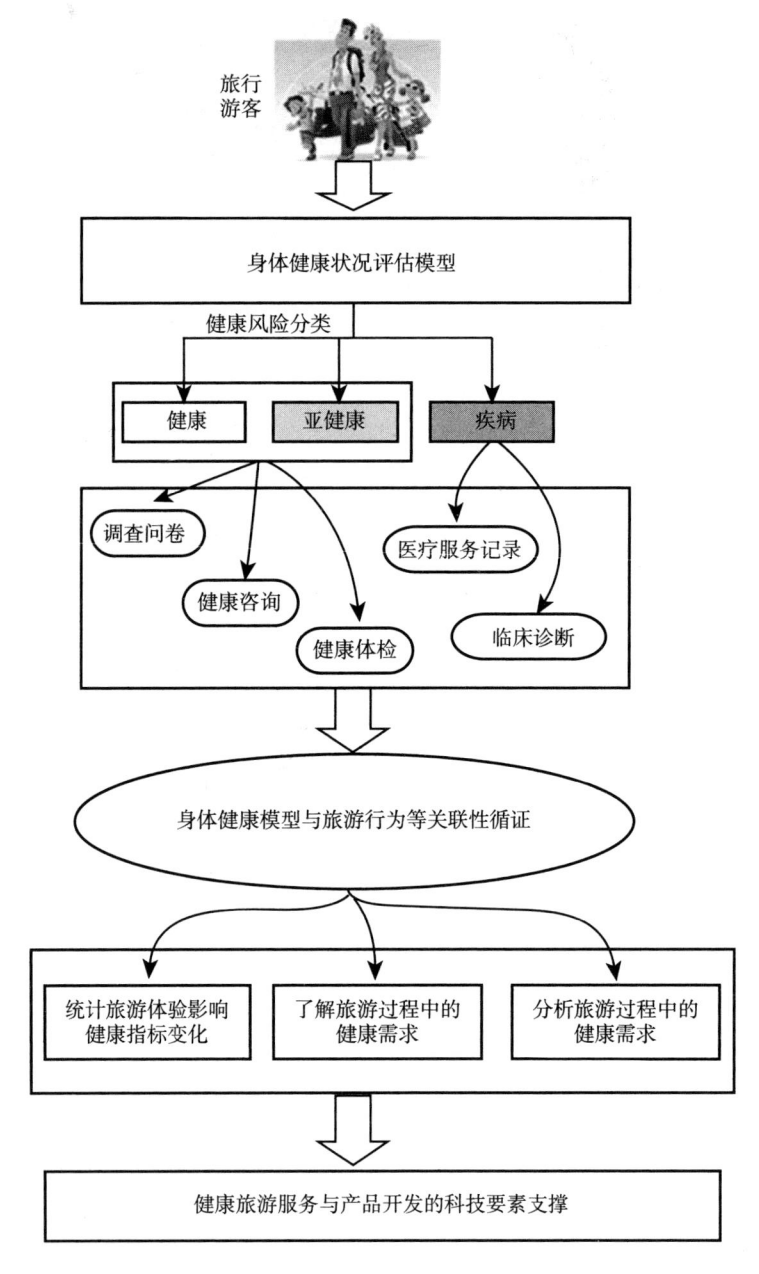

图 3 基于身体健康与旅游行为的关联性循证研究模型

资料来源：三亚学院健康医学院陈小勇团队项目研究。

随着人们健康意识和健康素养的提高，民众对美好生活的向往已不能满足于最初的健康保健和旅游观光提供的服务内容。与健康息息相关的医疗、养生、保健、预防、生活方式等服务内容尝试与旅游结合，给民众提供中医药健康旅游体验成为推动民众追求健康生活、幸福生活、美好生活的重要途径。未来，三亚中医药健康旅游应以务实的精神和技术创新为驱动，持续深入地研究兼顾游客、居民、健康旅游服务工作人员的健康旅游高质量发展模式，以建设全国健康旅游示范基地为契机，推动国际旅游消费升级、品质与内涵提升，构建推动三亚国际旅游升级的新引擎，形成"宜居"与"宜游"的新局面，助力海南建设自由贸易港打造国际旅游消费中心。

G.14
国家健康旅游示范基地发展路径报告
——以北戴河生命健康产业创新示范区为例

路云铁 殷洪艳 孙婉东*

摘 要： 北戴河生命健康产业创新示范区是经国务院同意，由国家发展改革委批复成立的生命健康产业创新示范区，示范区全力打造统筹健康服务业、健康制造业、健康农（渔）业协同发展的健康产业集群；2017年，北戴河生命健康产业创新示范区被国家卫生计生委等5部门列为国家首批13个健康旅游示范基地之一。成立以来，示范区进行了积极大胆的改革创新，初步达到了在全国生命健康产业领域先行先试的效果。

关键词： 健康旅游示范基地 北戴河 医疗产业

在党中央、国务院领导的关心和支持下，2016年9月28日，国务院同意设立北戴河生命健康产业创新示范区（简称"示范区"），《北戴河生命健康产业创新示范区发展总体规划（2016~2030年）》（简称《示范区发展总体规划》）经国家发展改革委等13个部门批复实施；2017年，国家卫生计生委等5部门启动第一批健康旅游示范基地建设工作，北戴河生命健康产业创新示范区成为全国首批13个健康旅游示范基地之一。示范区认真落实国

---

* 路云铁，北戴河生命健康产业研究院、清华大学公共健康研究中心副研究员，研究方向为大健康产业；殷洪艳，北戴河生命健康产业研究院产业研究科副科长；孙婉东，北戴河生命健康产业研究院产业研究科科员。

家、省决策部署，将示范区建设作为实施"健康中国"战略的重大创新平台，作为培育发展新动能、推进供给侧结构性改革的重大实践，作为首批沿海开放城市——秦皇岛市的又一重大发展机遇，努力为全国范围内健康产业发展探索新路径、积累新经验。

一 北戴河生命健康产业创新示范区概况

示范区规划控制区域包括北戴河新区、北戴河区、北戴河国际机场空港区等，面积共520平方公里，示范区主要发展区域位于北戴河新区，目前托管面积253平方公里，下辖4个街道办事处、52个行政村，人口7.9万。

根据《示范区发展总体规划》，示范区空间布局为"一核五区"："一核"即核心区，包括综合医疗、孵化创新、健身休闲、国医养生、抗衰美容、康养生活、国际会议等7个功能板块；"五区"，包括休疗度假区、综合配套区、空港贸易区、绿色农业区、生态涵养区。重点承接北京医疗、教育、科技等非首都功能疏解，积极探索构建"政、产、学、研、用"为一体的新型产业发展模式，发展"医、药、养、健、游"一体化的高端健康产业集群，努力建设成为高端医疗服务聚集区、京津冀生物医药技术创新转化基地、中国北方生态颐养地、滨海体育健身基地、国际健康旅游目的地。

二 北戴河生命健康产业创新示范区工作进展

为确保有力、有序、有效推进示范区高质量发展，河北省成立了省示范区推进工作领导小组，秦皇岛市成立了市示范区推进工作领导小组，切实加强对示范区建设的统筹领导。按照《示范区发展总体规划》，确立了"一年打基础、三年见成效、五年成规模"的工作目标，牢牢把握规划编制、政策争取、改革创新、项目建设、环境建设等重点环节，加快培育生命健康产业集群。

（一）坚持科学规划引领，快速打开新格局

按照打造一流国际旅游城市的要求，示范区健全完善规划体系，按照高

水平编制相关规划，省、市、区高度重视示范区规划编制工作。委托中规院、深规院、清华大学、美国哈佛大学等机构，开展示范区总体规划、控制性详细规划及产业规划等规划编制工作，形成"1+4+N"规划体系，并努力推进多规合一。"1"即1个发展总体规划：《示范区发展总体规划》；"4"即4个重点规划：《北戴河地区规划》《示范区总体规划》《示范区核心区控制性详细规划》《示范区产业规划》；"N"即N个专项规划：《生态环境规划》《海绵城市规划》《电力规划》《燃气规划》《北戴河新区滨海新大道两侧城市设计》《北戴河新区海岸线概念性策划及景观规划设计》等。

（二）坚持市场化运作模式，全面聚集新动能

1. 医：高端医疗服务发展壮大

医疗产业，该区强化龙头项目引领，与北京医院合作建设北戴河心脑血管病医院，先后10余次修改完善具体合作协议；取得省委编办、市编委会关于事业单位机构编制的批复，以及事业单位法人证书等必备手续；该项目已纳入省"十四五"规划重大工程清单。争取与北京大学肿瘤医院合作建设北戴河肿瘤医院，与北京大学肿瘤医院院长等领导就共建北京大学北戴河肿瘤医院深入沟通，签署对接会议成果确认函；通过省协同办纳入京冀合作对接机制，争取北京市支持北京大学肿瘤医院与秦皇岛市合作，进一步推动合作取得实质进展。国际健康中心五大中心全面投入运营；14个高端医疗项目已入驻生命科学园，完成北化工公共检测平台、秦皇岛润泽医院、远盟医学检测实验室3个项目验收，首个核酸检测实验室正式成立并运营。

医教产业，在省发改委、省教育厅的支持协调下，市政府与河北医科大学已签署协议，同意转设在示范区建设市属公办本科层次高等学校北戴河医学院，填补了秦皇岛市医学类本科教育空白。谋划了北戴河健康职业学院，推动中国康养集团建设北戴河健康职业学院，强化示范区发展人才支撑。建立了河北省首家海外院士工作站、诺贝尔奖工作站，引入李成（千人计划）、爱德华·莫索尔（诺贝尔生理学或医学奖获得者）、张康（加州大学人类基因组医学研究所）等团队，开展精准医学等领域的科技研发。

2. 药：生物医药研发加速布局

医药产业，该区重点引入"中国药代动力学"奠基人，打造顶级院士专家团队，搭建国内第一家研发、评价、转化全链药物评价公共技术平台，总投资35.1亿元的国际新药评价与临床转化全链医养产业项目正式签约；建设新药中试平台，爱晖药品研发公共服务平台等项目已签署协议；谋划北化工教学实践基地，为制药工程、生物工程专业在校生提供实习教学。从研发到临床验证再到生产、教学的完整生物医药产业链初具雏形；推进中医药种植及加工产业发展，做大现代中药基地，加快北戴河新区、卢龙县、抚宁区、开发区现代化中药材标准化种植基地建设。

医械产业，一是产业政策逐步落地，国务院批复同意开展医疗器械注册人制度，河北省相继出台注册人制度试点工作审批服务指南；省药监局已原则同意将第二、三类医疗器械生产许可等下放至示范区。二是产业平台稳步建设，建设省医疗器械与药品包装材料检验研究院分院，开展以体外诊断试剂为主的医疗器械检验服务，出具检测报告，目前分院项目已签署框架协议，将辐射带动冀东乃至全省医疗器械注册检验提升；谋划医疗器械孵化器，开展体外诊断试剂等医疗器械研发、中试、技术咨询相关服务，医疗器械全产业链服务平台正在逐步形成。三是产业制造强势启动，总投资2亿元的医疗器械产业港一期2.5万平方米投入使用，现代化中药示范基地、国际医学检查诊断中心、职业卫生检测研发服务中心等4个项目签约入驻医疗器械产业港。石药集团计划投资10亿元，建设生物医药研发基地、康养产业基地。

3. 养：康养产业扩规提质

一方面，抓住国家推进医养结合示范工程的有利时机，吸引社会资本，推进休、疗、养、游深度融合，对接中国健康养老集团有限公司等知名养老企业，加快北戴河及周边地区培疗机构向养老服务机构转型发展；另一方面，利用区位优势打造示范区高端康养综合体，一龄北戴河养护度假中心及医养中心、远盟医旅康养小镇、鹏瑞利国际商旅城项目已签署协议。

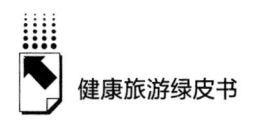

4. 游：健康旅游方兴未艾

该区重点培育和打造旅游产业，呈现持续向好的发展态势。旅游业对经济发展的支撑作用、社会和谐的促进作用、生态建设的推进作用全面彰显。一是产业链条拓宽延伸。实施产业融合发展战略，实现由被动的"旅游+"向主动的"+旅游"转变。以国际康养旅游中心为示范，推动旅游与康养融合发展；以渔田小镇、心乐园为切入点，推动旅游与农业融合发展；以帆船帆板产业为主打，推动旅游与体育融合发展；以阿那亚、蔚蓝海岸为龙头，推动旅游与文化、地产融合发展。二是旅游景区酒店提档扩容。目前，该区现有特色酒店10余家、休疗养院70家、家庭旅馆306家，共有床位5万张。引进万豪国际酒店、皇冠假日、悦榕庄等一批国际连锁酒店，高端度假酒店集群初具规模；旅游景区5家（其中4A级景区2家），沙雕景区获得河北省优秀文化企业三十强、河北省十大文化产业项目单位、河北省智慧旅游示范景区等称号，渔岛景区被评为全国休闲农业与乡村旅游五星级园区。三是旅游硬件配备完善。道路建设旅游化。北戴河新区全长39公里的主干道，具有完备的旅游功能，全线建有步行道、自行车道等慢行系统及休闲驿站，绿植突出季相变化，增加四季景色丰度，既是旅游观景大道，又是绿色生态长廊。旅游产品差异化。各景区逐步改变原有资源相似、项目雷同的发展误区，深入挖掘、深度开发，不断细分客群，满足游客"求新、求知、求乐"需要，形成了以温泉度假为主题的渔岛温泉度假区、以沙雕观赏为主题的沙雕海洋乐园、以海洋科普为主题的圣蓝海洋公园、以养生休闲为主题的心乐园等多项旅游产品，既能独立发展，又能组合抱团。基础设施全面化。全面开展旅游厕所、停车场新建、改扩建工程，建设旅游大数据中心和应急指挥中心，视频数据与秦皇岛智慧旅游平台和河北旅游大数据平台无缝连接，为游客提供"一站式"智能化服务平台。四是旅游商品特色鲜明。已开发出渔岛薰衣草系列、海洋牧场海参系列、华夏醉美葡萄酒系列及心乐园生态大米等优质旅游商品，其中渔岛薰衣草系列制品荣获"秦皇岛礼物"称号。

（三）坚持改革创新驱动，充分激发新活力

1. 构建政策支撑体系

该区打造先行先试、改革创新的"试验田"，为科技创新动能转化为健康产业产能开辟通道。在政策方面积极先行先试。按照国家发展改革委关于示范区发展总体规划的批复精神，示范区可立足发展需要，与国家相关部门采取"一事一议"的方式对接沟通，争取生命健康产业相关试点政策先行先试，发挥改革创新、试验示范作用。在审批方面深化"放管服"改革。成立行政审批局和综合执法局，实现"一枚印章管审批、一个部门管执法"，对示范区健康产业项目推行"一会四函"制度，实施"两金一费"承诺制，加快项目审批和落地速度。在管理方面推进机构人事改革。按照"精简、高效、统一"的原则，完成"大部制、扁平化、聘任制"机构人事改革，强化一线力量。

2. 持续推进机制创新

努力构建领导机制、合作机制、管理机制，为科技创新动能转化为健康产业产能强化保障。为强化统筹指导，确立领导小组推进机制，明确责任分工，强化组织领导，定期听取示范区建设情况汇报，统筹调度示范区遇到的困难和问题，为示范区建设清障搭台、保驾护航。

3. 加强标准体系建设

委托美国知名健康产业政策咨询公司和中国药科大学组成法规研究小组，在参考美国FDA、日本再生医学法规等相关法规基础上，结合我国实际，探索制定示范区细胞治疗管理办法、伦理管理条例，争取建立细胞治疗领域国家标准和质量管理体系。

4. 强化智力支撑

组建专家咨询委员会，首批聘请15位著名专家担任委员，其中包含9名中国科学院院士、中国工程院院士。引入李成（千人计划）、爱德华·莫索尔（诺贝尔生理学或医学奖获得者）、张康（加州大学人类基因组医学研究所）等团队。建设国际人才港和海外院士工作站，与114个海外专业协

会签订合作协议，遍及40多个国家和地区，涉及侨领880人、侨商5000余人。引入"中国药代动力学"奠基人，创建顶级院士专家团队，搭建国内首个研发、评价、转化全链药物评价公共技术平台。

5. 打造特色品牌

着眼密切与国际国内优质资源的有效连接，与联合国项目事务署合作举办三届生命科学峰会，示范区在国际高端医疗会议方面的知名度逐步打响。国家发改委等部委在示范区组织召开生命健康产业示范区（先行区）建设工作座谈交流会，会议研究建立了健康产业示范区建设在国家部委层面的推进工作会议制度，示范区与先行区搭建对接沟通机制，初步确立了"南有海南岛、北有秦皇岛"的生命健康产业格局。

（四）坚持夯实配套保障，持续营造新环境

1. 突出基础设施配套

该区夯实基础配套，做精做优旅游景区酒店，中心片区路网基本实现纵横贯通，水电气讯暖等配套全面推进，基础设施和公共配套不断完善，发展环境、区域价值不断提升。渔岛菲奢尔温泉酒店、安澜酒店、阿那亚地中海酒店等高端酒店投入运营，阿尔卡迪亚国际会议中心、北戴河游客服务中心等高端服务设施投入使用，悦榕庄、万豪、皇冠假日等5个高端酒店全力推进，魔法城、奥特莱斯等3个旅游综合体项目加快建设，高端旅游、会议会展、酒店住宿等综合配套服务能力显著提升。成功举办全民冰雪体验活动、省青少年网球锦标赛、全国帆船冠军赛、国际马术邀请赛等国内外顶级赛事，恒博华贸国际网球中心室外网球场投入使用，省体育局秦皇岛训练基地加紧建设。

2. 做优生态环境支撑

坚持"绿水青山就是金山银山"，把"生态+岸线"作为最宝贵的资源，实施蓝天、碧水、绿地、"双违"整治四大工程，加快推动沿海防护林建设，示范区独特生态环境得以持续改善提升，优质生态产品供给能力进一步增强。

3. 加快服务平台建设

着力构筑产业研发、政策支撑、国际合作、投融资四大平台，为科技创新动能转化为健康产业产能优化土壤。总投资15亿元的30万平方米生命科学园首期投入使用，成为新药、新器械研发中试和前沿医疗技术研究应用承载平台。助力市第一医院等医疗机构获得国家干细胞临床研究和国家药物临床试验资格，为企业开展干细胞临床研究和新药研发提供平台保障。与联合国项目事务署合作打造的亚太生命健康产业创新示范区、与国侨办联合打造的"河北侨梦苑"——侨商产业聚集区全面推进，成为国际合作的重要平台。

4. 强化金融服务保障

与赛伯乐集团共同设立规模30亿元的健康产业投资基金，支持初创期、成长期企业临床科研和医学成果转化；注册成立太平洋保险北方区域运营中心，为示范区发展提供有力保障。

三 北戴河生命健康产业创新示范区建设的经验与启示

（一）要坚定发展目标

生命健康产业具有巨大的市场潜力、广阔的发展前景，是21世纪的朝阳产业、支柱产业，是面向未来必须抢占的战略制高点。由此，国家作出设立生命健康产业创新示范区的重大战略部署。秦皇岛作为京津冀重要节点城市，区位优越、生态优美、底蕴深厚，具有发展生命健康产业得天独厚的优势，北戴河新区是创建示范区的最佳选择。我们只有始终牢记国家设立示范区的初衷与使命，牢记党和国家领导人的殷切期望，深入落实新发展理念，改革创新、锐意进取、担当作为，才能切实肩负起为中国生命健康产业引路、振兴民族国际医疗旅游产业的重大使命，交出一份满意的答卷。

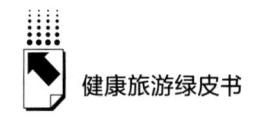

（二）要坚持规划先行、规划为纲

规划是行动的先导。示范区建设就是在《示范区发展总体规划》的框架下，不断完善专项规划，形成完备的规划体系。在决策层面，运用规划内在的科学性、连续性，正确处理好政策与项目、局部与全局的关系；在操作层面，始终坚持示范区是规划出来的新城区，一步一个脚印，一步紧接一步，做到蹄急步稳、建设有序，确保示范区建设沿着正确的方向前行。

（三）要在国家政策层面改革创新、先行先试

在生命健康产业领域改革创新、先行先试，是示范区承担的国家使命。政策创新是示范区的生命线。一方面，能否获得国家独有的、持续的优惠政策支持，决定着示范区建设的成败。政策争取永远在路上，在用足、用好、用活现有政策的基础上，要努力争取国家政策的不断突破。另一方面，惟改革者进，惟创新者强，惟改革创新者胜。必须把改革创新贯穿始终，敢为天下先，勇当领跑人。

（四）要建立直通国家部委的工作机制

示范区的先行先试是对国家现有医疗健康管理体系及政策规定的突破与变革，必须得到国家有关部委的支持与批准。虽然国家赋予示范区"一事一议"的政策，但每项政策落地都有严格的程序，必须与国家部委在沟通渠道、方式、深度等方面高效对接，虽然该区付出艰苦努力，但自下而上的推进仍很艰难。要真正将示范区打造成为国家健康产业先行先试的平台，建立示范区与国家部委的"直通车"机制、部省会商机制是非常必要的，且迫在眉睫。

（五）要建设创新型科技人才队伍

科技人才决定着示范区的自主创新能力与内生发展动力。加快推进示范区建设，必须坚持科教先行，通过建设院士工作站、研究生院等机构培养人

才、聚集人才，通过政策保障吸引人才、留住人才，努力吸引和造就一大批国际行业顶尖人才、战略科技人才、科技领军人才、青年科技人才和高水平创新团队，为示范区建设提供强大智力支撑。

参考文献

《国家发展改革委员会关于北戴河生命健康产业创新示范区发展总体规划的批复》（发改社会〔2016〕2051号）。

《河北省人民政府办公厅关于印发北戴河生命健康产业创新示范区推进工作方案的通知》（冀政办字〔2017〕58号）。

《国家药监局关于扩大医疗器械注册人制度试点工作的通知》（国药监械注〔2019〕33号）。

《河北省食品药品监督管理局关于支持北戴河生命健康产业创新示范区的若干措施》（冀食药监办〔2017〕91号）。

《河北省人民政府办公厅关于河北省企业投资项目承诺制改革试点的指导意见》（冀政办字〔2017〕163号）。

《河北省人民政府办公厅关于支持生物医药产业高质量发展的若干政策》（冀政办字〔2019〕69号）。

《河北省药品监督管理局关于印发河北省第二类医疗器械优先审批程序的通知》（冀药监规〔2020〕1号）。

G.15 "医疗特区"的改革创新之路

——以博鳌乐城国际医疗旅游先行区为例

闫路恺 丁平 余跃*

摘 要： 自2013年至今，海南博鳌乐城国际医疗旅游先行区依靠"国九条""四个特许"，重点跟进"先行先试"的制度创新与落实，在实现"三同步"的实践上取得了良好成绩。作为全国唯一"医疗特区"，乐城先行区的产业集群已初具规模。

关键词： 海南自贸港 乐城先行区 健康旅游 医疗旅游

在党中央、国务院的关心支持下，2013年2月28日，国务院正式批复设立海南博鳌乐城国际医疗旅游先行区（简称"乐城先行区"）；2019年9月16日，国家发改委等四部门联合印发《关于支持建设博鳌乐城国际医疗旅游先行区的实施方案》。数年来，乐城先行区管理局认真落实国家、海南省决策部署，将建设先行区作为实施"健康中国"战略的重大平台，作为推进供给侧结构性改革、培育发展新动能的重大实践，作为海南自贸港博鳌亚洲论坛的第二乐章，努力为全国范围内健康产业发展探索新路径、积累新经验。

---

* 闫路恺，MPA，博鳌乐城先行区管理局宣传部部长，研究方向为医疗健康产业发展和品牌营销策略；丁平，博鳌乐城先行区管理局经济发展处主管，助理记者，研究方向为大健康产业和品牌宣传；余跃，博鳌乐城先行区发展研究院研究员，研究方向为医疗健康产业战略规划和智慧园区运营管理。

一 海南博鳌乐城国际医疗旅游先行区的概况

乐城先行区总体发展定位为国际医疗旅游目的地、尖端医学研发和转化基地、国家级新医疗机构集聚地。规划范围：西北至东环铁路，东南至乐城岛，南北向距离约10公里，面积约2090.13公顷。规划空间规模：用地建筑规模约297万平方米，其中医疗功能建设面积约186万平方米，研发功能建设面积约65万平方米，特色康养功能建设面积约34万平方米，休闲疗养功能建筑面积约12万平方米，实现医疗类总建筑规模407万平方米。规划人员规模：未来先行区内就业人口将达到2.85万人，其中医生2.55万人，研发人员0.3万人。每年接待20万~30万医疗人次以及25万~40万陪护旅游人次，核算为当量人口1.6万人，先行区总人口达到4.45万人。

二 海南博鳌乐城国际医疗旅游先行区的建设成效与做法

先行区通过"国九条"政策[①]，以及特许医疗、特许研究、特许经营和特许国际医疗交流的"四个特许"政策，数年来逐步缩小了医疗技术、设备、药品与国际先进水平"三同步"差距，打造全国唯一医疗领域对外开放的"医疗特区"。

短短数年，在《关于支持建设博鳌乐城国际医疗旅游先行区的实施方案》等先行先试政策的加持下，截至2021年7月底，乐城先行区已经实现引进国际特许药械品种首例超过150例，同时引进国际抗肿瘤新药、罕见病药达100种；一批特色优势专科进驻，一批重大疾病在国内有了全新特效疗法，一批又一批罕见病患者控制了病情乃至恢复健康。

---

① 中华人民共和国国务院：《国务院关于同意设立海南博鳌乐城国际医疗旅游先行区的批复》，中央人民政府门户网站，2013年2月28日。

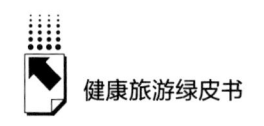

1. 坚持"三同步"目标，打造国际医疗新高地

（1）初步实现了医疗技术、装备、药品和国际先进水平基本同步

截至2020年11月，国家共批准先行区临床急需进口药品92批次26个品种31个品规，用于93名患者；批准临床急需进口医疗器械66批次87个品种3587套，用于843名患者。均由国内排名前列的医疗团队一线指导使用。过去，先行区能做到"人有我有"，现在已经做到"你一有我立即有"。比如新型肺癌靶向药普拉替尼，2020年9月5日获美国FDA批准上市，9月29日就在先行区落地使用，因时差原因，仅仅比美国第一例患者使用晚不到24小时。目前在先行区使用的创新药械已超过130种，多类抗肿瘤新药、罕见病药实现了从0到100的突破，超过800余种国内外创新药械常年在乐城先行区"永不落幕"国际创新药械展展出[①]。

（2）满足患者特许药械的需求

在乐城先行区管理局及园区医疗机构的不懈努力下，乐城先后创造了全国第一例特许进口蓝牙心脏起搏器植入手术等应用国际创新药品、新装备、新技术方面的"151个全国首例"，使患者无须走出国门，便可使用到国际最先进的药械产品，享受世界一流的医疗健康服务。2020年4月，在全球新冠肺炎疫情持续蔓延时，一名生命垂危的65岁黑色素瘤患者因无法到美国救治而来到先行区，省药监局调动所有资源与时间赛跑，全球寻找国内尚未上市的CTLA-4药物，最终续写生命奇迹，患者体重增加了5公斤，能够正常上班。4岁李某，患两侧重度感应神经性耳聋，植入全球最新人工耳蜗，1个月后第一次听到了妈妈的呼唤。就人工耳蜗这类手术而言，患者如果到国外做同类手术需要费用约为20万元人民币，但是在乐城先行区内只需要8万元人民币。[②] 2020年3月，海南省出台《临床急需进口药品带离先行区使用管理暂行办法》，规定有条件允许患者将仅供自用、少量的口服临

---

① 《初步实现医疗技术、药品、装备与国际先行水平"三同步"》，海南新闻联播官微，2020年7月21日。
② 《希望之城——乐城先行区100例患者故事集》，博鳌乐城国际医疗旅游先行区管理局，2020。

床急需进口药品带离先行区,使患者无须再为使用特定药品而长期住院,极大地方便了患者。为进一步减轻患者经济负担,先行区联合银保监、医保、卫健、药监、海关等单位推出全国唯一的"全球特药险",海南居民保费仅需要29元,就可涵盖49种国内未上市特药以及21种国内社保外特药,保额最高可达100万元。

(3)先行区的吸引力和产业集聚力持续增强

通过各种渠道加大宣传,患者不断慕名到先行区寻医问诊,保税仓药品储藏量明显增加。2020年全年进口货值2462万元,2020年即使受疫情影响,保税仓1~9月入库药械货值已达1.3亿元,人工耳蜗、眼角膜和抗肿瘤产品使用量不断增加,耳蜗产品的预约已经排到两个月以后。2020年6~9月乐城先行区接待医疗旅游共计2.98万人次,同比增长了0.68%;营业收入近8100万元,同比增长40.91%。先行区内开工建设项目不断增多,截至2021年5月底,园区23个项目中,9个在建项目,15家医疗机构开业运营。乐城先行区医疗体系逐步完善,已在视听诊疗、肿瘤防治、辅助生殖、医美抗衰等领域初步形成产业集聚,与默沙东、强生、美敦力、科利耳等全球60多家领先药械企业建立了深度合作关系。[①]

表1 2020年6~9月先行区运营数据

时间	接待人次 (万人次)	同比增速 (%)	医疗机构收入 (万元)	同比增速 (%)
6~9月	2.98	0.68	8100	40.91

资料来源:先行区管理局,2021。

2. 坚持"四个特许"政策,虹吸国际医疗资源

(1)以特许政策为依托,吸引境外先进药械落地先行区,服务境内外游客,打造国际化医疗旅游目的地

2013年2月28日,国务院批准正式批复设立海南博鳌国际医疗旅游

---

① 苏桂除:《博鳌乐城"亮眼"成绩彰显海南自贸港"早期收获"》,南海网,2020年12月9日。

先行区，赋予"国九条"优惠政策；2018年4月11日，中共中央、国务院印发《关于支持海南全面深化改革开放的指导意见》，明确提出了要"全面落实完善博鳌乐城国际医疗旅游先行区政策，鼓励医疗新技术、新装备、新药品的研发应用，制定支持境外患者到先行区诊疗的便利化政策"；2019年9月16日，经国务院同意，国家发改委、国家卫生健康委、国家中医药管理局、国家药监局等4部门联合印发了《关于支持建设博鳌乐城国际医疗旅游先行区的实施方案》，从国家顶层设计角度再次赋予乐城先行区含金量极高的一批针对性政策措施；2020年6月1日，中共中央、国务院印发《海南自贸港建设总体方案》，明确指出"提升博鳌乐城国际医疗旅游先行区发展水平"；2020年6月16日，海南省六届人大常委会第二十次会议审议通过了第一部海南自贸港园区单行条例——《海南自由贸易港博鳌乐城国际医疗旅游先行区条例》，使乐城先行区管理体制、开发建设、产业发展、服务管理等内容制度化、法定化，为乐城先行区引进医疗资源、建设一流的国际医疗旅游目的地打下了坚实的法治基础。

（2）引入高水平医生团队、医疗机构，培育重点科室，打造医疗旅游产业集群

在乐城先行区领导小组和各厅局的共同努力下，乐城先行区目前已有15家医疗机构开业运营。随着医疗体系的逐步完善，乐城先行区已在肿瘤防治、辅助生殖、医美抗衰等领域初步形成产业集聚。目前已引进院士专家团队51个，在应用国际医疗新药品、新设备、新技术方面创造了超过150例国内首例，初步实现医疗技术、装备、药品与国际先进水平的"三同步"，开创了国际健康旅游和高端医疗服务产业高质量发展的良好局面。其中博鳌超级医院实行"1+X"的创新运营模式，由临床医学工程院院士以及国内外顶尖医学学科带头人领衔，一个共享医院（平台）+若干个临床医学中心，搭建了国内外医疗新技术、新药、新器械的专家研讨平台。在这种模式下，博鳌超级医院云集了李兰娟、郑树森、王辰、张志愿、韩德民、宁光、葛均波、董家鸿、李兆申、赵继宗等10位院士团队，其中心脏中心

三年共完成72例手术，包含特许和非特许。海南省人民医院乐城院区是乐城引入的首个公立医院，它为园区提供急救和重症保障公共服务支撑平台，在创新药物等方面开展先行先试。强生全视、艾尔建、欧康维视、爱尔康等12家国际药械厂商与乐城先行区签约，在原有基础上增加引入至少50种眼科特许药械，其中包括很多国际上新上市的新产品。眼科产品的进入，将进一步提升乐城超级眼科的实力，能够为更多患者提供国际先进的眼科诊疗服务。超级眼科是乐城先行区推出的第一个超级专科，未来，乐城还将陆续推出超级心血管科、超级骨科、超级医美等超级专科，努力将乐城先行区内的特色专科进一步做大做强。①

（3）自贸港政策叠加效应，健康医疗旅游影响力初步显现

海南自贸港博鳌乐城全球特药险是乐城先行区的又一项创新举措。先行区联合多方资源推出一款普惠海南的境内外特种药品费用补偿型医疗保险，保费仅为29元，且涵盖49种国外特药及21种国内社保外特药，保障额度可达100万元。从药品可用的角度而言，允许患者使用还未在国内获批的药品或适应症是从"零"到"有"；从药品支付性和可及性而言，特药险的推出，则实现了从"有"到"用得起"的阶段式跨越。

2020年，虽然受疫情影响，但园区吸引力和产业集聚力仍然持续增强，主要经济指标大幅增长。2020年保税仓进口药械货值1.71亿元，同比增长近6倍，其中人工耳蜗、眼角膜和抗肿瘤产品使用量大幅增加。2020年接待医疗旅游人数8.39万人，同比增长11.87%；医疗机构营业收入7.67亿元，同比增加19.84%。考虑到2020年所有医疗机构从4月开始恢复营业，1~3月收入较少，如排除疫情影响，2020年医疗机构营业收入预计同比可增长50%以上。②

---

① 刘哲峰：《海南博鳌乐城如何吸引医生、患者、企业》，https://new.qq.com/rain/a/20201214A03RXV00，2020年12月14日。
② 袁宇：《药械审批做"减法" 医疗服务获"加分"》，《海南日报》2021年1月18日。

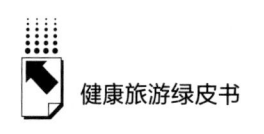

表2　先行区2020年运营数据

项　　目	数据	同比增长（%）
医疗旅游人数（万人）	8.39	12
医疗机构营业收入（亿元）	7.67	20
保税仓进口药械货值（亿元）	1.71	600

资料来源：先行区管理局，2021。

（4）推动国际最新医疗器械和药品加快在中国上市

在乐城开展临床真实世界数据应用试点工作，是海南自贸港的重大制度创新之一，探索将临床真实世界数据用于药品医疗器械产品注册和监管决策实践。真实世界数据应用试点工作，为全国药品医疗器械审评审批制度改革、提速全球创新产品在中国临床使用的可及性，提供了新的解决途径和解决方案。2021年3月26日，真实世界数据应用第一批试点产品之一——美国艾尔建青光眼引流管，经国家药监局批准注册。这是中国首个通过真实世界数据路径获批的新药，也是海南自贸港建设取得的"早期收获"之一。在该产品获准上市后，国际药械厂商参与乐城临床真实世界数据应用试点的积极性持续高涨，有47个进口医疗器械品种申报进入第二批试点，比第一批增长292%。

2021年3月24日，国家药监局官网显示，我国首个RET抑制剂（pralsetinib）新药上市申请的审评审批状态已经更新为"审批完毕—待制证"，这就意味着该药已正式获批。这是首个使用乐城真实世界数据辅助临床评价获批的药品，标志着海南博鳌乐城药品临床真实世界数据应用试点取得了重大突破。

（5）与全球药械企业深度合作，加速实现药品、装备、技术与国际先进水平"三同步"

乐城先行区目前已经与贝朗、罗氏、强生、辉瑞等近60多家知名跨国药械企业建立了深度合作关系，海南自由贸易港博鳌乐城国际医疗旅游先行区作为首批挂牌海南自贸港的先行区，是自贸港政策的主要承接地和先行先试的"孵化器"。乐城先行区着力在体制机制改革、扩大医疗对外开放、优化营商环境等方面下功夫,全力做好承接海南自贸港"早期安排"政策的准备工作。2020年6月初,乐城先行区进口特许药械品种首例突破100例和可用抗肿瘤新药、罕见病药达到100种。乐城先行区人工耳蜗从2018年开始首例应用,到2021年3月12日,乐城先行区已经完成500例特许进口人工耳蜗和500例特许进口眼科药械使用。乐城充分发挥特殊政策效应、医疗资源优势为相关领域重大疾病在国内的治疗,提供了更多的产品选择和更新的治疗途径。使患者不用走出国门,就可以使用到国际上最先进的药械产品,享受世界一流的医疗健康服务。

(6)创新会展国际合作模式

近三年,乐城先行区与国外联合开展的重要创新创业活动年平均场次超过5场。2020年4月10日,作为全国唯一可长期展示国内未上市创新药械的展览——海南博鳌乐城"永不落幕"国际创新药械展(一期)在乐城先行区正式开幕。此次药械展共有25家跨国药械企业参加,展出近300种未在国内上市的国际创新药品和器械。

随着乐城的飞速发展,政策不断创新,吸引越来越多的跨国药械企业前来合作,要求参加药械展,但展厅面积有限,远不能满足需求,因此,乐城管理局将建设"永不落幕"国际创新药械展二期以满足参展需求。一年后的2021年4月13日,"永不落幕"国际创新药械展在博鳌乐城国际创新药械交流转换中心正式开幕。在交流转换中心2.52万平方米的建筑面积中,来自16个国家80余家全球国际创新药械厂商,共825种产品参展。其中国内未上市产品有441种,首次在国内展出产品有394种。这是全国唯一汇集全球创新药品与医疗器械的长期展示馆,也是海南自贸港坚持开放与合作的一个生动缩影,是乐城先行区积极推动大健康产业迈向全球的实际行动,以更高水平开放奏响"博鳌亚洲论坛的第二乐章"。

(7)海南自由贸易港首个园区制度集成创新改革方案出台

《海南自由贸易港博鳌乐城国际医疗旅游先行区制度集成创新改革方案》在2020年9月1日正式发布,这也是海南自由贸易港首个园区制度集成创新改革方案。此方案一是突出集成创新。省委深改办、省发改委、省卫

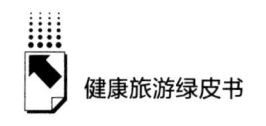

健委、省药监局、海口海关和乐城管理局等联手推出的 10 个方面制度集成创新改革。二是体现乐城特色。各项改革均以推动医疗技术、装备、药品与国际先进水平"三同步"作为目标，聚焦医疗卫生生产要素的跨境自由流动，并与海南自贸港其他制度创新有效衔接。三是对标国际先进标准。在特许药械进口、投资自由便利、工程项目建设等多个领域方面，乐城审批效率都达到国际先进标准、处于国内领先水平。

三 博鳌乐城国际医疗旅游先行区建设的经验与启示

1. 理顺关系，打破体制机制痛点阻点

一是理顺各方关系。明确乐城先行区领导小组、乐城管理局、琼海市以及乐城先行区开发公司等各方面的职责，理顺与海南省卫健委、海南省药监局、海口海关、琼海市的关系，建立工作例会制度，多次召开例会梳理突出问题，逐一协商攻克难题。二是深化体制改革。在乐城领导小组和有关厅局的支持下，多次研究法定机构改革，探索推动法定机构企业化、专业化运作，完成管理局法定机构注册登记、内部机构设置、人员招聘等，实现乐城管理局正常运转。三是强化安全管理。海南省卫健委和海南省药监局在乐城组建成立全国首家医疗药品监督管理局，实现卫生、药监"二合一"综合监管，该监管模式成功入选 2020 年第一批海南自贸港制度创新案例。

2. 极简审批，加快药械使用速度

乐城先行区是全省最早推行极简审批的三个园区之一，乐城管理局积极联合海南省药监局、卫健委、海口海关等部门深化极简审批改革，力求能够在"放管服"改革上突出医药审批的特点，更加注重用药用械的便利性特质。一是深化"极简审批"改革。打通了成熟特许药械进口的全链条通道，与此同时，特许药械追溯管理平台正式上线运行，优化了审批流程，药械审批时限从 27 天压缩到 3～7 天。二是创新医疗机构审批模式。将原先医疗机构设置审批法定时限 30 日、执业登记法定时限 45 日、甲类大型医用设备审批时限 25 日，大幅度压缩至 1~3 个工作日，极大地缩短了医疗机构的筹建周期。三是启用保税仓。协调海口海关用"先审批入仓，后核销出仓"的监管模式解决企业提出的"先进仓，后检疫"需求，使园区医院可以提前储备药械，极大缩短患者用药时间。[1]

3. 精准招商，拓展招商新模式

乐城管理局会同海南省卫健委、海南省药监局、琼海市梳理制定更加规范、更具效率的项目招商落地流程，根据招商需求迅速摸排国内外一流临床医疗机构、医学技术研发转化企业、跨国药械厂商等招商对象，有的放矢上门招商。一是和贝朗、罗氏、强生、辉瑞等 4 家世界 500 强医疗器械企业签署了战略合作协议。二是联合有关职能部门举办了"全球线上招商推介会"，通过"云推介"方式，面向全球进行招商推介，中国医药商业协会、德中卫生组织、彼爱中国、NEOVITAL HEALTH S.L 礼奥生物有限公司等多家企业代表线上参会，采取"屏对屏"、远程视频连线"云签约"的方式，与多家合作伙伴在线签订战略合作协议。三是引进了法国克罗·尚比德康复中心、新加坡亚洲美安医疗集团，以及韩国 WON TECH（元泰）公司等多家国际一流医疗机构，打造骨科、康复治疗、肿瘤科、心内科、耳鼻喉科、血液科、眼科等国际知名品牌科室。四是博鳌研究型医院等 2 个新项目开工建设，还有 9 个项目正在开展前期工作，博鳌国医汇慢性疾病康复医院、海南博鳌福美国际妇产生殖医院有限公司、博鳌树兰医院等 6 个项目正式入园并进入土地供应程序。五是在海南省银保监局、海南省医保局等指导下，联合圆心惠保推出特药险，目前招商仁和定制版全球特药险在内地上市，国寿财药安心全球特药险全球发布。[2]

4. 创新政务，提升服务效率

一是优化政务服务。在全省率先建立了企业联络员制度，为所有入园企业委派"企业服务员"，建立管理局"人人都是联络员、招商员、服务员和

---

[1] 刘梦晓：《万泉奔流活水来》，《海南日报》2021 年 4 月 19 日。
[2] 《乐城全球特药险：从"零"到"有"再到"用得起"》，《人民政协报》2020 年 8 月 12 日。

讲解员"的工作机制，为园区提供更优质的服务。二是成立"两会一中心"。成立了业界共治委员会及所属相关部门，推动乐城建设者们积极参与重大事项讨论，积极参与乐城招商和宣传活动；成立先行区区域伦理中心，开展独立、高效、高质量的伦理审查；成立顾问委员会，推动乐城先行区重大发展战略决策部署更加科学。三是出台《海南博鳌乐城国际医疗旅游先行区医生专家人才吸引及创新药械使用奖励暂行办法》，拿出2500万元资金奖励医生人才及团队。

5. 引导舆论，坚持乐城品牌化运作

一是在央视新闻联播前后的黄金时段加入5秒、10秒广告和天气预报贴片广告。二是与今日头条、抖音、腾讯、人民网等网络媒体合作，加大推广宣传乐城力度。三是组建宣传队伍，创建了乐城全健康服务号、乐城发布公众号、中英日俄官方网站、官方微博、官方抖音、官方快手等媒体矩阵。四是成立了患者服务中心，高效连接全球药械厂商、患者、医生，精准匹配各方面需求，线上线下吸引更多患者。五是通过《人民日报》、新华社、央视网、人民网、中新社、央广网、中国经济网、光明网、澎湃新闻网、《海南日报》等中央及主流媒体多次刊文，关注博鳌乐城先行区发展，提升了乐城的品牌影响力。

6. 优化机制，严控园区内部风险

一是出台《先行区社会投资项目产业合规审核管理办法（试行）》，修订《先行区项目退出管理暂行办法》，与新入园项目签订"入园框架协议""入园投资协议""企业入园投资承诺书"，严格规范项目从入园到退出的全流程管理，约定进入和退出条件，对存在违约的企业，园区按照项目净资产的60%或70%价格进行收购，避免项目停工、烂尾。二是需要利用窄带物联网、区块链、3D GIS 电子围栏等各种技术手段，实现特许药械从申请、审批、采购、通关、运输、仓储到使用，整个全过程的覆盖监管，确保特许药械"来源可追溯、去向可查证、责任可追究"，而且信息不可篡改。

7. 服务疫情防控，履行社会责任担当

一是春节全员上岗，担当起海南医疗物资采购重任。面对严峻复杂的疫情防控形势，乐城先行区管理局主动担当，2020年1月25日乐城先行区通过阿里健康从国内紧急采购2500万只一次性医用口罩，1月26日从美国抢购5万只N95医用口罩，2月4日从境外采购12万只1860型N95口罩，紧急投放到抗疫一线，为医护人员提供健康保障。每一次海外医疗物资采购都是一次创新，要对接到公安、交通、药监、海关、卫健委、市场监管、海航、邮政等多个部门，需多方紧密协作，全流程密切配合，与时间赛跑。二是多次连线李兰娟院士，对海南疫情研判支招。疫情期间，乐城管理局四次远程连线中国工程院院士、国家卫健委高级别专家组成员、博鳌超级医院院长李兰娟院士。李院士对新冠肺炎疫情进行解读，点赞海南"五级书记抓防控"措施，联名其他12位院士专家向海南省居民和游客发出主动加强疫情防控的倡议，为海南疫情防控支招，就海南复工复产工作提出三点明确建议举措。李兰娟院士虽然身在一线，但一直关注海南，对海南的疫情防治工作提出了许多宝贵意见和建议，大大增强了海南人民战胜疫情的勇气和信心。三是全国唯一以园区为单位，组织医疗队驰援疫区。湖北疫区牵动人心。2020年2月14日，乐城管理局组织博鳌超级医院等8家医院派出18名医护人员，组成支援湖北紧急医疗队，千里奔赴荆州疫区。18名"白衣战士"，从"00后"到"60后"，他们日夜奋战，克服种种困难，累计收治了90多名患者。联合园区内医疗机构与社会爱心企业，募捐到善款近千万元，购买了200万元的医疗物资和近600吨新鲜蔬菜水果运抵至湖北，展示了乐城先行区作为国家级医疗产业园区的担当①。

8. 未来发展

乐城先行区发展的未来趋势，一是推动中国大健康产业发展；二是使国人用上全世界最先进的进口药械；三是推动医疗卫生事业的改革。

（1）集聚发展高水平医疗服务机构及科研机构，夯实双循环产业基础

创新探索特许经营模式，引进卫生健康委、中医药局属（管）的3~5家公立医院。与世界知名医学院联合设立医学院校。建设博鳌乐城真实世界

---

① 袁宇：《抗疫战场上　乐城先行区勇扛担当》，《海南日报》2020年3月11日。

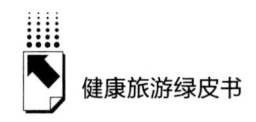

研究重点实验室等国家级重点实验室，设立若干院士（国家级重点学科、重点专科带头人）、博士后工作站。

（2）大力发展优质医疗旅游服务，提升服务国内大循环的能力和水平

加强与各大国际药企合作，引进更多国际最前沿的创新药械，推动更多国外创新型进口药品、医疗器械尽快在中国上市。充分激活现有医疗机构的发展潜力，以"1+X"模式引进国内外高水平医生团队常驻，加快提升医疗服务水平。可有序开展干细胞等临床前沿医疗技术研究与转化应用项目。精准对接国际知名医疗机构和医疗团队，在医美、口腔、妇儿、康复等市场规模较大的领域引进和培育一批技术水平先进、市场号召力强的医疗机构，开发医疗旅游产品。加强与知名公立医院、市场运作能力强的媒体平台及出境医疗旅游中介公司合作，加快吸引境外医疗消费和服务回流。

（3）推进临床真实世界数据应用，创新药械监管政策

牢牢把握药品医疗器械监管科学研究基地建设的重大机遇，坚持系统谋划、资源统筹，整合监管部门、临床研究机构、高等院校、科研机构、生产企业等各方力量，统筹推进药品医疗器械真实世界研究监管科学发展，重点推进药品医疗器械临床真实世界数据转化为真实世界证据并用于支持监管决策。[1]

（4）落实"国九条"和海南自贸港政策，吸引各类生产要素集聚

随着粤港澳大湾区等地区特许药械政策的加快突破，乐城的政策窗口期正不断收窄。我们将切实增强政策落地的紧迫感，已落地的政策进一步放大效应，未落地的政策找准症结，加强与国家有关部门和省直有关厅局的沟通汇报，争取支持，并尽快出台相关实施细则，确保各项政策红利得到最大限度的释放，不断巩固并扩大乐城影响力和生产要素吸引力。[2]

（5）制度集成创新，解决双循环中的痛点堵点

对接国际经贸规则，打破体制机制束缚，率先营造海南自贸港法治化、

---

[1] 袁宇：《乐城药品临床真实世界数据应用试点取得新突破》，《海南日报》2020年3月11日。
[2] 袁宇：《对标国际先进多个领域国内领先》，《海南日报》2020年9月8日。

国际化、便利化一流营商环境。创新探索医药分开等改革，助推解决中国医改长期想解决却解决不了的若干难点问题。①

(6) 完善公共基础设施，提升园区承载能力

完善珠海万泉河右岸片区公共基础设施，使居住、商业、学校、文化和休闲等生活配套功能齐全，形成宜居宜业宜游的优质生活圈。使右岸片区实现5G网络全覆盖，构建智慧园区数字安防体系、物联网终端感知系统等。

---

① 袁宇、王培琳：《海南自贸港首个园区制度集成创新改革方案发布》，《海南日报》2020年9月3日。

社会科学文献出版社

皮 书

智库报告的主要形式
同一主题智库报告的聚合

❖ 皮书定义 ❖

皮书是对中国与世界发展状况和热点问题进行年度监测，以专业的角度、专家的视野和实证研究方法，针对某一领域或区域现状与发展态势展开分析和预测，具备前沿性、原创性、实证性、连续性、时效性等特点的公开出版物，由一系列权威研究报告组成。

❖ 皮书作者 ❖

皮书系列报告作者以国内外一流研究机构、知名高校等重点智库的研究人员为主，多为相关领域一流专家学者，他们的观点代表了当下学界对中国与世界的现实和未来最高水平的解读与分析。截至2021年，皮书研创机构有近千家，报告作者累计超过7万人。

❖ 皮书荣誉 ❖

皮书系列已成为社会科学文献出版社的著名图书品牌和中国社会科学院的知名学术品牌。2016年皮书系列正式列入"十三五"国家重点出版规划项目；2013~2021年，重点皮书列入中国社会科学院承担的国家哲学社会科学创新工程项目。

中国皮书网

（网址：www.pishu.cn）

发布皮书研创资讯，传播皮书精彩内容
引领皮书出版潮流，打造皮书服务平台

栏目设置

◆ 关于皮书
何谓皮书、皮书分类、皮书大事记、
皮书荣誉、皮书出版第一人、皮书编辑部

◆ 最新资讯
通知公告、新闻动态、媒体聚焦、
网站专题、视频直播、下载专区

◆ 皮书研创
皮书规范、皮书选题、皮书出版、
皮书研究、研创团队

◆ 皮书评奖评价
指标体系、皮书评价、皮书评奖

◆ 皮书研究院理事会
理事会章程、理事单位、个人理事、高级
研究员、理事会秘书处、入会指南

◆ 互动专区
皮书说、社科数托邦、皮书微博、留言板

所获荣誉

◆ 2008年、2011年、2014年，中国皮书网均在全国新闻出版业网站荣誉评选中获得"最具商业价值网站"称号；

◆ 2012年，获得"出版业网站百强"称号。

网库合一

2014年，中国皮书网与皮书数据库端口合一，实现资源共享。

中国皮书网

权威报告·一手数据·特色资源

皮书数据库
ANNUAL REPORT(YEARBOOK) DATABASE

分析解读当下中国发展变迁的高端智库平台

所获荣誉

- 2019年,入围国家新闻出版署数字出版精品遴选推荐计划项目
- 2016年,入选"'十三五'国家重点电子出版物出版规划骨干工程"
- 2015年,荣获"搜索中国正能量 点赞2015""创新中国科技创新奖"
- 2013年,荣获"中国出版政府奖·网络出版物奖"提名奖
- 连续多年荣获中国数字出版博览会"数字出版·优秀品牌"奖

成为会员

通过网址www.pishu.com.cn访问皮书数据库网站或下载皮书数据库APP,进行手机号码验证或邮箱验证即可成为皮书数据库会员。

会员福利

- 已注册用户购书后可免费获赠100元皮书数据库充值卡。刮开充值卡涂层获取充值密码,登录并进入"会员中心"—"在线充值"—"充值卡充值",充值成功即可购买和查看数据库内容。
- 会员福利最终解释权归社会科学文献出版社所有。

社会科学文献出版社 皮书系列
卡号:519355647478
密码:

数据库服务热线:400-008-6695
数据库服务QQ:2475522410
数据库服务邮箱:database@ssap.cn
图书销售热线:010-59367070/7028
图书服务QQ:1265056568
图书服务邮箱:duzhe@ssap.cn

S 基本子库
SUB DATABASE

中国社会发展数据库（下设 12 个子库）

整合国内外中国社会发展研究成果，汇聚独家统计数据、深度分析报告，涉及社会、人口、政治、教育、法律等 12 个领域，为了解中国社会发展动态、跟踪社会核心热点、分析社会发展趋势提供一站式资源搜索和数据服务。

中国经济发展数据库（下设 12 个子库）

围绕国内外中国经济发展主题研究报告、学术资讯、基础数据等资料构建，内容涵盖宏观经济、农业经济、工业经济、产业经济等 12 个重点经济领域，为实时掌控经济运行态势、把握经济发展规律、洞察经济形势、进行经济决策提供参考和依据。

中国行业发展数据库（下设 17 个子库）

以中国国民经济行业分类为依据，覆盖金融业、旅游、医疗卫生、交通运输、能源矿产等 100 多个行业，跟踪分析国民经济相关行业市场运行状况和政策导向，汇集行业发展前沿资讯，为投资、从业及各种经济决策提供理论基础和实践指导。

中国区域发展数据库（下设 6 个子库）

对中国特定区域内的经济、社会、文化等领域现状与发展情况进行深度分析和预测，研究层级至县及县以下行政区，涉及省份、区域经济体、城市、农村等不同维度，为地方经济社会宏观态势研究、发展经验研究、案例分析提供数据服务。

中国文化传媒数据库（下设 18 个子库）

汇聚文化传媒领域专家观点、热点资讯，梳理国内外中国文化发展相关学术研究成果、一手统计数据，涵盖文化产业、新闻传播、电影娱乐、文学艺术、群众文化等 18 个重点研究领域。为文化传媒研究提供相关数据、研究报告和综合分析服务。

世界经济与国际关系数据库（下设 6 个子库）

立足"皮书系列"世界经济、国际关系相关学术资源，整合世界经济、国际政治、世界文化与科技、全球性问题、国际组织与国际法、区域研究 6 大领域研究成果，为世界经济与国际关系研究提供全方位数据分析，为决策和形势研判提供参考。

法律声明

"皮书系列"(含蓝皮书、绿皮书、黄皮书)之品牌由社会科学文献出版社最早使用并持续至今,现已被中国图书市场所熟知。"皮书系列"的相关商标已在中华人民共和国国家工商行政管理总局商标局注册,如LOGO( )、皮书、Pishu、经济蓝皮书、社会蓝皮书等。"皮书系列"图书的注册商标专用权及封面设计、版式设计的著作权均为社会科学文献出版社所有。未经社会科学文献出版社书面授权许可,任何使用与"皮书系列"图书注册商标、封面设计、版式设计相同或者近似的文字、图形或其组合的行为均系侵权行为。

经作者授权,本书的专有出版权及信息网络传播权等为社会科学文献出版社享有。未经社会科学文献出版社书面授权许可,任何就本书内容的复制、发行或以数字形式进行网络传播的行为均系侵权行为。

社会科学文献出版社将通过法律途径追究上述侵权行为的法律责任,维护自身合法权益。

欢迎社会各界人士对侵犯社会科学文献出版社上述权利的侵权行为进行举报。电话:010-59367121,电子邮箱:fawubu@ssap.cn。

社会科学文献出版社